APPENZELLER STRICKBAU

Untersuchungen zum ländlichen Gebäudebestand
in Appenzell Ausserrhoden

Institut für Denkmalpflege und Bauforschung der ETH Zürich
und Kantonale Denkmalpflege Appenzell Ausserrhoden

vdf Hochschulverlag AG an der ETH Zürich

Veränderung als Voraussetzung einer Erhaltung der Werte: Ist der Bestand des Appenzellerlands zu retten?
―――

Von allen Schweizer Kantonen besitzt Appenzell wohl eine der eigenartigsten Kulturlandschaften: Ländliche Siedlungsmuster überlagern sich mit frühindustriellen Wirtschaftsstrukturen bäuerlicher Textilherstellung. Landwirtschaftliche Nutzung, Weide- und Viehwirtschaft bilden idealtypisch aufgelockerte Siedlungsformen heraus, Bauernhäuser mit Webkellern sind regelmässig über die Wiesenflächen verstreut – ein eindrucksvoller Bestand solider Holzbaukonstruktionen im Voralpenland. Siedlungsstrukturen anderer Regionen entwickelten sich entlang von Verkehrsachsen, Flüssen, Alpenübergängen, viele der Schweizer Städte sind bis heute geprägt von mittelalterlichen Siedlungskernen und den ringförmigen Erweiterungen des 19. Jahrhunderts – das Appenzellerland dagegen weist ein vollkommen andersartig entwickeltes Strukturbild auf: Die mächtigen Einzelbauten stehen weitgehend unabhängig von den Dorfkernen, in denen sich die jeweils zugehörigen Verwaltungsorgane und Marktplätze befinden, in lockerer Verteilung auf Hügeln und Wiesen. Holzbau – im Voralpenland sicherlich seit den Anfängen der Besiedlung und Bewirtschaftung von Wiesen und Wäldern selbstverständliche Baukonstruktion – wurde nicht nur im Hinblick auf konstruktive Details wie Strickverbindungen, Fugenausbildung, Schindelungen, Bohlenstuben, spezielle Fenster- und Fassadenkonstruktionen zu einer regionalen Eigenart, sondern auch, was Dimension, Masse und Ausrichtung der meist frei stehenden prachtvollen Häuser angeht.

Viele der baugeschichtlichen Besonderheiten sind für die Region sehr gut analysiert und erforscht, auch die Geschichte von Landwirtschaft und Siedlungsentwicklung, Wirtschafts- und Kulturgeschichte sind gut dokumentiert. Internationale Handelswege und Beziehungen der frühen Textilindustrie, die von Trogen aus Handel mit St. Gallen, Appenzell, Vorarlberg und Fernhandel mit den USA trieb, sind vielfach diskutiert; die Inventare der Denkmalpflege zeigen einen grossen Reichtum historischen Bestands.

Unsere Studie nimmt sich der Erforschung und Dokumentation von Einzelbauten an, untersucht aber auch die Dynamik des Bestands und fragt nach dem Überleben der älteren ‹idealtypisch gewordenen› Bauten. Folgende Überlegungen waren uns wichtig:
– Wie kam es zu der speziellen Struktur der Siedlungen, was sind die Gründe dafür, dass der im Durchschnitt bereits ausserordentlich lange existierende Bestand solider Holzbauten bis heute überleben konnte?
– Welche Risiken und Rahmenbedingungen führen heute dazu, dass mehr und mehr Bauten, die über Jahrhunderte genutzt wurden, aufgegeben werden?
– In welcher Form kann sichergestellt werden, dass der überlebende solide Bestand weiterhin repariert und für zeitgemässe Nutzung konstruktiv ertüchtigt werden kann? Sind technische und handwerkliche Rahmenbedingungen dafür gegeben?

– Welche Hinweise geben uns die überlebenden Bestände auf historische Techniken und künstlerische Lösungen, die im gegenwärtigen Bewirtschaftungsprozess kaum mehr sichtbar und lesbar sind?
– In welcher Form können überlebende, aber gefährdete Bauten und Strukturen dokumentiert werden?

Die Untersuchungen, die auf Anregung von Fredi Altherr von der Kantonalen Denkmalpflege Appenzell Ausserrhoden entstanden und über die Stiftung zur Förderung der Denkmalpflege mit Geldern des Bundes wesentlich finanziert wurden, wurden am Institut für Denkmalpflege und Bauforschung der ETH Zürich in Kooperation mit der Denkmalpflege durchgeführt. Wir danken für die finanzielle Unterstützung, aber auch besonders für die Kooperationsbereitschaft der Kollegen und Fachleute vor Ort. Bei den Forschungen an den Einzelobjekten fanden wir grosse Hilfsbereitschaft, auch die Debatten mit den auf Holzbaufragen spezialisierten Kollegen anderer Kantone und der Universität Zürich waren sehr fruchtbar.

Auch sehr alte Häuser verschwinden

In Heiden konnten wir ein mehr als 400 Jahre altes Haus dokumentieren, dessen Erhaltung und Weiternutzung die Denkmalpflege nicht erreichen konnte: An diesem Bau suchten wir besonders nach Hinweisen, ob und welche konstruktiven Veränderungen oder auch aus heutiger Sicht problematischen Reparaturmassnahmen der vergangenen Jahrzehnte jene Schäden verursacht haben, die nun als Argumente für die Aufgabe des Objektes dienen. Wir vermuten, dass ähnliche Eingriffe auch an vielen anderen Bauten zu vergleichbaren Schäden geführt haben und deshalb in naher Zukunft die Verlustraten selbst bei hochwertigen Objekten nicht zurückgehen, sondern eher steigen werden, wenn nicht geeignete Massnahmen zu einer Reparatur und Ertüchtigung ergriffen werden. Viele der Einzelprobleme kritischer Eingriffe in den Bestand sind der Denkmalpflege gut bekannt, die Gründe der Aufgabe der alten soliden Bestände sind dennoch nicht mit einfachen Kriterien zu beschreiben. Es überlagern sich problematische Entwicklungen, die oftmals erst in der Zusammenschau zum Entscheid der Aufgabe führen – nur wenige sollen hier exemplarisch angeführt werden:
– Die Ausbildung der Handwerker und Zimmerleute wird nicht mehr durch regionale Spezialisierungen geprägt, Lehrbücher und Schulen vermitteln ‹standardisiertes Wissen›, das für die regionalen Bautraditionen nicht direkt anwendbar ist;
– konstruktive und Detailreparaturen an den Bauten sind in der Planung und Durchführung komplex, gegenwärtige Strukturen der Bauwirtschaft sind kaum für diese Anforderungen geeignet;
– Regelwerke zu Fragen des Baurechts, technischen und bauphysikalischen Fragen gehen von Durchschnittswerten und Zielen aus, die auf die speziellen Strukturen nicht anwendbar sind;
– mit der Teil-Aufgabe bäuerlicher Bewirtschaftung der Objekte fallen auch Nutzungstraditionen der Grundstücke und Anlagen und Pflege-Traditionen der Häuser selbst; häufig geht dies mit Besitzerwechseln einher und damit einem Verlust an emotionaler Bindung der Eigentümer an die Anwesen;
– nicht zuletzt führt hin und wieder gerade der Versuch der Regelung der Bebauung mit dem gut gedachten Verbot intensiverer Grundstücksausnutzung zu einem Konflikt zwischen Neubauwünschen und der Erhaltung des Bestands (Abrissgebote bei Neubau).

Unsere Studie gibt erste Anhaltspunkte für die Abschätzung der Risiken des Verlustes von tradiertem Baubestand der Region, das Formulieren von Programmen einer ‹Notrettung› bleibt freilich zuerst Pflicht politischer Willensbildung. Wir möchten aber mit unserer Arbeit für die Einsicht sensibilisieren, dass das gegenwärtig noch intakte Bild ländlicher Bautradition nicht selbstverständlich stabil ist. Die Abgänge von bedeutenden und hochwertigen Bauten und Anlagen sind nicht nur im Bereich der geschützten Objekte besorgniserregend, auch in der Breite des Bestands gehen gegenwärtig viele traditionelle Häuser verloren.

Da die Inventare ja immer nur den Bestand der Schutzobjekte und der inventarisierten Bauten beschreiben (in Appenzell verfügen etwa 11 % der Liegenschaften über ein Inventarobjekt; etwa 14 % des Bestands in den Gemeinden sind inventarisiert) und die Verlustraten des Bestands schwanken, muss eine Abschätzung der künftigen Dynamik der Bestandsentwicklung eine Beurteilung der tatsächlichen Wachstums- und Verlustgeschwindigkeiten in der Vergangenheit zugrundelegen wie auch eine kritische Revision der bisherigen Annahmen. Wir haben daher neben einer Studie zum Gesamtbestand, die sich im wesentlichen auf behördliche Daten und Daten der Feuerversicherungen abstützen kann, in einer kleinen Feldstudie geprüft, inwieweit die Datenlagen mit dem Bestand übereinstimmen.

Eine Feldstudie zur Plausibilität der Daten

In dieser Studie fragten wir uns, ob nicht einige der älteren inventarisierten Objekte durch Umbauten bereits erheblich verändert sind und daher ihre Substanz nun auch in jüngere Baualtersgruppen hineinreicht, die ‹inneren Veränderungen› der Objekte also womöglich doch erheblich sind – wir fragten aber auch, ob manche der ‹Nicht-Schutzobjekte› womöglich bedeutende Substanz aufweisen, die zwar unspektakulär ist, aber dennoch wichtige Zeugenschaft für geschichtliche Entwicklungen besitzt. Die Statistiken, die uns für Appenzell Ausserrhoden den überraschenden Wert von mehr als 50 % des Bestands in der Baualtersgruppe ‹Älter als 100 Jahre› zeigen, gehen ja in der Regel von bekannten ‹ersten Baujahren› aus – zu fragen war daher einerseits nach den Grössenordnungen der Substanzerhaltung ‹innerhalb› der alten Objekte und andererseits nach einer Differenzierung innerhalb der statistischen Klassen.

Neben den Daten zu den Inventarobjekten basieren die bisherigen Baualtersangaben zum Ausserrhoder Hausbestand überwiegend auf Daten der Kantonalen Gebäudeversicherung, die sich auf Schätzungen von Mitarbeitern der Versicherung oder den Abschluss der Versicherungspolice beziehen können. Umbauphasen der einzelnen Häuser sind in diesen Quellen in der Regel nicht berücksichtigt, zum Teil ist der Informationsstand veraltet.

Wir suchten daher zunächst eine Gemeinde, deren Datenbestand eine für Appenzell Ausserrhoden ‹idealtypische› Alterskurve zeigt – in der ausgewählten Gemeinde Gais im südöstlichen Ausserrhoden wurden dann schwerpunktmässig die Bauten im Zentrum des Dorfes und Bauernhäuser an der Peripherie überprüft, vom gesamten Hausbestand der Gemeinde Gais rund 30 %. Als wichtigste literarische Quelle für den Datenabgleich diente das Buch *Geschichte der Gemeinde Gais* von Achilles Weishaupt und Karl Rechsteiner, das die wichtigsten Bauten des Dorfes beschreibt und einen in erster Linie archivalisch recherchierten Baualtersplan des grössten Teils des Bestandes vorlegt.[1] Neben der Frage des Baualters standen Umbauten und vor allem Entkernungen im Fokus der Untersuchung.[2] Als Kriterien

---

[1] Weishaupt, Achilles; Rechsteiner, Karl: Geschichte der Gemeinde Gais. Gais 2002. Der Baualtersplan ist als Klapptafel nach S. 240 in das Buch eingebunden.

[2] Die Begehungen in Gais wurden durch Alexander von Kienlin und Norbert Föhn durchgeführt, ihr Bericht wird hier in Auszügen verwendet.

für die eigenen Schätzungen wurden technische (zum Beispiel Eckverbindungen), typologische (Hausform, Giebel) wie stilistische Merkmale (Ornamentik) herangezogen. Karl Rechsteiner begleitete die Begehung an einem Tag.

Ein erstes, nicht ganz unerwartetes Ergebnis war, dass mindestens 20–30 % der Häuser im Ortskern entkernt oder zumindest teilentkernt sind. In der Regel sind beträchtliche Eingriffe durch den Einbau von Ladengeschäften vorgenommen worden, in vielen Fällen wurden im Zuge dessen auch die oberen Wohngeschosse herausgenommen. Bei Häusern, die im Rahmen der Begehung nicht zugänglich waren, musste bei den oberen Geschossen auf den äusseren Anschein zurückgegriffen werden: Wo noch die alten Fenster und Verglasungen vorhanden waren, konnte davon ausgegangen werden, dass keine grundlegenden Eingriffe in die Bausubstanz vorlagen; wo neue Fenster eingebaut, jedoch von aussen keine weiteren Hinweise auf eine Entkernung zu sehen waren, wurde ebenfalls vom weitgehenden Erhalt der alten Wände und Böden ausgegangen. Da Entkernungen einen beträchtlichen Verlust an alter Bausubstanz bedeuten und in gleichem Masse neue Bausubstanz errichtet wird, wird bereits durch diese erste Überprüfung deutlich, dass die (bislang nur verallgemeinert ausgewerteten) Überlebenskurven zuungunsten des Altbaubestandes beträchtlich korrigiert werden müssen.

Gleichzeitig stellte sich aber für eine ganze Reihe von Häusern ein erheblich höheres Baualter heraus als in den bisher vorliegenden Statistiken vermerkt. Insbesondere bei den Häusern am Dorfplatz differieren die tatsächlichen Baudaten von bislang vorliegenden allgemeinen Angaben teilweise um über 100 Jahre, einige alte Bauten fehlen gänzlich in den Listen. Noch grössere Abweichungen sind im Quartier östlich des Dorfplatzes anzutreffen: Dort haben sich rund 30 Häuser aus der Zeit vor dem Dorfbrand 1780 erhalten, das älteste von 1608. Alleine in den Strassen Schwantlern und Kehr sind 18 Bauten zu jung datiert (um 1900), mit Differenzen von bis zu rund 150 Jahren. Dasselbe gilt für die Geiserau, südwestlich des Dorfzentrums.

Ebenfalls durchweg zu jung datiert, allerdings weniger stark abweichend, wurden die Häuser entlang der Langgasse, hier handelt es sich um Abweichungen von 50–100 Jahren bei 10 von rund 30 angesehenen Häusern. Eines der Häuser (Langgasse 6) ist mit einem Baudatum von 1750, für das sich kein Beleg finden liess, wohl erheblich zu früh datiert. Es gehört in eine um 1850 gebaute Dreiergruppe und ist zudem vollständig entkernt.

Eine im Ganzen erheblich zu spät datierte Gruppe von Bauten sind die locker um das Dorf herum verstreuten alten Bauernhäuser, für die die Versicherungsdaten bis auf wenige Ausnahmen eine Baualtersklasse um 1900 vorschlagen. Fast alle der so klassierten Häuser stammen aber nach Weishaupt/Rechsteiner aus der Zeit vor 1780, das älteste Haus geht (in den Versicherungsdaten richtig angegeben) auf 1535 zurück und scheint keine schwerwiegenden Eingriffe in die Bausubstanz aufzuweisen. Die Jahreszahl ist als Giebelinschrift an der Fassade zu sehen. Exemplarische Überprüfungen der Weishaupt/Rechsteiner-Datierungen liessen diese als zuverlässig erscheinen, die angewendeten Kriterien hierfür waren vor allem technischer und stilistischer Art (Eckverbindungen, geschnitzte Ornamentik, Fensterformen). Anders als bei den Häusern im Ortskern scheint hier die weitgehend unveränderte bauzeitliche Bausubstanz vorzuliegen.

Strukturelle Vielfalt, Risiken und Grenzen der Veränderung

Die Beobachtungen legen zwei Schlussfolgerungen nahe: Zum einen ermöglicht eine sorgfältige Analyse ein weitaus differenzierteres Bild der Geschichte der Kulturlandschaft und ihrer Bauten, zum anderen zeigt sich, dass eine Analyse

der Risiken für die weitere Überlieferung der handwerklichen und architektonischen Tradition nicht über die reine Betrachtung der ‹Totalverluste› von Bauten möglich ist. Qualität und Vielfalt der Konstruktionen, technische Raffinesse der handwerklichen Lösungen, Haltbarkeit, Gebrauchsgewohnheiten, Reparaturverfahren und Rhythmen – viele dieser Wissensbestände sind nur als ‹implizite Überlieferungen› greifbar. Vermutlich gibt es ein grosses Mass ‹neuer Gefährdungen› für die mittelfristige Erhaltung der Bestände und der Kulturlandschaft, die gegenwärtig noch kaum sichtbar sind:
– Unglückliche Reparaturmassnahmen der letzten Jahrzehnte des 20. Jahrhunderts führen jetzt zu Folgeschäden, deren Beseitigung aufwendig ist;
– viele der hochwertigen und sehr alten Bauten in den Randlagen sind vergleichsweise unspektakulär und nicht im Blick der Öffentlichkeit;
– ein erheblicher Teilbestand in den zentralen Lagen, dem das Augenmerk touristischer Öffentlichkeit zukommt, ist baulich bereits so erheblich verändert, dass aus konservatorischen Gesichtspunkten kaum für ihre Erhaltung gestritten werden kann.

Für die Erhaltung und Weitergabe der im europäischen Vergleich so einzigartigen ‹strukturellen Vielfalt› könnte ein Pilotprojekt sinnvoll sein – dieses müsste die institutionellen Regime der Planungsgesetze ebenso auf ihre Wirkung prüfen wie die Baugesetzgebung im Einzelnen, aber eben auch Korridore einer akzeptablen Entwicklung aufzuzeigen versuchen und die Rahmenbedingungen dieser Entwicklung sichern helfen.

Bau- und kunsthistorische Fragen (und Forschungsdesiderate) gibt es darüber hinaus im Appenzellerland in grosser Vielfalt – von der Frage der internationalen Handelswege über die Produktionsgeschichte der Textilindustrie und die Strukturen der bäuerlichen Bautradition bis hin zur Frage der Steinimitationsarchitektur im Holzbau und der Tradition der Farbfassung der Fassaden; eine kleine exemplarische Studie zu diesen Themen zeigt unser Bändchen.

In seiner berühmten Schrift *Gesellschaftsstruktur und Semantik* schreibt Niklas Luhmann über die Temporalisierung von Komplexität: «Probleme der Zeit sind in der Theorie sozialer Systeme bisher vorwiegend unter dem Gesichtspunkt der Stabilität abgehandelt worden. Die Zeit wird dabei als durch Uhren messbare Dauer begriffen, in der die Erhaltung des Systems zum Problem werden kann. Erhaltung ist in einer komplexen und fluktuierenden Umwelt nur möglich, wenn das System selbst dynamisch wird. Es muss eigene Prozesse ermöglichen, die je nach Umweltlage zu unterschiedlichen Ergebnissen führen».[3] Flexibilität der Strukturen, so Luhmann, könne funktional ein Äquivalent sein für Änderungen und könne dadurch Änderungen in gewissem Umfang ersparen. Was hier als soziologische Theorie komplexer Systeme ausgeführt wird, weist in vieler Hinsicht Parallelen zu unseren Fragestellungen auf: Auch die Fragen langfristiger Werterhaltung und langer Nutzungstradition sind Themen komplexer Systeme, auch für die in vielen Jahrhunderten entstandenen Bauwerke, Wegesysteme und Infrastrukturen, landwirtschaftliches und handwerkliches ‹Know-how› gilt das Prinzip, dass Erhaltung erfordert, dass das ‹System› dynamisch wird, alle Intelligenz eingesetzt wird, die Erhaltung über die tradierten Fach- und Behördengrenzen hinaus als Herausforderung anzunehmen.

―――
Uta Hassler

---

3   Luhmann, Niklas: Gesellschaftsstruktur und Semantik. Studien zur Wissenssoziologie der modernen Gesellschaft. Frankfurt am Main 1993, S. 235.

Täfer-Verkleidungen an Appenzeller Strickbauten
―――

Appenzell Ausserrhoden gehört im 18. Jahrhundert zu den am frühesten industrialisierten und am dichtesten besiedelten Gegenden Europas. Grund dafür ist eine seit dem Mittelalter stetig gewachsene und perfektionierte Textilproduktion. Bis ins 17. Jahrhundert werden vorwiegend Leinenstoffe, später vor allem Baumwolltücher und Musselin hergestellt. Die Produktion wird nicht in Fabriken konzentriert, sondern dezentral in sogenannter Heimarbeit betrieben. Wir können davon ausgehen, dass in jedem Haus neben dem Betrieb der Landwirtschaft auch gewoben wird. Über die Bedeutung der Textilproduktion für Appenzell Ausserrhoden geben statistische Zahlen eindrücklich Auskunft. Zur Zeit der Französischen Revolution sind in Appenzell Ausserrhoden weniger als 20 % der Erwerbstätigen in der Landwirtschaft tätig. In seinen 1798 publizierten *Schilderungen des Gebirgsvolkes vom Kanton Appenzell* beschreibt der Frankfurter Arzt und Reiseschriftsteller Johann Gottfried Ebel die lokalen wirtschaftlichen und sozialen Verhältnisse der Weberfamilien und Fabrikanten ausführlich.

Dies ist relevant, weil Ebels Schriften den nach wie vor imageprägenden Mythos des freiheitsliebenden, eigenständigen und Käse produzierenden Bauernvolkes nicht nachhaltig ergänzen oder gar ersetzen konnten. Das Selbstverständnis der Ausserrhoderinnen und Ausserrhoder bezieht sich im Widerspruch zu den Tatsachen auf die Selbstversorgung mit Milchprodukten, nicht auf den weltweiten Handel mit Textilien. Davon zeugen unter anderem die da und dort anzutreffenden Marketinganstrengungen der beiden Appenzeller Halbkantone.

Appenzeller Bauernhäuser sind Appenzeller Weberhäuser

Sprechen wir heute von Appenzeller Häusern, so sprechen wir also primär von vor- oder protoindustriellen Produktions- und Wohnstätten in ländlicher Umgebung. Die Anpassung einfacher Blockbauten des Mittelalters an die Anforderungen hoch entwickelter Textilproduktion im 19. Jahrhundert drückt sich in der Konzeption der Hauptfassaden am deutlichsten aus.

Am Ende einer rund 300-jährigen Entwicklung finden wir Konstruktions- und Gestaltungsmerkmale an den vorindustriellen Holzbauten vor, welche architekturgeschichtlich als vormodern bezeichnet werden müssen. Diese Feststellung gilt sowohl für die Einzelbauten der Streusiedlungen wie für die verdichtete Form in den Dörfern. Ob mit oder ohne Stallanbau, die Hauptbauten basieren immer auf den gleichen Gestaltungsprinzipien.

Eine vorgehängte Rasterfassade aus identischen Elementen verkleidet eine Massivholzstruktur mit Bandfenster-Öffnungen. Sind alle in die Brüstungsebenen integrierten Zugläden geschlossen, präsentiert sich der Bau als homogene Kiste. **Abb. 1**

1 St. Gallerstrasse 17, Speicher, 19. Jahrhundert, einfaches dörfliches Fabrikantenhaus nach Restaurierung/Umbau von 1996

Zu Beginn dieses Modernisierungsprozesses steht ein einfacher Block- oder Strickbau mit spärlicher Befensterung. Im 15. Jahrhundert verfügt das Appenzellerhaus noch kaum über gebietsspezifische Merkmale. Befunde mittelalterlicher Holzbauten fehlen bisher. Nachfolgebauten tilgen die Spuren ihrer Vorgänger. Denn spätestens seit dem 16. Jahrhundert sind Appenzellerhäuser unterkellert oder, besser gesagt, ‹unterwebkellert›.

Die Handwebstühle werden in Kellerräumen aufgestellt, die zu etwa einem Drittel ihrer Raumhöhe über den gewachsenen Boden hinausragen. Der sichtbare Teil der Sandsteinkeller ist für die ausreichende Belichtung der Arbeitsplätze notwendig. Und damit kommen wir zum prägenden Kriterium für die weitere Entwicklung.

Licht

Feine Webarbeit ist nur mit genügend Licht einwandfrei zu erledigen, Sonnenlicht, wohlverstanden. Niedrige, lange Webkellerfenster besetzen einen grossen Teil der gegen Südost gewandten Kellerfassaden. Über den Webkellern liegen Stuben und Nebenstuben des Erdgeschosses. Sie sind lediglich über kleine Bodenklappen und steile Stiegen mit dem Webkeller verbunden, für die Weberei aber von entscheidender Bedeutung. Albert Tanner erläutert in seinem Standardwerk *Das Schiffchen fliegt, die Maschine rauscht* ein erstaunliches Verhältnis. Pro Weber – und es sind wohl mehrheitlich Männer in den Kellern tätig – sind vier Personen mit Vorbereitungsarbeiten beschäftigt.

Sie spinnen, spulen und konfektionieren. Das feine Garn wird selbst hergestellt oder von grossen, eingekauften Spulen auf die präzisen feinen Schiffchenspulen übertragen. Eine Arbeit, die ebenfalls nur mit viel Licht bewältigt werden kann. Entsprechende Fensteröffnungen sind im Strickbau einfach zu konstruieren. Mit tragenden Fensterpfosten zwischen Brüstungs- und Sturzbalken lassen sich fast beliebig lange Fensterreihen konzipieren. Doch mit jeder Öffnung wird die schützende Hülle geschwächt. Einfache Verglasungen halten nur einen Teil der Witterungseinflüsse ab. Gegen Wind, Regen und Schnee müssen die Belichtungsöffnungen mit Läden geschützt werden. Aber das ist bei Reihenfenstern nur mit entsprechendem Aufwand zu haben.

2   Halten 110, Grub, 17./18. Jahrhundert, Weberhaus mit Zugläden, ohne Täferverkleidung

3   Spiessenrüti 514, Teufen, 1708, Bauernhaus mit Hauptfront in Gestaltung des 18. Jahrhunderts, restauriertes Erdgeschoss mit Brusttäfer und Zugläden, Obergeschoss mit schwenkbaren Tafelläden

Fenstergrosse Bretterläden werden in Führungsschienen unter den Fensteröffnungen angebracht. **Abb. 2** Sie können bei Bedarf hochgezogen und in der oberen Position fixiert werden. Doch die feinen Ladenführungen sind nicht wetterfest. Sie verziehen sich, im Winter vereisen die Läden und klemmen fest. Eine erste Schutzmassnahme ruft nach einer zweiten.

Abhilfe schafft ein Laden vor dem Laden. **Abb. 3** Die Führungsschiene des Ladens dient als Montagelatte für ein starr montiertes Holzelement von der Grösse des Zugladens. Das erste Täferfeld der Appenzeller Fassade ist nicht belegt, wird aber kaum vor dem 17. Jahrhundert montiert. Kreiert wurde es bereits früher, ist es doch nichts anderes als die Anwendung einer bewährten Innenraumverkleidung an der Fassade. Doch damit werden für Profanbauten neue Massstäbe gesetzt. Die handwerkliche Ausführung verlangt die Präzision eines Schreiners, nicht eines Zimmermanns.

4   Rohnen 108, Reute, 18. Jahrhundert, Kreuzfirstbauernhaus, Ausschnitt der Täferfassade vor der Restaurierung 1999. Präzis eingesetzte Fenstersimse schützen vor eindringendem Wasser.

5   Rohnen 108, Reute, 18. Jahrhundert, Kreuzfirstbauernhaus, Hauptfassade nach Restaurierung 1999, zwei Vollgeschosse mit Bandfenstern und Täferverkleidung, Firstkammer mit sichtbarem Strick, Fenster mit barocken Steckbrettern

Komfortsteigerung

Während die Primärstruktur der Strickbauten praktisch unverändert weiter besteht, wird die Hauptfassade schrittweise modernisiert. Weil die Läden unter den Fenstern angebracht werden, müssen sie durch präzise eingesetzte Fenstersimse bestmöglich vor eindringendem Wasser geschützt werden. **Abb. 4**   Übergänge werden mittels profilierter Leisten verdeckt. Die Profilierung dient als Tropfkante, sie vergrössert die Oberfläche und erleichtert das Verdunsten von Regenwasser. Sie dient aber auch als Windbrecher und ist nicht zuletzt Zierelement.

Was an den Erdgeschossfenstern begonnen hat, breitet sich langsam, aber unaufhaltsam über die ganze Fassade aus. Geld, das durch die Weberei erwirtschaftet wurde, wird wieder ins Gebäude investiert. Verbesserte Arbeitsbedingungen versprechen höhere Erträge. Höhere Erträge gestatten bequemere Lebensformen. Die Fenster der ganzen Hauptfassade werden vergrössert und mit Läden versehen. Gleichzeitig werden weitere Fassadenteile vertäfert.

6   Almendsberg 585, Walzenhausen, 1675, ehemaliges Weinbauernhaus mit klassizistischen Pfettenbrettchen nach Restaurierung der Täferverkleidung des 19. Jahrhunderts, Detail

Ursprünglich ungeschütztes Stirnholz von Wand- und Eckvorstössen wird verkleidet. **Abb. 5, 6** Nach den Brüstungsverkleidungen werden neue Sturzkonstruktionen entwickelt. Die Rillenfriese des Blockbaus werden durch ausgeklügelte Karniesverkleidungen ersetzt. Die ganze Fassade erfährt eine Verfeinerung der Konstruktion, der Nutzung und des Ausdrucks. Die im Webkeller vorherrschende Geometrie breitet sich über die ganze Hauptfassade aus.

Sekundärbauteile und Zierelemente

Eine verfeinerte Konstruktion mit Primärstruktur und Verkleidung bringt neben der Liebe zur Geometrie weitere Merkmale hervor. Sekundärbauteile der Verkleidung werden durch Witterungseinflüsse abgenutzt und müssen ersetzt werden. Bei dieser Gelegenheit können aktuelle Stileinflüsse aufgenommen und ins Gebäude integriert werden. Barocke Formen werden von klassizisti-

7   Dorfplatz 4, Urnäsch, 17. Jahrhundert, fünfgeschossiges Dorfhaus mit barocken Zier-Applikationen nach Restaurierung 1975. Es überstand als eines der wenigen Häuser den Dorfbrand von 1641, heute Brauchtumsmuseum.

8 Brugg 1917, Herisau, 18./19. Jahrhundert, Kreuzfirsthaus, Ausschnitt der Hauptfassade mit klassizistischer Vertäferung des 19. Jahrhunderts vor Rekonstruktion der Barockfassung 1997

9 Brugg 1917, Herisau, 18./19. Jahrhundert, Kreuzfirsthaus, Firstdetail mit Rekonstruktion ursprünglicher barocker Steckbretter nach Restaurierung 1997

schen Elementen abgelöst. **Abb. 7–9** Das Appenzellerhaus bleibt modern. Selbst die neuen, gequaderten Massivbauten der einflussreichen Fabrikanten stellen die traditionellen Häuser kaum in den Schatten. Im 18. Jahrhundert löst der Klassizismus Barock und Rokoko ab. Die Liebe zur Geometrie ist nun eine gemeinsame. Einzig die Fassadenfarbe, der Teint, unterscheidet die Konkurrenten. Hier die verwitterten dunklen Weberbauernhäuser, dort die vornehm blassen Fabrikantenhäuser. Mit ein wenig Ölfarbe kann auch dieser Unterschied, scheinbar, aufgehoben werden. Damit kommt eine neue Variable ins Fassadenspiel und wir stellen fest, dass die regelmässige Gliederung der Rasterfassade auch dafür einen sicheren Rahmen bildet. **Abb. 10–15**

Bis heute wird an der Weiterentwicklung der Appenzeller Fassaden gearbeitet. Die aktuellen Forschungsarbeiten schaffen eine notwendige Grundlage für zukünftige Entwicklungen.

Fredi Altherr

Ausgewählte Literatur:

- Ebel, Johann Gottfried: Schilderung des Gebirgsvolkes vom Kanton Appenzell. Leipzig 1798
- Hermann, Isabell: Die Bauernhäuser beider Appenzell. Basel 2004 (Die Bauernhäuser der Schweiz 31)
- Tanner, Albert: Das Schiffchen fliegt – die Maschine rauscht. Weber, Sticker und Unternehmer in der Ostschweiz. Zürich 1985
- Schlatter, Salomon: Das Appenzellerhaus und seine Schönheiten. St. Gallen 1922 (2. Aufl. 1944)
- Schlatter, Salomon: Unsere Heimstätten, wie sie waren und wurden. St. Gallen 1909
- Steinmann, Eugen: Die Kunstdenkmäler des Kantons Appenzell Ausserrhoden. 3 Bde. Basel 1973–1981

10   Hintere Gstalden 853, Niederteufen, wahrscheinlich erste Hälfte 17. Jahrhundert, Kreuzfirstbauernhaus mit schwacher Dachneigung, hell gefasste Täferverkleidung mit akzentuierten verkleideten Wandvorstössen

11   Baldenwil 2607, Herisau, 17.–19. Jahrhundert, Kreuzfirsthaus mit verwitterter hell gefasster Täferverkleidung, Anbau Ost mit Sticklokal und Giebellukarne des 19. Jahrhunderts

12   Mittelstrasse 10, Waldstatt, 18. Jahrhundert, gestrickte Dorfhäuser auf massivem Sockel mit Sticklokal und Webkeller, an alter Landstrasse, teilweise verwitterte helle Fassadenfassungen

13   Dorf 6, Speicher, 1756/57, sechsgeschossige Bürgerhäuser mit fassadenbündigen Vorfenstern im Dorfkern, links hell gefasste Täferfassade, rechts weiss gefasste Fensterelemente

14   Egg 75, Schwellbrunn, 18./19. Jahrhundert, Dorfhaus mit Windschild links, Anbau mit Mansardenwalmdach rechts, Stockwerke pro Geschoss ca. 15 cm vorgeschoben, Auskragungen mit Karnisprofilen verkleidet

15   Dorf 11/10/9, Hundwil, 17./18. Jahrhundert, in Ocker- und Sandtönen gefasste Hauptfassaden mit verkleideten Strickköpfen/Pilastern und ‹Strussengestellen› für den Blumenschmuck, am ehemaligen Landsgemeindeplatz gegenüber der Ref. Kirche

Überlegungen zur Geschichte des Blockbaus

1 Gais (Schweiz, Appenzell Ausserrhoden), Schlipf. Bauernhaus von 1535

Eingrenzung des Phänomens

Die Appenzeller Strickbautechnik ist eine Form des Blockbaus und zeichnet sich durch hoch entwickelte Eckverbindungen, die seit dem 18. Jahrhundert im Hausbau sukzessive die einfache Eckverkämmung ersetzen, als typische regionale Bauweise aus.[1] Der aus der Stoffverarbeitung entlehnte Begriff ‹Strick› taucht zum ersten Mal in einer Bauakte von 1781[2] auf und bezeichnet die unverschiebliche Eckverbindung eines Blockbaus. Die Verwendung des Begriffes blieb allerdings stets auf den Ostschweizer Raum beschränkt[3] und kennzeichnet den Strickbau als ein zu gewissem Grade eigenständiges, junges Phänomen. Der Blockbau im Allgemeinen, in manchen Regionen auch Gwättbau bezeichnet,[4] ist hingegen eine der ältesten und grundlegenden Konstruktionen des Holzbaus. **Abb. 1** Anders als beim (älteren) Pfostenbau und dem Ständer-

---

1 Hermann, Isabell: Die Bauernhäuser beider Appenzell. Basel 2004 (Die Bauernhäuser der Schweiz 31), S. 83.

2 «Akkord den Pfarrhaus Bau auf Gaiss betrefend, 1781». Staatsarchiv Appenzell Ausserrhoden (StAAR), Mo.10.27.1. Hermann 2004 (wie Anm. 1), S. 83 gibt die einschlägige Textstelle wieder: «alles fleissig, schön und anständig von Kammenstrikenen auf zimmeren». Damit ist offenbar eine konventionelle Blockkonstruktion mit verkämmten Ecken gemeint.

3 Hermann 2004 (wie Anm. 1), S. 82.

4 Descoeudres, Georges: «Ob solche Heuser gleich wol nit schöner gestalt, sind sie doch vest und ein ewig werck» – Blockbauten und ihre Wahrnehmung, in: Kunst und Architektur in der Schweiz 52 (2001), 3, S. 12–20, hier S. 12.

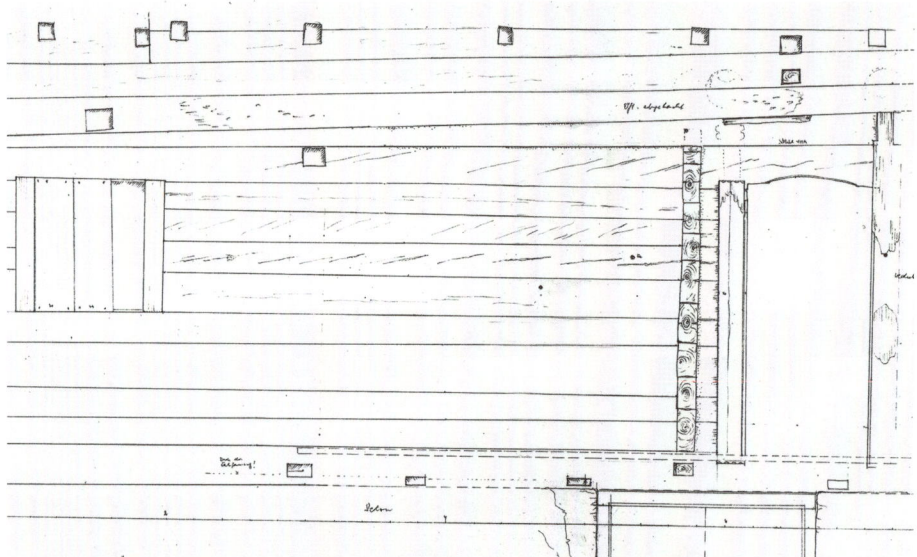

2 Teufen (Schweiz, Appenzell Ausserrhoden), Bauernhaus Spiessenrüti. Detail der Aussenwand, Bauaufnahme

3 Appenzeller Strick, Lehrlingsmodell im Holzbaubetrieb Nägeli in Gais (Schweiz, Appenzell Ausserrhoden)

bau werden die Wände des Blockbaus massiv aus liegenden Holzbalken hergestellt; senkrechte Bauteile sind lediglich als Tür- und Fensterrahmen Teile der Konstruktion. **Abb. 2** Wegen des hohen Holzverbrauchs bei dieser Bauweise kommt der Blockbau nur in waldreichen Regionen vor, als Baumaterial dominieren dabei in Europa geradewüchsige Nadelhölzer wie die Finne oder Rottanne (Picea albies), die Weisstanne (Albies alba) und die Lärche (Larix decidua); in Kleinasien wurde eher Zeder (Cedrus Libani) oder Wacholder (Juniperus) verbaut. Lärchenholz findet sich hingegen wieder als wichtigster Baustoff in der Kaukasusregion.

Die Blockwand, die in der Regel auf einem Steinfundament aufliegt, entsteht durch das Aufeinanderschichten liegender Hölzer, wobei abwechslungsweise das dünnere über das dickere Ende des Stammes zu liegen kommt. Die Länge des zur Verfügung stehenden Stammholzes bestimmt die Grösse des im Grundriss meist rechteckigen oder quadratischen Bauwerks. Die derart geschichteten Wände durchdringen sich an den Ecken mithilfe von Verkämmungen oder Verblattungen der einzelnen Hölzer. Bei mehrräumigen Bauten können die Innenwände, sofern sie massiv gebaut sind, ebenfalls mit den Aussenwänden verkämmt oder verblattet sein; sie sind dann als senkrechte Reihen von Balkenköpfen von aussen erkennbar. Die Besonderheit des Appenzeller Strickbaus besteht in der Weiterentwicklung der Eckverbindungen seit dem späten 18. Jahrhundert. Diese aus dem Möbelbau entlehnten Techniken (Verzinkung) ermöglichten Ecken ohne herausstehende Vorhölzer **Abb. 3** und damit die flächige Verkleidung der Fassaden. Der Grund für diese Weiterentwicklung dürfte somit eher in veränderten ästhetischen Ansprüchen an die Aussenerscheinungen der Häuser zu suchen sein als in technischem Verbesserungsdrang, und in der Tat ändert sich das Bild der Appenzeller Holzbauten seit der Zeit um 1800 grundlegend: Die bis dahin mit (konstruktionsbedingt) kleinen Fensteröffnungen ausgestatteten balkensichtigen Fassaden wurden zunehmend mit Holzpaneelen verkleidet und mit mehrteiligen Fensterbändern versehen; insofern kann von einer eigenständigen Entwicklung des Appenzeller Strickbaus erst ab dieser Zeit gesprochen werden.[5]

---

5 Eine detaillierte Beschreibung dieser Modifikationen seit 1800 wird von Norbert Föhn in diesem Band gegeben.

Die Appenzeller Blockbauweise im Allgemeinen, deren älteste noch fassbare Zeugnisse aus dem 16. Jahrhundert stammen,[6] ist hingegen Teil einer langen Bautradition im Alpenraum, die ihrerseits wiederum im Kontext komplexer Populations- und Wissenstransfers zu sehen ist.

Kulturelle und historische Voraussetzungen: Holzbautechnik in der Frühzeit

Der Blockbau galt seit jeher als eine der ursprünglichsten Bauweisen der westlichen Kulturkreise; Vitruv beispielsweise subsumiert die «kolchische» Blockbautradition unter die «Anfänge» des Hausbaus, die bei den «auswärtigen Völkerschaften» zu seiner Zeit noch tradiert wurden.[7] Selbst im 19. Jahrhundert kann sich der grosse Gelehrte Jackob Burckhardt noch keine andere Bauweise für den Naos des frühen griechischen Peripteros vorstellen: «Er wird entstanden sein als vollständiger Holzbau, als Blockhaus mit einer Halle von Baumstämmen, in einer Zeit, da Griechenland noch ein waldreiches Land war.»[8] Auch wenn die neuere Forschung eher davon ausgeht, dass die Vorläufer der griechischen Tempel – die protogeometrischen und geometrischen Megaronhallen – eher eine Kombination aus Lehm- oder Bruchsteinmauern mit Ständer- oder Pfostenkonstruktionen gewesen sind,[9] gibt es viele Anzeichen dafür, dass die Blockbautechnik bereits in vorchristlicher Zeit eine gängige Bauweise in mehreren Regionen Europas gewesen ist.

In der traditionellen Hausforschung wurde die Entwicklung des Blockbaus hingegen meist als isoliertes alpines Phänomen betrachtet, das erst um die Zeitenwende eine grössere Verbreitung, in den Osten und Norden Europas, fand.[10] Der archäologische Nachweis der Blockbautechnik ist allerdings schwierig und setzt besondere Erhaltungsbedingungen voraus;[11] zudem ist auch das diesbezügliche Forschungsinteresse in den verschiedenen Regionen Europas unterschiedlich stark. Bereits das Studium Vitruvs hätte zu anderen Schlüssen führen müssen. Archäologische Zeugnisse, die in den letzten Jahrzehnten in verschiedenen Regionen Europas und Asiens aufgedeckt worden sind, zeichnen inzwischen ein völlig anderes Bild als die oben skizzierte, vom Alpenraum ausgehende lineare Entwicklung und Verbreitung des Blockbaus.

---

6 Descoeudres 2001 (wie Anm. 4).

7 Vitruv II, 1, 4. Nach: Vitruvii De architectura libri decem. Lateinisch und deutsch, übers. u. m. Anm. vers. v. Curt Fensterbusch. 6. Aufl. Darmstadt 2008. «Bei dem Volk der Kolcher in Pontus werden, weil es dort Wald in Hülle und Fülle gibt, ganze Baumstämme flach rechts und links auf die Erde gelegt. Dabei wird zwischen ihnen soviel Zwischenraum gelassen, wie die Länge der Bäume es zulässt. An den Enden werden darüber andere Baumstämme quer gelegt, die in der Mitte den Wohnraum umschliessen. Sodann verbinden sie durch abwechselnd übereinander gelegte Balken auf allen vier Seiten die Ecken miteinander und, indem sie so lotrecht auf den untersten [Balken] Wände aus Baumstämmen errichten, führen sie Türme in die Höhe.»

8 Burckhardt, Jacob: Gesammelte Werke. Bd. 7. Darmstadt 1957, S. 37–47.

9 Siehe Coulton, John James: Reconstruction of the Heroon at Lefkandi, in: Popham, Mervyn R. u. a. (Hg.): Lefkandi II, 2. London 1993, Taf. 28; auch die ergrabenen Grundmauern des Hekatompedos von Mazaraki (Rakita) legen dies nahe, vgl. Petropoulos, M.: New Elements from the Excavation of the Geometric Temple at Ano Mazaraki (Rakita), Peloponnesiaka, Journal of the Society of Peloponnesian Studies, Suppl. 22: Acts of the Fifth International Congres of Peloponnesian Studies II (1996–97), Abb. 1.

10 Zippelius, Adelhart: Vormittelalterliche Zimmerungstechnik in Mitteleuropa, in: Rheinisches Jahrbuch für Volkskunde 5 (1954), S. 7–52, hier S. 37; Donat, Peter: Haus, Hof und Dorf in Mitteleuropa vom 7. bis 12. Jahrhundert. Archäologische Beiträge zur Entwicklung und Struktur der bäuerlichen Siedlung. Berlin 1980 (Schriften zur Ur- und Frühgeschichte 33), S. 37; Weinmann, Cornelia: Der Hausbau in Skandinavien vom Neolithikum bis zum Mittelalter. Mit einem Beitrag zur interdisziplinären Sachkulturforschung für das mittelalterliche Island. Berlin 1994 (Quellen und Forschungen zur Sprach- und Kulturgeschichte der germanischen Völker 106), S. 196–197; Schwarz, Gabriele: Allgemeine Siedlungsgeographie. T. 1: Die ländlichen Siedlungen, die zwischen Land und Stadt stehenden Siedlungen. 4. Aufl. Berlin 1989 (Lehrbuch der Allgemeinen Geographie 6), S. 99–100; Weiss, Richard: Volkskunde der Schweiz. Erlenbach 1946; Schier, Wilhelm: Atlas zur allgemeinen und österreichischen Geschichte. Wien 1966.

11 Descoeudres 2001 (wie Anm. 4), S. 13.

4 Elburg-Altscherbitz (Deutschland, Sachsen), Brunnenkasten aus dem späten 6. Jahrtausend v. Chr.

5 Elburg-Altscherbitz, Zapfenschloss am neolithischen Brunnenkasten

Zu den frühesten bekannten Zeugnissen der Blockbauweise zählen einige in den letzten Jahren gefundene neolithische Brunnenkästen in Sachsen, beispielsweise der Brunnen aus Eythra, der dendrochronologisch auf das Jahr 5098 v. Chr. datiert werden konnte.[12] Die Balken sind grob, aber gleichmässig gebeilt – als Werkzeug kommt hier aufgrund der Zeitstellung nur ein Steinbeil in Frage. Der unterste Rahmen der Konstruktion ist verzapft, die darüber aufgehende Konstruktion in Blockbauweise errichtet. Die Kammsassen weisen überraschend sorgfältig geglättete Seitenflächen auf. Möglicherweise noch geringfügig älter könnte ein Brunnenkasten aus Elburg-Altscherbitz sein,[13] **Abb. 4** der ebenso aufgebaut ist, aber noch ein weiteres wichtiges und bis heute gebräuchliches Detail zeigt: Seine untersten Balkenlagen sind durch Zapfenschlösser gesichert. **Abb. 5**

Auch im Schweizer Raum gehört eine Brunnenanlage zu den frühesten Beispielen des Blockbaus: Die Fassung der Mauritius-Quelle in St. Moritz konnte in jüngster Zeit mittels Dendrochronologie in das Jahr 1466 v. Chr. datiert werden und war bis 1907, also weit über 3000 Jahre lang, in Gebrauch. Sie besteht aus zwei ineinandergestellten Kästen, die zwei runde Holzschächte umfangen. Der äussere Kasten ist aus verkämmten Rundhölzern geschichtet, der innere aus miteinander vernuteten, senkrecht gestellten Bohlen. Die Bohlen der schmaleren Seiten sind dabei mithilfe von Schwalbenschwanznuten zugfest in die Längswände eingebunden.

Die vorherrschende Bauweise im europäischen Hausbau war in dieser Zeit jedoch der Pfostenbau, der bereits in der neolithischen Epoche entwickelt worden war und stellenweise bis in römische Zeit verbreitet blieb; **Abb. 6** einzelne Beispiele finden sich in Europa noch im Mittelalter.[14] In den Boden gerammte Pfähle bilden dabei die Tragstruktur der Wände und unterstützen in der Regel unmittelbar das Dach; durch das tiefe Eintreiben der Pfosten in den Boden ist der Bau dabei von vornherein ausgesteift. Diese Bauweise ist praktisch in allen bewaldeten Regionen Europas und des Vorderen Orients zu finden, Voraussetzung für diese Bauweise sind geradwüchsige Hölzer, bevorzugt Nadelhölzer.

---

12 Maise, Christian: Vormittelalterliche Holzbautechnik im Alpenraum, in: Furrer, Benno (Hg.): Kulturaustausch im ländlichen Hausbau – inneralpin und transalpin. Berichte über die Tagung der Regionalgruppe Alpen in Schwyz 29. Juni–1. Juli 2002, S. 19, Abb. 1.

13 Elburg, Rengert: Der bandkeramische Brunnen von Altscherbitz – Eine Kurzbiografie, in: Ausgrabungen in Sachsen 2, Arbeits- und Forschungsberichte zur sächsischen Bodendenkmalpflege, Beiheft 21, Dresden 2010, S. 231–234.

14 Steiner-Welz, Sonja: Fachwerkhäuser. Mannheim o. J. (Die deutsche Stadt 12), S. 10. Zum ägäischen Raum: Alram-Stern, Eva: Die Ägäische Frühzeit. 2. Serie. Forschungsbericht 1975–2002. Bd. 2, T. 1/2: Die Frühbronzezeit in Griechenland. Mit Ausnahme von Kreta.

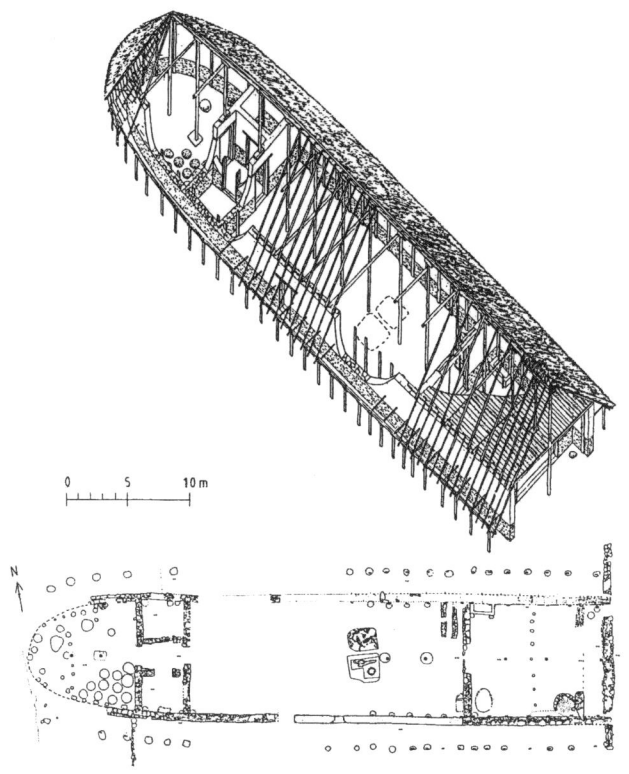
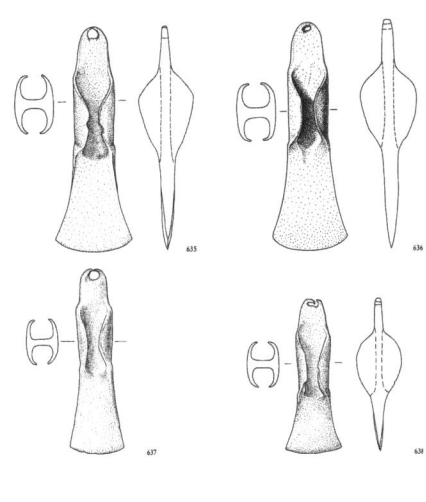

Eine frühe Weiterentwicklung des Pfostenbaus ist die Ständerbauweise – eine Form des Fachwerkbaus, bei der Ständer durchgehend von der Schwelle bis zum Dach das tragende System eines Gebäudes bilden und gleichzeitig die Seitenwände darstellen, jedoch nicht im Boden verankert sind.[15] Vorteil dieser Konstruktion war der bessere Schutz des Bauwerks gegen Bodenfeuchte, die in der Regel zum schnellen Abfaulen der unteren Pfostenenden führte. Da beim Ständerbau die Einspannung im Boden fehlt, musste die oberirdische Holzkonstruktion allerdings als ausgesteiftes Fachwerk ausgeführt werden, was wiederum einen grösseren technischen Aufwand bedeutete und ein höheres Mass an konstruktivem Wissen erforderte;[16] die Ständerbauweise in diesem Sinne blieb bis ins Mittelalter in Europa die gebräuchlichste Hausbauweise. Der Blockbau ist im Vergleich dazu konstruktiv einfacher, bringt aber einen beträchtlich höheren Arbeits- wie Materialaufwand mit sich.

Im 2. Jahrtausend v. Chr. wurde der Pfostenbau in vielen Regionen des alpinen Raums vom Blockbau oder dem Ständerbau verdrängt. Den ungefähren Zeitraum dieses Übergangs lassen Bodenfunde aus dem inneralpinen Raum fassen: Im schweizerischen Savognin-Padnal, dessen Besiedlung in Form von Pfostenhäusern bereits um 2200 v. Chr. beginnt, können ab circa 1600 v. Chr. Blockbauten nachgewiesen werden, während die Pfostenbauweise dort gleichzeitig aufgegeben wird.[17]

Der in Savognin-Padnal konstatierte Wechsel vom Pfostenbau zu Ständerbau und Blockbau ist nicht nur als regionales Phänomen anzusehen, sondern er markiert den Beginn einer Entwicklung, bei der die Pfostenbauweise in Europa, wegen der erwähnten technischen Schwächen und ihrer daraus resultierenden geringen Nachhaltigkeit, sukzessive durch ‹modernere› Bauweisen abgelöst wurde. Obgleich der Blockbau, wie bereits erwähnt, zu diesem Zeitpunkt bereits eine ‹alte› Technologie war, findet er erst zu diesem Zeitpunkt weite Verbreitung im Hausbau. Dies dürfte verschiedene Gründe haben: Mit der Verbreitung der

6 Lefkandi (Griechenland, Euböa), Heroon. Pfostenbau des frühen 1. Jahrtausends v. Chr.

7 Bronzezeitliche Beile aus Greifensee-Böschen (Schweiz, Kanton Zürich)

---

15 Grütze, Dietmar: Bau-Lexikon. München 2007, S. 256 mit weiterführender Literatur.
16 Kolb, Josef: Systembau mit Holz. Zürich 1992, S. 15.
17 Maise 2002 (wie Anm. 12) S. 24–26. Abb. 13 zeigt drei Phasen der Entwicklung der Siedlung Savognin-Padnal.

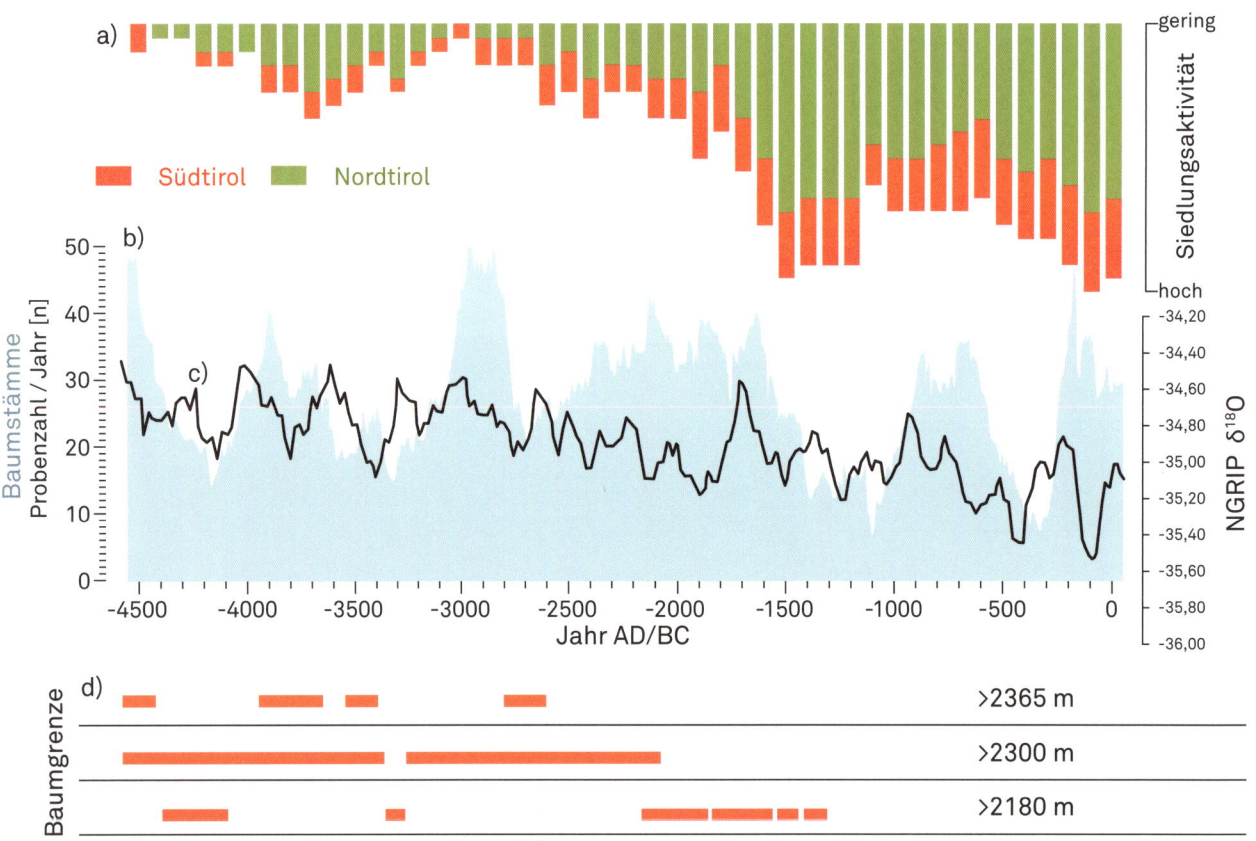

8 Die Siedlungs- und Klimaentwicklung im mittleren Alpenraum zwischen 4500 v. Chr. und Christi Geburt: a) Siedlungsaktivität im mittleren Alpenraum anhand der Pollenanalysen in Nord- und Südtirol, b) Summenkurve der dendrochronologisch datierten subfossilen Baumstämme aus dem mittleren Alpenraum, c) Sauerstoff-Isotopenkurve (δ¹⁸O) von NGRIP (North Greenland Ice Core Project Members 2004), 100-Jahr-Mittel, d) Lage der Baumgrenze in den nördlichen Zentralalpen

Bronzetechnologie im mitteleuropäischen Raum in der frühen und mittleren Bronzezeit wurden vor allem für den landwirtschaftlichen Bereich deutlich verbesserte Geräte entwickelt. Bei Oberglatt (Zürich) fanden sich beispielsweise gegossene Sicheln, die in die Zeit um 1550 v.Chr. datiert werden.[18] Mit bronzenen Beilen **Abb. 7** und Äxten standen aber auch für die Holzbearbeitung im Alpenraum, die bis dato überwiegend mit Steinwerkzeugen vorgenommen worden war, bessere Werkzeuge zur Verfügung – insbesondere das Zurichten gerader Lagerflächen an Holzbalken wurde damit erleichtert, was eine wichtige Voraussetzung für das Aufrichten von Blockwänden ist.

Ein unterstützender Faktor dieser Entwicklung war der grosse Waldreichtum, der im mittleren Alpenraum bis um die Mitte des 2. Jahrtausends v.Chr. relativ stabil blieb, wie eine Studie der Universität Innsbruck zeigte.[19] **Abb. 8** Ab circa 1600 v.Chr., also genau der Zeit, in der in Savognin-Padnal die ersten Blockbauten nachweisbar sind, setzt aber ein erheblicher Rückgang des Baumbestandes ein, der um 1100 v.Chr. den tiefsten Stand im Zeitraum zwischen Neolithikum und der Zeitenwende erreicht. Klimatische Veränderungen dürften dabei eine wichtige Rolle spielen, aber auch die Abholzung der Wälder, unter anderem für Bauholz, mehrheitlich aber für die Bronzeverhüttung, muss ihren Anteil daran gehabt haben.[20] Der Beginn der Kurvendegression beim Waldbestand fällt näm-

18 Mäder, Andreas: http://www.mammutmuseum.ch/index.php/bronzezeit.html (1. April 2011).

19 Oeggl, Klaus; Nicolussi, Kurt: Prähistorische Besiedlung von zentralen Alpentälern in Bezug zur Klimaentwicklung, in: http://www.uibk.ac.at/alpinerraum/publications/vol6/oeggl.pdf (10. Februar 2011), S. 80–82, Abb. 2.

20 Die Verhüttung von Kupfererz erfordert eine Ofentemperatur von 1084°C, üblicherweise angestrebte Temperaturen liegen bei 1200° bis 1300°C, vgl. Streily, Andrea Hansen: Bronzezeitliche Töpferwerkstätten in der Ägäis und Westanatolien. Diss. Mannheim 2000, in: http://madoc.bib.uni-mannheim.de/madoc/volltexte/2005/1133/pdf/Hansen_streily1.pdf (10. Februar 2011), S. 66. Diese Temperaturen können nur mit Kohle erzeugt werden, die in der Regel durch Verkohlung von Holz gewonnen wird.

9 Greifensee-Böschen, Substruktion eines bronzezeitlichen Uferhauses

lich, leicht zeitversetzt, mit einem signifikanten Anstieg der Siedlungsaktivität in diesem Raum zusammen. Erst nach einem sprunghaften Rückgang der Besiedlung um 1100 v.Chr. ist der Tiefpunkt des Waldrückganges erreicht und es zeichnet sich eine stabile Erholungsphase ab, die mit einer gleichbleibenden Siedlungsaktivität, auf deutlich niedrigerem Niveau als zuvor, einhergeht. In dieser Zeit, gegen Ende des 2.Jahrtausends, finden sich dann auch wieder Reste von Blockkonstruktionen im nördlichen Alpenraum. Eine Reihe von gut erhaltenen Hausfundamenten in Blockbauweise hat sich beispielsweise in Greifensee-Böschen im Schweizer Kanton Zürich erhalten.[21] Sie gehörten zu einer dörflichen Siedlung von 24 Häusern in Mischbauweise, die in den See hineingebaut waren. Die unter dem Wasserspiegel befindlichen Teile der Häuser waren, anders als bei älteren See-Siedlungen, in Blockbautechnik ausgeführt, **Abb.9** die darüberliegenden Teile wohl in leichterer Bauweise konstruiert.[22] Das Dorf entstand zwischen 1051 v.Chr. und 1042 v.Chr. und war von einem Pallisadenwall umgeben.[23]

Die Anlage des Dorfes, im Wasser am Rande eines Sees, ist typisch für diese Zeit und steht in einer alten Siedlungstradition im nordalpinen Raum. Die bis dahin übliche Konstruktionsweise solcher Häuser war der Pfahlbau [24] (auch Stelzenbau), eine besondere, auf die Lage in Feuchtgebieten beziehungsweise im Wasser abgestimmte Form des Pfostenbaus; die Siedlungen werden daher Feuchtbodensiedlungen genannt.[25] Die ersten derartigen Bauten entdeckte man um die Mitte des 19.Jahrhunderts bei Bauarbeiten am Zürichsee. Der Schweizer Altertumsforscher Ferdinand Keller interpretierte die regelmässig auftretenden kreisförmigen Erdverfärbungen als Spuren von Holzpfählen, die

---

21 Die ersten Forschungen in diesem Areal wurden in den 20er-Jahren des 20.Jahrhunderts vorgenommen, eine umfassende Publikation wurde jüngst vorgelegt von Eberschweiler, Beat; Riethmann, Peter; Ruoff, Ulrich: Das spätbronzezeitliche Dorf von Greifensee-Böschen. Dorfgeschichte, Hausstrukturen und Fundmaterial. Zürich/Egg 2007.

22 Ebd., S.266 werden Firstständer erwähnt, die im Wasser gefunden wurden. Bei einer reinen Blockkonstruktion könnte man das Dach auch unmittelbar auf giebelförmig gebildete Schmalwände legen.

23 Ebd., Abb.373.

24 Zum historischen Pfahlbau Schlichtherle, Helmut (Hg.): Pfahlbauten rund um die Alpen. Stuttgart 1997 (Archäologie in Deutschland. Sonderheft 1997); Menotti, Francesco (Hg.), Living on the Lake in Prehistoric Europe. 150 Years of Lake-dwelling Research. London/New York 2004; Della Casa, Phillipe; Trachsel, Martin (Hg.): Wetland Economies and Societies. Zürich 2005; Schöbel, Gunter: Pfahlbauquartett. 150 Jahre Pfahlbauforschung, ein Rückblick, in: Plattform (2004/2005), Nr.13/14, S.4–29.

25 Die wichtigsten Fundplätze zu Pfahlbauten fanden sich im nordalpinen Raum, beispielsweise am Bodensee: Hornstaad-Hörnle (Neolithikum), Sipplingen (Neolithikum und Bronzezeit), Bodman-Schachen (Bronzezeit), Ludwigshafen (Neolithikum und Bronzezeit), Unteruhldingen (Neolithikum und Bronzezeit) sowie auf Schweizer Seite Arbon-Bleiche (Neolithikum). Im weiteren süddeutschen Raum beispielsweise am Federsee: Riedschachen (Neolithikum) und Wasserburg Buchau. Ein weiterer wichtiger Fundplatz ist der österreichische Mondsee: Mooswinkel (Neolithikum), Scharfling (Neolithikum), See (Neolithikum). In der Schweiz sind etliche Fundplätze rund um den Zürichsee bekannt geworden, in jüngster Zeit gut untersucht und vorgelegt Greifensee-Böschen (Bronzezeit). Weitere, in der Regel spätere Siedlungen fanden sich in Frankreich, Italien und Slowenien.

Häuser trugen. Nach seiner Rekonstruktion waren an seichten Stellen des Seeufers Pfähle eingerammt worden, die aus ganzen oder gespaltenen Stämmen bestanden und die typischerweise paarweise angeordnet waren. In Greifensee-Böschen tragen hingegen keine Pfähle, sondern ins Wasser gebaute, rechteckige oder quadratische Kästen in Blockbauweise die eigentlichen Wohnhäuser. Pfosten werden nur noch zur Stabilisierung der relativ roh verkämmten Ecken eingesetzt[26] sowie für die das Dorf umgebende Palisadenwand. Bei den Häusern selbst handelt es sich wohl eher um Ständerkonstruktionen, die mit leichteren Bauelementen – Brettern oder Flechtwänden – ausgefacht waren.[27]

Ähnliches wird man wohl auch bei den bekannten gleichzeitigen See-Siedlungen im Alpenraum und im nördlichen Alpenvorland annehmen dürfen,[28] die man dementsprechend nur als Randerscheinung in der Geschichte des Blockbaus ansehen kann. Dass die (weiter gefasste) Region eine hochentwickelte Blockbau-Technologie dennoch in dieser Zeit kannte, belegt eine hölzerne Grabkammer im frühkeltischen Grabhügel Magdalenenberg bei Villingen im Schwarzwald, die aus dem Jahr 613 v. Chr. stammt.[29] Mit einer Grundfläche von rund 36 m^2 hat der aus Eichenbalken gezimmerte Bau die Dimension eines kleinen Wohnhauses und es ist daher zu vermuten, dass die Blockbautechnik in dieser Region auch im Hausbau verwendet wurde; archäologische Nachweise hierfür fehlen allerdings bisher.

Im Alpenraum scheinen die wesentlichen Impulse für die Weiterentwicklung des Blockbaus ab der Mitte des 1. Jahrhunderts v. Chr. von den Regionen Trento, Südtirol und Friaul auszugehen, wo zum ersten Mal alpine Blockhäuser mit Steinkellern oder steinernen Substruktionen errichtet wurden. Der bekannteste Bautyp ist der nach seinem Fundort benannte «tipo camuno»,[30] der bereits wesentliche Elemente des neuzeitlichen alpinen Blockbaus aufweist. Die detaillierte Rekonstruktion dieser Bauten ist wiederum schwierig, weil sich von ihnen nur die steinernen Teile erhalten haben. Auch aufgeständerte Speicherbauten, wie man sie heute beispielsweise im Wallis findet, sind in dieser Region bereits um die Zeitenwende bekannt und vermutlich blieb dieser Bautyp bis heute dort in Verwendung. Es ist nicht geklärt, ob es sich beim «tipo camuno» um eine regionale Entwicklung auf der Basis einer älteren, lokalen Bautradition handelt oder ob sie doch eher auf einen erneuten Technologietransfer, dieses Mal aus dem Raum südlich der Alpen, zurückzuführen ist.[31] Das verstärkte Auftreten von Bruchsteinmauern im südöstlichen Alpenraum in dieser Zeit wurde in der Forschung gelegentlich auf «orientalische» Einflüsse[32] zurückgeführt, die über die Poebene in die Alpenregionen vorgedrungen sein könnten. Dementsprechend ist auch ein ostmediterraner Einfluss auf die alpine Holzbautechnologie dieser Zeit nicht ausgeschlossen, insbesondere da die etruskischen Städte der Poebene seit dem 6. Jahrhundert v. Chr. regen Seehandel mit dem ägäischen Raum pflegten.[33] Signifikante ikonographische Übereinstimmungen zwischen den archaischen Grabmalereien Etruriens und Anatoliens legen zudem einen deutlich höheren Kultur- und Wissenstransfer zwischen diesen Regionen nahe,

---

26 Zum Aufbau der Ecken Eberschweiler; Rietmann; Ruoff 2007 (wie Anm. 21), S. 54–55, Abb. 69, 70.

27 Ebd., S. 182–191. Rekonstruktionsvorschläge in Abb. 252, 253.

28 Ebd., S. 269–273.

29 Maise 2002 (wie Anm. 12), S. 19–20.

30 Ebd., S. 26–27, Abb. 15.

31 Ebd., S. 26.

32 Ebd.

33 Reusser, Christoph: House and City in Spina (Province Ferrara). New Perspectives of Archaeological Research in ‹Venice in Antiquity›, in: http://www.researchportal.ch/unizh/p11410.htm (10. Februar 2011).

als bisher angenommen wurde [34] – insofern könnte auch die Blockbauweise im Alpenraum um die Mitte des 1. Jahrtausends v. Chr. neue Impulse aus dem anatolischen Raum erhalten haben. Diese Überlegung erfährt eine gewisse Bestätigung durch den oben erwähnten Bericht Vitruvs über ein wichtiges Zentrum der Blockbautechnik in Anatolien, das er offenbar mit eigenen Augen gesehen hat und das in seiner Zeit wohl durchaus bekannt war: Die beschriebene Region ist Paphlagonien, in römischer Zeit Teil der Provinz Pontus und Bithynien – eine waldreiche Region im westlichen Nordanatolien. Archäologische Belege für die Aussagen Vitruvs fanden sich bis heute zwar in Paphlagonien keine, dafür aber in der südlich angrenzenden Nachbarregion Phrygien, wo die Bauweise vermutlich bereits am Beginn des 1. Jahrtausends v. Chr. etabliert wurde. Da die phrygische Kultur erst kurz zuvor in Anatolien Fuss gefasst hatte,[35] darf man annehmen, dass sie ihre hochentwickelten Kenntnisse im Holzbau von ihrer Heimatregion im Balkan nach Kleinasien mitbrachte.

Die Tradition des nordanatolischen Blockbaus beginnt vermutlich im 9. Jahrhundert v. Chr., als rund um die phrygische Hauptstadt Gordion hölzerne Grabkammern in Hügelgräbern gebaut wurden. Mehrere Lagen von Steinmauern, Holzwällen und dicken Deckenpackungen schützten die Grabkammern vor Witterungseinflüssen. Das grösste Grab von Gordion, das sogenannte Midas-Grab (Tumulus MM), wurde von seinen Ausgräbern so vollständig aufgefunden, dass noch alle Möbel und Grabbeigaben mehr oder weniger unversehrt an dem Platz standen, an dem sie rund 2800 Jahre zuvor aufgestellt worden waren.[36]

In Anatolien ist diese Grabkammer das bislang früheste bezeugte Beispiel für Blockbauten, anders als bei den meisten europäischen Holzfunden sind die Ecken jedoch als Nutverbindungen ausgebildet, wobei die Balken der Schmalwände in voller Breite in die Längswände eingelassen waren.[37] Nur an wenigen Stellen finden sich stabilisierende Verkämmungen. Die kleineren, etwas später entstandenen Grabkammern in der nächsten Umgebung von Tumulus MM zeigen weitere Konstruktionsdetails, die fast alle Elemente der neuzeitlichen Blockbautechniken vorwegnehmen.

Während die Grabkammer des grossen Tumulus zunächst ein betretbarer Raum war, der dann verschlossen und mit einem fast 50 m hohen Grabhügel überdeckt wurde, handelt es sich bei den kleineren Gräbern durchweg um sarkophagartige Holzkisten. Eine der besterhaltenen und interessantesten Grabkammern wurde in Tumulus G gefunden.[38] Es handelt sich um eine niedrige, kistenartige Kammer, deren Seitenwände jeweils nur aus zwei starken Bohlen bestanden.[39] Die Bohlen der Schmalseiten waren jeweils auf die Bohlen der Längsseiten aufgekämmt. Eine andere Form der Verkämmung, mit exzentrischer Blattsasse, fand sich beim Grab 1 in Tumulus S, **Abb. 10** das durch die Grabbeigaben in das späte 8. Jahrhundert v. Chr. datiert werden kann,[40] wie auch bei Tumulus N, der etwa ein Jahrhundert später entstand.[41] Dort sind Verkämmungen nur in der un-

---

34 Mellink, Machteld: Kizilbel: An Archaic Painted Tomb Chamber in Northern Lycia, Bryn Mawr College 1998.

35 ‹Phryger› ist die griechische Bezeichnung für ein indoeuropäisches Volk, das vermutlich ab dem späten 2. Jahrtausend v. Chr. aus Thrakien nach Anatolien einwanderte und spätestens im 8. Jahrhundert v. Chr. ein grosses Reich mit der Hauptstadt Gordion am Sangarios (dem heutigen Sakarya) errichtet hatte, vgl. Akurgal, Ekrem: Phrygische Kunst. Ankara 1955.

36 Young, Rodney S.: Three Great Early Tumuli. Philadelphia 1981.

37 Liebhart, Richard F.: The Tomb Chamber Complex in Tumulus MM at Gordion, in: Summerer, Latife; von Kienlin, Alexander (Hg.): Tatarli. Rückkehr der Farben, Istanbul 2010, S. 268–279.

38 Kohler, Ellen L.: The Lesser Phrygian Tumuli. Part 1. The Inhumations. 1995, S. 35–42.

39 Ebd., Taf. 16.

40 Ebd., S. 121.

41 Ebd., S. 83–93.

tersten Balkenlage nachweisbar, die darüberliegenden Balken scheinen lediglich durch einfache Nutverbindungen, bei denen jeweils die Schmalwand-Balken in entsprechende Nute der Längswand-Balken in voller Breite oder als Federverbindung eingesteckt waren, verbunden worden zu sein.

Eine vollständig mit Eckverkämmungen hergestellte, beträchtlich grössere und im Grundriss fast quadratische Grabkammer fand sich in Tumulus J.[42] Die Grabkammer ist aufgrund der gefundenen Grabbeigaben um 620–600 v.Chr. datiert und damit eines der spätesten Tumulus-Gräber von Gordion.[43] Die letzte bislang bekannte Holzgrabkammer dieser Tradition ist das Tatarli-Grab im südwestlichen Phrygien, das deutliche Weiterentwicklungen zeigt: Die Eckverbindungen sind in den meisten Fällen um 1–2 cm in die Balkenenden eingelassen, **Abb. 11** sodass die tatsächlichen Innenecken der Verkämmungen verdeckt waren und die Ecken des Raumes selbst in dem Fall, dass sich die Verkämmungen durch Verwindung oder trocknungsbedingten Schwund der Balken leicht öffnen würden, geschlossen blieben. In diesem Sinne sind auch die erwähnten Verfälzungen der Längswandbalken zu verstehen, die durch die verringerten Lagerflächen einen höheren Anpressdruck erzeugten und somit dicht geschlossene Horizontalfugen gewährleisteten, was wiederum für die flächendeckende Wirkung der Malerei von eminenter Bedeutung war. Dieses technische Detail konnte bislang an keinem älteren Bau festgestellt werden. Ebenfalls für eine geschlossenere Wirkung der Oberflächen sorgten rechteckige oder rautenförmige Vierungen, mit deren Hilfe Störungen in den Holzoberflächen, wie beispielsweise Astlöcher, beseitigt werden sollten. Das grösste Passstück ist circa 30 cm lang, 14 cm hoch und 2 cm tief. **Abb. 12** Es wurde an einem Balken der Nordwand eingesetzt und, wohl mithilfe eines gut geschärften Beitels, so präzise eingepasst, dass die seitlichen Fugen noch heute dicht schliessen. In den meisten Fällen sind die Vierungsfelder kleiner, alle übrigen Passstücke sind allerdings verloren. Möglicherweise gibt es auch für dieses technische Detail bereits ein Beispiel in Gordion: An der dem ‹heutigen› (von den Ausgräbern künstlich geschaffenen) Eingang gegenüberliegenden Längswand ist eine kleine rechteckige Fehlstelle zu sehen, die in der Publikation von Rodney Young nicht erwähnt wird. Vermutlich handelt es sich auch hierbei um eine antike Ausbesserung, möglicherweise aber auch um einen Wanddübel zur Befestigung eines dort aufgehängten Gegenstandes. Als weitere Verstärkung der Konstruktion wurden am Grab von Tatarli an mehreren Stellen Verdübelungen angebracht, die in dieser Form im antiken Holzbau noch nicht beobachtet wurden. Die vier Giebelbalken waren beispielsweise mit jeweils zwei rechteckigen, bis zu 10 cm tief eingelassenen Holzdübeln miteinander verbunden. **Abb. 13** Die demnach insgesamt fast 20 cm langen Dübel waren dem ersten Anschein nach, wie die Balken selbst, aus Zedernholz und hatten Kantenlängen von durchschnittlich 3 × 7 cm. Die Dübellöcher wurden mithilfe schmaler, scharfer Beitel in das Holz getrieben, deren Spuren sich an den teilweise sehr gut erhaltenen Wandungen der Einlassungen noch finden. Derartige Holzverbindungen mit flachen Holzdübeln sind bei hellenistischen Holzsarkophagen bereits bekannt geworden,[44] die allerdings beträchtlich kürzer sind und insgesamt eher an Flachdübel erinnern, wie sie an zeitgenössischen griechischen Steinbauten üblich waren. Als

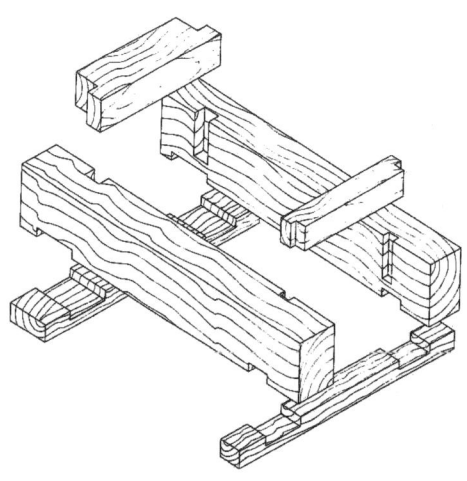

10 Gordion (Türkei, Provinz Ankara), Grabkammer in Tumulus S

---

42 Ebd., S. 55–72.

43 Ebd., S. 59.

44 Vaulina, Maria; Wasowicz, Aleksandra: Bois grècs et romains de l'Ermitage. 1974, S. 6, Abb. 13 zeigt beispielsweise ähnlich flache Holzdübel, die das klavierbandartige Scharnier des Deckels eines Holzsarkophages aus Juz-Oba (Krim) mit der Sarkophagwand verbanden. Ebd., S. 66, Abb. 16 gibt die rekonstruierte Seitenwand desselben Holzsarkophags wieder, wo ebenfalls schmale, jedoch in der Seitenansicht quadratische Flachdübel vier Lagen von Brettern verbinden.

phrygische Vorform dieser Verbindung könnten die durch seitliche Runddübel gesicherten Zapfenschlösser an Möbeln aus Tumulus MM in Gordion angesehen werden.⁴⁵

Eine weitere technische Besonderheit am Grab von Tatarli ist erhellend für seinen Herstellungsprozess: An mehreren Balken finden sich Zählungen, in Form von Strichen oder Kreuzen, **Abb. 14** die nur als Abbundzeichen gedeutet werden können.⁴⁶ An der Nordwand beispielsweise waren die Balken mit einer nach oben hin wachsenden Anzahl von senkrechten, parallel eingeschlagenen Strichen durchgezählt. An der Ostwand fanden sich entsprechende andreaskreuzförmige Marken.

Parallelen für diese Zählsysteme finden sich vor allem, in Form der Versatzmarken, beim antiken Quaderbau. Dort sind meist zwei identische Buchstaben an den jeweils anpassenden Fugen angebracht, sodass beispielsweise beim Versetzen eines Bauwerks jeder Block wieder seiner ursprünglichen Lage im Gesamtgefüge zugewiesen werden konnte. Eine weitere Parallele könnte aber auch im phrygischen Holzbau bereits beobachtet und nicht als Abbundzeichen erkannt worden sein.⁴⁷

Schliesslich lassen die bearbeiteten Oberflächen der Hölzer von Tatarli noch einige Rückschlüsse auf die verwendeten Werkzeuge zu: Auf den geebneten, zur Grabinnenseite hin gewandten Flächen der Balken beispielsweise lassen sich Spuren von Breitbeilen erkennen, wie sie bisher erst seit römischer Zeit bekannt⁴⁸ und noch bis ins 19. Jahrhundert hinein gebräuchlich waren. Die Beilhiebe wurden so flach geführt, dass sich ihre Spuren nur als sanfte Wellen abzeichnen und nur bei starkem Streiflicht sichtbar sind. **Abb. 15** An den Balkenenden finden sich zudem die Spuren steil geführter Fällbeile,⁴⁹ wie sie insbesondere aus der römischen Überlieferung bekannt sind (‹ascia›, ‹dolabra›, ‹securis›) und von denen sich ebenfalls einige Beispiele erhalten haben, die jenen in Phrygien

11 Tatarli (Türkei, Provinz Afyon), Grabkammer des grossen Tumulus, Eckverkämmung

12 Tatarli-Grabkammer, Vierung

---

45 Ein Tisch aus der Ausstattung des Grabes ist heute im Museum für Anatolische Kultur in Ankara ausgestellt.

46 Dies bedeutet, dass der Bau zunächst an anderer Stelle gefertigt und provisorisch abgebunden wurde, bevor man ihn in Teilen an seinen endgültigen Aufstellungsort gebracht hat.

47 Von Kienlin, Alexander: Die hölzerne Grabkammer von Tatarli: Ein hochentwickeltes Beispiel antiker anatolischer Blockbautradition aus dem 5. Jh. vor Christus, in: Bachmann, Martin (Hg.): Bautechnik im antiken und vorantiken Kleinasien. Istanbul 2009 (Byzas 9), S. 221–222.

48 Petrie, William Matthew Flinders: Tools and Weapons Illustrated by the Egyptian Collection in University College, London. London 1917, Taf. 10.34. Ciarallo, Annamaria; de Carolis, Ernesto: Homo Faber: natura, scienza e tecnica nell'antica Pompei. Mailand 1999, S. 122, Abb. 77; S. 123, Abb. 78. Ulrich, Roger B.: Roman Woodworking. New Haven / London 2007, S. 22–23, Abb. 3.12 F.

49 Das Fällbeil beziehungsweise die Axt ist das älteste bekannte Werkzeug zur Holzbearbeitung, sie ist in der Mittelmeerregion seit dem Neolithikum in Gebrauch.

13 Tatarli-Grabkammer, Verdübelung

genutzten Werkzeugen ähnlich sein dürften. Vermutlich wurden sowohl ein- wie zweiseitige Äxte (Doppelaxt, im Römischen ‹bipennis›) verwendet.⁵⁰

An den Rändern der Kammsassen sind zum Teil rund 2 mm breite, rinnenartige Kerben sichtbar, die vom Einsatz einer Säge herrühren. **Abb. 16** Zu den Rändern hin schneiden die Sägespuren etwas tiefer ein als in der Mitte, was auf eine Rahmen- oder Bügelsäge hinweist, deren Sägeblatt sich in der Mitte etwas nach oben durchbog. Derartige Sägen, in der Regel mit bronzenen Sägeblättern ausgestattet, waren seit dem 2. Jahrtausend v. Chr. bereits in Ägypten bekannt⁵¹ und dürften im 1. Jahrtausend v. Chr. im gesamten Mittelmeerraum in Gebrauch gewesen sein. Auf römischen Reliefabbildungen kommt insbesondere die Rahmensäge regelmässig vor und die Holzsäge im Allgemeinen muss in dieser Zeit bereits so lange bekannt gewesen sein, dass die römische Überlieferung ihre Erfindung in mythische Vorzeit verlegt.⁵² Sie wird insbesondere mit dem Daidalos-Mythos und damit auch der Insel Kreta verbunden, die wiederum im 2. Jahrtausend v. Chr. einen regen technologischen und kulturellen Austausch mit Ägypten pflegte.⁵³ Der Mythos könnte demnach darauf hindeuten, dass die Säge von Ägypten über Kreta in den nördlichen und westlichen Mittelmeerraum gelangt ist. Auch wenn das Sägen von Holz also eine sehr alte Technologie sein muss, stellt Tatarli einen der frühesten bekannten Nachweise an dem Material selbst dar.

Wie die phrygische Kultur haben auch die skythischen Reiternomaden ihre Fürsten in Hügelgräbern bestattet, die bereits im 9. und 8. Jahrhundert v. Chr. hölzerne Grabkammern in Blockbauweise bargen.⁵⁴ Diese basieren wiederum auf älteren Bautraditionen, die bis ins späte Neolithikum zurückreichen, Grab-

---

50 Frere, Sheppard: Verulamium Excavations. Bd. 1. London 1972 (Society of Antiquaries of London. Research Committee Reports 28), S. 165, Abb. 60.7. Ulrich 2007 (wie Anm. 48), S. 22–23, Abb. 3.12 C.

51 Petrie 1917 (wie Anm. 48), Taf. 51.

52 Ovid, Metamorphosen, Buch 8; Seneca, Epistolae 90; Plinius, Historia naturalis, Buch 7, Kap. 57.

53 In der frühen 18. Dynastie wurden in Tell el Dab'a, im östlichen Nildelta, einige Paläste errichtet, die teilweise mit minoischen Wandmalereien ausgeschmückt worden sind. Zu den Ausgrabungen u. a. Bietak, Manfred: Tell el-Dab'a II. Der Fundort im Rahmen einer archäologisch-geographischen Untersuchung über das ägyptische Ostdelta. Wien 1975.

54 Jüngste zusammenfassende Darstellungen zu diesem Kulturkreis von Parzinger, Herrmann: Die Skythen. München 2004 (Beck'sche Reihe 2342); Parzinger, Herrmann: Die frühen Völker Eurasiens. Vom Neolithikum zum Mittelalter. München 2006.

14 Tatarli-Grabkammer, Abbundzeichen

kammern in Blockbauweise konnten im kaukasischen und sibirischen Raum bereits seit der Mitte des 2. Jahrtausends v. Chr. festgestellt werden. Da der Architekturbefund derzeit noch nicht detailliert vorgelegt ist, können keine Vergleiche zu den phrygischen oder alpenländischen Blockkonstruktionen angestellt werden – ein unmittelbarer Technologietransfer in dieser Zeit ist aber ohnehin kaum vorstellbar.[55] Gemeinsame Wurzeln der Blockbautraditionen dieser Regionen sind aber durchaus denkbar, insbesondere angesichts der jüngeren Diskussion um die ‹Kurgan-Kulturen›.

Die Frage nach Kultur- und Technologietransfers im eurasischen Raum der frühen Bronzezeit wurde in den letzten zwei Jahrzehnten durch das Postulat einer weite Gebiete umfassenden ‹Kurgan-Kultur› im 5.–3. Jahrtausend v. Chr. stark angeregt und kontrovers diskutiert.[56] Insbesondere die im Zentrum dieser Debatte stehenden Hügelgräber sind es, die uns auch die besterhaltenen Holzbefunde – allerdings aus späteren Epochen – überliefert haben. Immerhin sind grössere Wanderungsbewegungen im späten Neolithikum und in der Bronzezeit inzwischen unbestritten, wobei die gegenseitigen Einflussnahmen zwischen den Regionen derzeit kaum abschätzbar sind. Geht man davon aus, dass die phrygische Kultur tatsächlich, wie in der jüngeren Forschung überwiegend vertreten, aus dem Balkanraum stammt, könnte sich die Vorstellung einer gemeinsamen Wurzel der mittel- und osteuropäischen Blockbautechnik im östlichen Alpenraum verdichten. Diese Frage kann aber nur durch gezielte, weitergehende archäologische Untersuchungen in den Balkanländern weitergebracht werden.

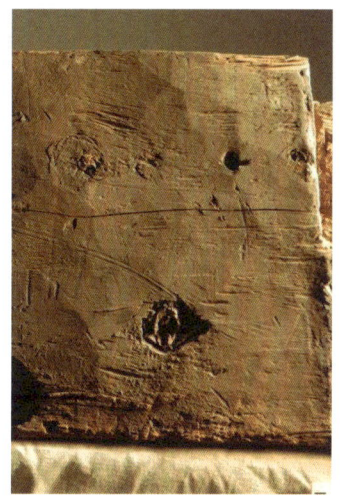

15 Tatarli-Grabkammer, gebeilte Oberfläche im Streiflicht

16 Tatarli-Grabkammer, Sägespuren in einer Kammsasse

Blockbau im Schweizer Raum von der Zeitenwende bis ins 18. Jahrhundert

Für den Schweizer Alpenraum fehlen archäologische Nachweise der Blockbauweise von der späten Bronzezeit bis in die Neuzeit weitgehend, was zum einen auf die bereits angesprochene Problematik des schwierigen Nachweises sol-

---

55 Parzinger, Herrmann: Tatarli und die Eurasische Steppe, in: Summerer; von Kienlin 2010 (wie Anm. 37), S. 280–295.

56 Gimbutas, Marija: Das Ende Alteuropas. Der Einfall von Steppennomaden aus Südrussland und die Indogermanisierung Mitteleuropas. Budapest 1994 (Archeolingua. Series minor 6); Dexter, Miriam Robbins; Jones-Bley, Karlene (Hg.): The Kurgan Culture and the Indo-Europeanization of Europe. Selected Articles from 1952–1993. Washington 1997.

cher Konstruktionen zurückzuführen ist. Zum anderen könnte aber in dieser Zeit der Blockbau tatsächlich auch in vielen Regionen der Schweiz im Hausbau nicht mehr verwendet worden sein – möglicherweise, weil sich in den erwähnten Phasen der Holzknappheit leichtere Holzbauweisen oder auch der Steinbau stärker etabliert haben. Für die römische Epoche gibt Vitruv immerhin einen weiteren Hinweis auf den alpinen Blockbau, der sich auf eine Stadt im heutigen Schweizer Raum beziehen könnte:

> «Der göttliche Caesar stand mit seinem Heer in der Alpengegend und hatte den Landstädten die Lieferung von Zufuhr auferlegt. Dort war eine befestigte Ortschaft, die man Larignum nannte […] Vor dem Tor dieser Ortschaft aber war ein Turm aus diesem Bauholz mit abwechselnden Lagen von Querbalken, die, wie ein Scheiterhaufen, untereinander zusammengefügt waren so hoch, dass sie anrückende [Feinde] von der Höhe mit Pfählen und Steinen zurückschlagen konnte.»[57]

Die Textstelle ist bekannter für ihre Aussage zur vermeintlichen Unbrennbarkeit des Lärchenholzes (‹Larigna›), dennoch beschreibt sie mit hinreichender Deutlichkeit eine turmartige Konstruktion, die nur mithilfe von festen Eckverbindungen hergestellt worden sein kann. Im strengen Sinne handelt es sich zwar nicht um einen Blockbau, da die Balkenlagen offenbar, wie bei Scheiterhaufen, Zwischenräume aufwiesen und der Bau keinen Raum umschliessen, sondern Höhe gewinnen sollte. Dennoch ist die Technik der Eckverbindungen vermutlich dieselbe wie beim ‹echten› Blockbau und jüngere archäologische Funde haben gezeigt, dass diese Bauweise im Festungsbau tatsächlich bereits in der späten Bronzezeit eingesetzt wurde: Im norditalienischen Castione fanden sich Reste einer bronzezeitlichen Befestigungsmauer, die durch ein in Blockbauweise errichtetes Holzgerüst verstärkt war.[58] Die Verbindungen sind meist als einfache Verkämmungen ausgeführt, die jeweils die ganze Balkenbreite einnehmen; daneben kommen auch Überblattungen vor.[59] Wie in Larignum waren die Balken dabei nicht unmittelbar aufeinander gelegt, sondern waren nur an den verkämmten Ecken kraftschlüssig miteinander verbunden. Diese Bautechnik scheint bei Befestigungsanlagen in Italien eine ungebrochene Tradition bis in römische Zeit zu haben.[60] Im Bereich des Hausbaus liegt die Vermutung nahe, dass die am Ende des 1. Jahrtausends v.Chr. im südöstlichen Alpenraum entwickelten neuen Gebäudetypen in Blockbauweise sukzessive auch im Schweizer Raum Fuss fassten und weiterentwickelt wurden.

Conclusio

Die traditionelle mitteleuropäische Hausforschung hat bisher ein eher einschichtiges, lineares Bild von der Entwicklung und Verbreitung des Blockbaus gezeichnet, das von der Entstehung dieser Bautechnik im Alpenraum ausgeht und von dort aus eine Verbreitung in den Norden und Osten Europas postuliert. Jüngere archäologische Forschungen haben allerdings Grund zum Zweifel an dieser Theorie gegeben, die im Übrigen schon beim Studium älterer Überlieferungen hätten auftreten müssen: Vitruv II,1,4 beschreibt nämlich, neben dem Alpenraum, mindestens ein zweites traditionelles Zentrum des Blockbaus:

---

57 Vitruv II, 9, 59. Nach Fensterbusch 2008 (wie Anm. 7).

58 Pigorini, Luigi: Terramara dell'età del bronzo situata in Castione dei Marchesi (Territorio Parmigiano), in: Mmem-Linc ser. 3 (1883), H. 8, S. 265–318.

59 Ebd., Taf. IV.

60 Ulrich 2007 (wie Anm. 48), S. 69–71.

Nordanatolien,[61] wo noch bis vor wenigen Jahrzehnten in dieser Technik gebaut wurde. **Abb. 17** Zudem wurden in den letzten Jahrzehnten auch in der Kaukasusregion wichtige Bodenfunde gemacht, die auf eine hochentwickelte vorgeschichtliche Blockbautradition verweisen. All diesen Gebieten sind raue Klimata und schneereiche Winter gemeinsam,[62] was ein wichtiger Grund sein könnte für die Wahl dieser Bauweise: Die festen Wände und die steifen Ecken halten starkem Schneedruck besser stand als leichtere Konstruktionen und könnten daher durchaus als ‹angepasste Bauweise› verstanden werden.

Der direkte Bezug zwischen diesen Regionen kann derzeit, aus Mangel an archäologischen Belegen, nicht hergestellt werden, aber die Geschichte des Blockbaus – so, wie sie momentan dargestellt wird – muss grundlegend revidiert werden. Angesichts der aktuellen Diskussionen um spätneolithische und bronzezeitliche Wanderungsbewegungen zwischen Europa und Eurasien muss auch die Frage gestellt werden, ob nicht die erwähnten grossen Zentren des vorgeschichtlichen Blockbaus auf gemeinsame Wurzeln zurückgehen könnten, beispielsweise in den waldreichen osteuropäischen Regionen oder im Balkan.

Für den Alpenraum lassen sich, aufgrund der geringen Dichte bisher bekannter archäologischer Befunde, keine geschlossenen Entwicklungslinien seit der Bronzezeit bis in unsere Zeit nachweisen, und tatsächlich legen die erheblich schwankenden Umweltbedingungen in der späten Bronzezeit und im 1. Jahrtausend v. Chr. im Alpenraum[63] auch eher wechselhafte Siedlungstätigkeiten in den am stärksten betroffenen, waldreichen Hochtälern nahe. Da Klimarückschläge und Abholzung zu teilweise gravierenden Rückgängen der alpinen Waldflächen führten, müssen selbst bei relativ gleichbleibenden Populationsdichten grundlegende Konsequenzen für das Bauwesen eingetreten sein: Besonders auffällige Phasen der Holzverknappung am Ende des 2. Jahrtausends v. Chr. und kurz vor 350 v. Chr.[64] dürften zum zeitweiligen Rückgang der Blockbautechnik im Alpenraum geführt haben, mancherorts mag die Bautechnik auch ganz aufgegeben worden sein. Dementsprechend kann erst ab dem späten 1. Jahrtausend v. Chr., als das Siedlungswesen in den alpinen Hochtälern einen höheren Grad an Kontinuität erreicht, von regionalen Bautraditionen ausgegangen werden, die bis in die heutige Zeit erhalten geblieben sind. Dabei scheinen die wesentlichen Entwicklungsimpulse ab der Mitte des 1. Jahrtausends v. Chr. von den Regionen Trento, Südtirol und Friaul auszugehen, wo zum ersten Mal im alpenländischen Raum Blockhäuser mit Steinkellern oder steinernen Substruktionen errichtet wurden. Der bekannteste Bautyp ist der nach seinem Fundort benannte «tipo camuno»,[65] der bereits wesentliche Elemente des neuzeitlichen alpinen Blockbaus aufweist. Die detaillierte Rekonstruktion dieser Bauten ist wiederum schwierig, weil sich von ihnen nur die steinernen Teile erhalten haben. Auch aufgeständerte Speicherbauten,

---

61 Vitruv II, 1, 4. Nach Fensterbusch 2008 (wie Anm. 7): «Bei dem Volk der Kolcher in Pontus werden, weil es dort Wald in Hülle und Fülle gibt, ganze Baumstämme flach rechts und links auf die Erde gelegt. Dabei wird zwischen ihnen soviel Zwischenraum gelassen, wie die Länge der Bäume es zulässt. An den Enden werden darüber andere Baumstämme quer gelegt, die in der Mitte den Wohnraum umschliessen. Sodann verbinden sie durch abwechselnd übereinander gelegte Balken auf allen vier Seiten miteinander und, indem sie so lotrecht auf den untersten (Balken) Wände aus Baumstämmen errichten, führen sie Türme in die Höhe.»

62 Prähistorische Blockkonstruktionen fanden sich weder im südlichen Italien noch im südlichen Anatolien.

63 Oeggl; Nicolussi (wie Anm. 19).

64 Ebd., Abb. 2 zeigt korrespondierende Kurven zur Siedlungsaktivität und zur Entwicklung des Waldbestandes im Alpenraum. Die Interpretation der besonders signifikanten Kurvenausschläge beim Waldbestand ist allerdings schwierig, da sowohl klimatische Phänomene als auch menschliche Eingriffe dafür verantwortlich sein können. Klarer ist das Bild bei der absinkenden Waldgrenze im Verlauf der Bronzezeit, die allerdings schon vor unserem Untersuchungszeitraum eine stabile Höhe erreicht hat.

65 Maise 2002 (wie Anm. 12), S. 26–27, Abb. 15.

17 Tasköprü (Türkei, Provinz Kastamonu), neuzeitlicher landwirtschaftlicher Nutzbau

wie man sie heute beispielsweise im Wallis findet, sind in dieser Region bereits um die Zeitenwende bekannt und vermutlich blieb dieser Bautyp bis heute dort in Verwendung.

Es ist nicht geklärt, ob es sich beim «tipo camuno» um eine regionale Entwicklung auf der Basis einer älteren, lokalen Bautradition handelt oder ob sie doch eher auf einen erneuten Technologietransfer, dieses Mal aus dem Raum südlich der Alpen, zurückzuführen ist.[66] Das verstärkte Auftreten von Bruchsteinmauern im südöstlichen Alpenraum in dieser Zeit wurde in der Forschung gelegentlich auf «orientalische» Einflüsse[67] zurückgeführt, die über die Poebene in die Alpenregionen vorgedrungen sein könnten. Dementsprechend ist auch ein ostmediterraner Einfluss auf die alpine Holzbautechnologie dieser Zeit nicht ausgeschlossen, insbesondere da die etruskischen Städte der Poebene seit dem 6. Jahrhundert v. Chr. regen Seehandel mit dem ägäischen Raum pflegten.[68] Signifikante ikonographische Übereinstimmungen zwischen den archaischen Grabmalereien Etruriens und Anatoliens legen einen deutlich höheren Kultur- und Wissenstransfer zwischen diesen Regionen nahe, als bisher angenommen wurde – insofern könnte auch die Blockbauweise im Alpenraum um die Mitte des 1. Jahrtausends v. Chr. neue Impulse aus dem anatolischen Raum erhalten haben.

Verbindlich blieb von da an wohl der steinerne Unterbau oder Keller bei Wohnhäusern sowie die aufgeständerte Bauweise bei den dazugehörigen Stadeln. Regionaltypische Ausprägungen dürften eher auf Entwicklungen seit dem Mittelalter zurückzuführen sein.

Alexander von Kienlin

---

66 Ebd., S. 26.
67 Ebd.
68 Reusser (wie Anm. 33).

Appenzeller Strickbau – Bautradition und Handwerkstechnik im Wandel

———

Das Appenzeller Siedlungsbild ist geprägt durch unzählige Holzbauten, die verstreut in der hügeligen Landschaft liegen. Ein Grossteil dieses umfangreichen Bestandes alter Holzhäuser ist in traditioneller Strickbautechnik erstellt worden. Strickbau – eine regionale Bezeichnung für Blockbau – steht für eine Massivholzbauweise, bei der die Wände aus horizontal übereinander gelegten Kanthölzern gebildet werden, die an den Seiten durch die Eckverzahnung miteinander ‹verstrickt› sind. Konstruktiv funktioniert die Strickbauweise in ihrem gesamten Verbreitungsgebiet – Skandinavien, Osteuropa, Alpenraum und Balkan – ähnlich und hat sich über die Jahrhunderte hinweg nur wenig verändert. Es gibt jedoch unterschiedliche Gestaltungsarten der Eckverbindung. Auch im Appenzellerland hat sie Ende des 18. Jahrhunderts eine regionaltypische Ausformung angenommen – den ‹Appenzeller Strick›. Bis zur Mitte des 19. Jahrhunderts wurden in Appenzell fast sämtliche Wohnhäuser und Landwirtschaftsbauten in Strickbauweise erstellt. Gegen Ende des Jahrhunderts wurde der Strickbau aber immer seltener und ab Mitte des 20. Jahrhunderts endgültig von Leichtholzkonstruktionen abgelöst. Heute werden in Appenzell praktisch keine neuen Strickbauten mehr erstellt. Auch Neubauten, die teilweise noch in Anlehnung an das traditionelle Appenzellerhaus gebaut werden, haben in konstruktiver und handwerklicher Hinsicht nur wenig mit dem ursprünglichen Bautypus gemein.

Der handwerkliche Fertigungsprozess sowie die Konstruktionstechnik haben sich in den Appenzeller Zimmereibetrieben im Laufe des 20. Jahrhunderts gewaltig verändert. Rationalisierte und computergestützte Planungs- und Fertigungsmethoden sowie standardisierte Konstruktionsdetails haben Einzug gehalten und gleichzeitig traditionelle Handwerkstechniken sowie regionale Konstruktionsweisen verdrängt.

Die jahrhundertealte Bau- und Handwerkstradition des Appenzeller Strickbaus droht auszusterben und das Wissen um die traditionellen Handwerks- und Konstruktionsweisen langsam aus dem Gedächtnis der Holzbauer zu entschwinden. Die letzten Appenzeller Zimmermeister, die noch eigenhändig ‹gestrickt› haben, stehen bereits in fortgeschrittenem Pensionsalter und die Überlieferung der Strickbautechnik an die nachfolgende Generation ist nicht gesichert. Weil die Ausbildung der Zimmerleute laufend mit den aktuellen Technik- und Baustandards Schritt halten muss, bleibt für die Thematisierung historischer Konstruktions- und Handwerkstechniken keine Zeit.

Der vorliegende Beitrag beleuchtet Aspekte in der jüngeren Entwicklung des Appenzeller Holzbaus und seiner traditionellen Strickbauweise. Er zeigt Veränderungen im Zimmermannshandwerk und in der Überlieferung historischer Baukonstruktionen auf, die unmittelbar mit dem Appenzeller Strickbau und seinem Verschwinden verknüpft sind. Zu erwähnen sind dabei die Abkehr vom

1 Abbundplatz der Holzbaufirma Blumer, Waldstatt (Appenzell Ausserrhoden), 1919

2 Erstellung eines Stallstocks auf dem Abbundplatz der Firma Blumer, Waldstatt (Appenzell Ausserrhoden), 1921

traditionellen Handwerk im Zuge der Industrialisierung und Mechanisierung im 19. Jahrhundert, der Wandel des Schweizer Holzbaus vom ‹volkstümelnden› Chaletbau zum seriell fabrizierten Rahmenbau in den 1930er-Jahren sowie die heutige computergestützte Fabrikation, die das Handwerk und die Konstruktion im Holzbau nachhaltig verändert hat und es weiterhin tun wird.

Als wertvolle Quelle für den Beitrag diente das Privatarchiv der Holzbau Blumer AG, Waldstatt (1826–2000)[1] im Staatsarchiv des Kantons Appenzell Ausserrhoden. Anhand dieses Archivmaterials lässt sich der Wandel im Appenzeller Holzhandwerk des 20. Jahrhunderts anschaulich nachzeichnen. Zusätzlich bilden Lehrmittelrecherchen und Interviews mit ehemaligen sowie aktiven Zimmermeistern und Berufsschullehrern eine weitere Grundlage für die vorliegende Untersuchung.

Strickbau – ein Zimmermannskunststück

«Ja, das waren noch Handwerksarbeiten, – so ein Stallstock für 10–20 Kühe, gestrickt und auf dem Abbundplatz vor dem Hause aufgeschlagen um nachher wieder sorgfältig abgebrochen zu werden, Stück um Stück – dann holte der Bauer das Holz mit einer vor den Langholzwagen geschirrten Kuh, mit einem Ochsen oder sogar, wenn es ein ‹grosser Puur› war, mit zwei Rossen und brachte es zu seinem Heimet, allwo dann Vaters Zimmerleute die vorher nummerierten Balken Stück um Stück wieder aufeinanderschlugen, die Tragbäume aufsetzten und die Heubodenbretter einschoben. [...]

3 Scheune mit gestricktem Stallstock im Bau, Holzbau Blumer, 1926

1 Staatsarchiv Appenzell Ausserrhoden (StAAR), Pa.030 Privatarchiv Holzbau Blumer 1826–2000. Jakob Blumer (1878–1949) eröffnete 1907 nach mehrjähriger Tätigkeit als Zimmerpolier zusammen mit seiner Ehefrau Katharina Nef (1870–1951) eine eigene Zimmerei in der Mooshalde in Waldstatt. Stetig wuchsen der Betrieb, die Werkstatträume und die Belegschaft an. 1916 wurde der Holzbaubetrieb um eine Sägerei erweitert. 1937 traten die beiden Söhne Jakob Blumer jun., dipl. Bautechniker, und Hans Blumer, Innenarchitekt, in die Geschäftsleitung ein. Nach dem Austritt Hans Blumers 1944 führte sein Bruder Jakob das Holzbaugeschäft alleine weiter. 1971 übernahm Jakobs Sohn Hermann die Geschäftsführung des Betriebs. Unter ihm wurde der Betrieb kontinuierlich ausgebaut und modernisiert. Hermann Blumer entwickelte einige innovative Konstruktions- und Bauteilverbindungen und wurde als Holzbauingenieur über die Schweizer Grenzen hinaus bekannt. Trotz dieser Erfolge musste der Betrieb 1997 Konkurs anmelden, er hat sich daraufhin in mehrere kleinere Betriebe aufgespalten. Der Name Blumer steht noch heute für innovativen Holzbau aus der Ostschweiz. Der Holzbaubetrieb Blumer-Lehmann AG aus Gossau, Blumer BSB AG aus Waldstatt sowie Hermann Blumer, Waldstatt zeigen sich verantwortlich für die Erstellung zahlreicher prestigeträchtiger Holzbauprojekte im In- und Ausland, unter anderem für den Palais de l'Équilibre, Neuchâtel Expo 02, das Clubhaus Yeoju Resort, Südkorea sowie das Centre Pompidou in Metz (beide zusammen mit dem japanischen Architekten Shigeru Ban). An dieser Stelle danke ich dem Archivteam des Stadtarchivs Appenzell Ausserrhoden, Dr. Peter Witschi, Renate Bieg und Antje Mai, recht herzlich für seine Unterstützung und die Aufbereitung des Bildmaterials.

Weil so ein Stallstock mit den gestrickten Ecken einem kleinen Zimmermannskunststück gleichkam, sorgte Vater immer wieder, dass ein solcher oder wenn möglich deren zwei oder drei auf die Landsgemeinde hin auf dem Abbundplatz standen, auf dass die an die Landsgemeinde in Hundwil am Abbundplatz vorbeigehenden Bauern sehen konnten was die Zimmerei Blumer alles kann. Und manchmal gab es durch diese Ausstellung sogar einen neuen Auftrag.»[2]

4,5 Handwerkstätigkeit auf dem Abbundplatz der Holzbaufirma Blumer, Waldstatt (Appenzell Ausserrhoden), 1930

Diese Schilderungen über die Handwerksarbeiten an den Stallstöcken kurz nach dem Ersten Weltkrieg klingen beinahe nostalgisch und man wähnt sich eher in vorindustriellen Zeiten als im 20. Jahrhundert. Ihre weitgehend traditionelle, handwerkliche Erstellung – «ein kleines Zimmermannskunststück» – war im Appenzeller Holzbau zu der Zeit aber noch gang und gäbe. **Abb. 1, 2** Die traditionelle Strickbauweise fand beim Bau von Wohnhäusern zwar nur noch selten, bei Stallbauten hingegen regelmässig Verwendung. Der in Strickbauweise erstellte Stallstock ist Teil einer Scheune und dient als Aufenthaltsraum für das Vieh. Daher wurde er massiv und winddicht ‹gestrickt› im Gegensatz zum Rest der Scheune, der häufig als Ständerbau mit einfacher Holzverschalung erstellt wurde. **Abb. 3**

Die Handwerkstätigkeit im Zimmermannsalltag hatte sich trotz der Entwicklung mechanischer Sägemaschinen und aufkommenden Standardisierungstendenzen bis dahin über Jahrhunderte hinweg wenig verändert. Der Holzbaubetrieb Blumer besass in den 1920er-Jahren nur wenige Maschinen. Eine mechanische Gattersäge für den Rundholzaufschnitt brachte den Vorteil, dass die Stämme nicht mehr von Hand behauen oder gesägt werden mussten. Die weitere Verarbeitung des Holzes aber, das Hobeln der meist konischen Balken, das Einpassen der Holzdübel sowie die komplexe passgenaue Eckverbindung des Appenzeller Stricks wurden nach wie vor in mühevoller Handarbeit ausgeführt. Handmaschinen wie Handkreissäge oder Handbohrmaschine gelangten bei der Firma Blumer erst gegen Mitte der 1930er-Jahre zur Anwendung. **Abb. 4, 5**

Die appenzellische Art der Eckverstrickung ist ausgeklügelt und sehr aufwendig in der Herstellung. Beim Appenzeller Strick handelt es sich um eine Eckverkämmung ohne Vorholz. Stattdessen besitzt er eine wandbündige Verzinkung in Schwalbenschwanzform sowie eine Nut-Kammverbindung, welche

2 StAAR, Pa.030-1/019: Erinnerungen Hans Blumer 75. Geburtstag 1990.

6 Gwättverband links, Appenzeller Strick rechts

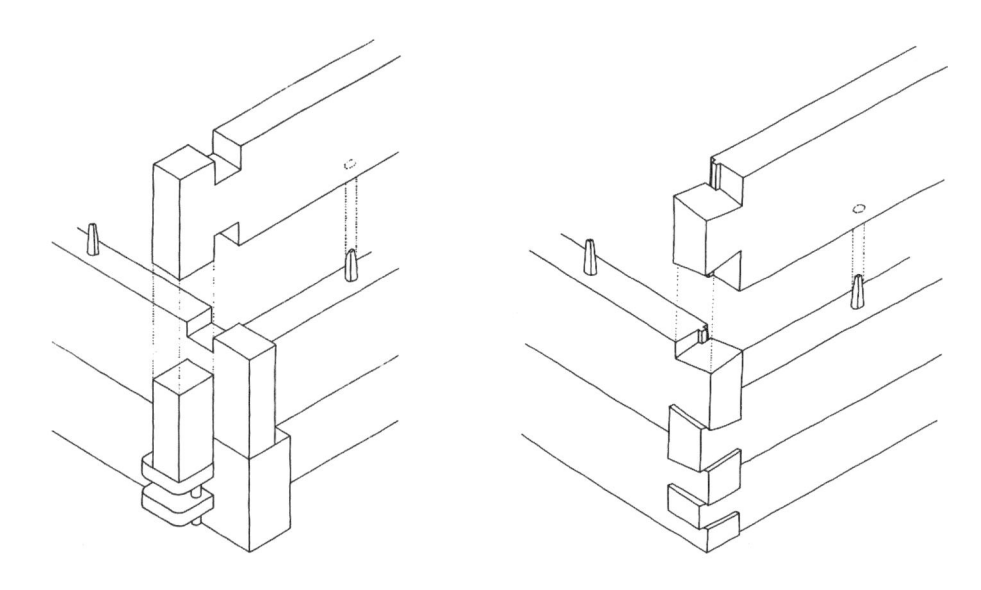

eine gute Winddichte ermöglicht. Bis ins 18. Jahrhundert waren die Appenzeller Bauernhäuser noch im sogenannten Gwättverband – im Eckverband mit Vorholz – miteinander verkämmt. **Abb. 6** Die Vorhölzer waren dabei an der unverkleideten, der Sonne zugewandten Fassade freiliegend und zeichneten sich ebenfalls durch Wölbungen unter dem Schindelschirm an den witterungsexponierten Seiten ab. Ab Mitte des 18. Jahrhunderts begannen die Appenzeller die Hauptfront ihrer Weberhäuser mit einem «gestemmtem Täfer» (Täfel) zu verkleiden.[3] Das gestemmte Täfer besteht aus Holztafeln, die mittels einer Konstruktion aus Latten und Leisten an der Strickwand befestigt sind. Diese Fassadenverkleidung diente als Witterungsschutz für die versenkbaren Schiebeläden der Fenster und war ebenso ein architektonisches Repräsentationsmittel.[4] Mit dem Auftreten der Fronttäferung löste der nahezu wandbündig verzinkte Appenzeller Strick den Gwättverband grösstenteils ab, denn die 15–20 cm langen Vorhölzer waren für ein ebenmässiges Anbringen des Täfers störend.

Da der Appenzeller Strick keine Vorhölzer besitzt, müssen die Eckverbindungen umso genauer ineinander passen, damit die Stabilität gewährleistet und die ungewollte Zugluft verhindert werden kann. Für die Herstellung solch einer Eckverbindung mit zwei passgenauen Gegenstücken benötigte ein Zimmermann bis zu einer Stunde Arbeit. Dabei handelte es sich dabei um ziemlich feine Handarbeit, die schon fast der Holzbildhauerei ähnelte, wie der Zimmermeister Fritz Kress in seinem 1935 erschienenen Lehr- und Konstruktionsbuch *Der Zimmerpolier* bemerkte. Über das Handwerk am Blockbau schrieb er: «Wer sich mit dem Blockbau näher befasst oder diesen irgend einer andern Holzbauart vorzieht, ist meist ein Sonderling und besonderer Künstler. Dieser Ausspruch war unter den Zimmerleuten schon vor Jahrhunderten üblich; es soll damit gesagt sein, dass der im Blockbau tätige Zimmermann für diese Konstruktion eine besondere Liebe besitzen, aber auch gleichzeitig künstlerisch veranlagt sein muss. Der Blockbau hat in Bezug auf seine Quer- und Längsverbindungen etwas Eigenartiges an sich, das manchmal der Holzbildhauerei nahekommt.»[5]

Neben der handwerklichen Fertigkeit gehört zum Umgang mit dem Strickbau auch ein grosses Wissen um die charakteristischen Besonderheiten der Bau-

---

3 Hermann, Isabell: Die Bauernhäuser beider Appenzell. Basel 2004 (Die Bauernhäuser der Schweiz 31), S. 147.

4 Ebd.

5 Kress, Fritz: Der Zimmerpolier – Ein Fachbuch für Zimmerleute, Techniker, Architekten aus allen Gebieten des Holzbaues. Ravensburg 1935, S. 89.

weise. Besonders wichtig ist dabei die Übertragung der auftretenden Bewegungen und Setzungen des Gebäudes in die konstruktiven Details. Der Bauingenieur Jürg Conzett erklärt dies so: «Beim Blockbau muss man die Bewegungen des Gebäudes akzeptieren und sie als charakteristische Eigenschaft schätzen lernen. Dann denkt man daran, die Treppen an einem Ende horizontal gleiten zu lassen, damit sie nicht als unfreiwillige Druckstreben die Setzung behindern; man versieht die Fenster- und Türstürze mit Setzfugen und man trachtet danach, die Druckspannungen in den Wänden etwa konstant über den Grundriss zu verteilen, um Kippbewegungen zu vermeiden.»[6] Da sich die Strickwände erst durch ihre Schwalbenschwanzverblattung mit anderen Wänden aussteifen, funktioniert der Strickbau nur als gesamtheitliches Bauwerk. Er besitzt dann aber eine ausserordentliche Stabilität und bietet grossen Widerstand gegen horizontale Einwirkungen wie Wind und Erdbeben. «Drüü mol sicherer als Ärdbääbesicher», charakterisiert Werner Zellweger, pensionierter Zimmermeister der Blumer AG und Berufsschullehrer in Herisau, die Appenzeller Strickverbindung. Er hat selber erlebt, wie eine Lawine auf der Schwägalp in Hundwil eine gestrickte Hütte 50 m den Berg hinuntergetragen, aber nicht zerstört hat. Von Hand mit Hilfe einer Seilwinde wurde diese anschliessend den Hang heraufgezogen und am selben Ort wieder hingestellt. Die Hütte war noch vollständig intakt.[7]

Werner Zellweger selbst ist einer der letzten Appenzeller, die noch eigenhändig ‹gestrickt› haben. Zu Beginn des 20. Jahrhunderts hingegen wurden die traditionelle Handwerkstätigkeit sowie die Strickbauweise noch weitum gepflegt. Doch die Tatsache, dass bereits zu der Zeit nur noch vereinzelt Wohnhäuser in Appenzeller Strickbautechnik erstellt wurden, zeigt, dass die Verdrängung dieser traditionellen Bautechnik bereits früher begonnen hat.

Bruch mit der Bautradition und Verdrängung des Handwerks

In Appenzell sowie der restlichen Schweiz zeichnete sich ab dem 19. Jahrhundert ein Bruch in den regional gewachsenen Handwerks- und Bautraditionen ab. Im Holzbau lösten dampfbetriebene Werkzeug- und Arbeitsmaschinen die traditionelle Handwerkstätigkeit zunehmend ab.[8] Zahlreiche Maschinen wie das dampfbetriebene Sägegatter, die Hobelmaschine, die Blockbandsäge und die Fräse wurden entwickelt. Zugleich wurde auch die maschinelle Herstellung von Drahtnägeln möglich. Nägel als preisgünstige Massenware sowie Beschläge aus Eisen verdrängten allmählich zimmermannsartige Verbindungen wie Hartholzdübel, Keile, Federn und Schwalbenschwänze[9] und veränderten dadurch die Konstruktionstechnik und das Handwerk massgeblich. Normierte, maschinell produzierte Holzprofile, die dank ihrer geringen Dimension einfach und billig herzustellen waren, sowie Nagel- und Schraubverbindungen begünstigten Leichtholzbauweisen wie den Ständer- und Rahmenbau. Diese hatten gegenüber dem massiven Strickbau zudem den Vorteil, dass mit ihnen Häuser in kürzerer Erstellungszeit, mit weniger Bauholz und somit kostengünstiger errichtet werden konnten.

---

6 Conzett, Jürg: Bemerkungen zu den Tragwerken der Gemeindebauten von Duvin und Vrin, in: Schlorhaufer, Bettina (Hg.): Cul zuffel e l'aura dado – Gion A. Caminada, Luzern 2008, S. 85.

7 Zellweger, Werner: Interview, Herisau 2009. An dieser Stelle herzlichen Dank an Werner Zellweger für seine Erlebnisberichte und Erläuterungen zum Strickbau-Handwerk.

8 Finsterbusch, Edgar; Thiele, Werner: Vom Steinbeil zum Sägegatter. Ein Streifzug durch die Geschichte der Holzbearbeitung. Leipzig 1987, S. 179.

9 Von Büren, Charles: Holzbau: Vom Handwerk zu High-Tech-Systemen, in: Nike-Bulletin (2007), H. 1–2, S. 25.

Die Neuerungen in der Technik und im Produktionsprozess waren aber nicht die einzigen Faktoren, die in Appenzell den Wechsel vom Strickbau hin zur Holzleichtbauweise herbeiführten.

Auswirkungen auf die Baukonstruktion hatten ebenso die gesellschaftlichen Veränderungen im Zuge der Industriellen Revolution. Das Textilgewerbe bedeutete in Appenzell Ausserrhoden bereits im 15. und 16. Jahrhundert eine wichtige bäuerliche Nebenbeschäftigung. Die textilen Erzeugnisse wurden dabei in kleinen Webkellern und Sticklokalen in Heimarbeit produziert. Ab der zweiten Hälfte des 19. Jahrhunderts zeichnete sich aber eine zunehmende Konzentration auf wenige und grössere Betriebe ab. Die Plattstichweberei und die Handmaschinenstickerei brachten vor allem in Herisau erste Fabrikbauten hervor.[10] Diese Fabriken lockten viele Arbeiter in die Region, welche innert kürzester Zeit günstigen Wohnraum benötigten. Somit änderten sich die Anforderungen an die Bauherren und Baumeister. Nun wurde nicht mehr für Bauernfamilien gebaut, die über Generationen hinweg am selben Ort beheimatet waren und unter demselben Dach wohnten und arbeiteten, sondern für Arbeiter, die für wenig Geld und eine befristete Zeit ein Dach über dem Kopf suchten.[11] War für die Bauernfamilie ein robustes, langlebiges Zuhause wichtig, so musste der Hausbau nun zeitsparend und rentabel sein. Dem Strickbau, der plötzlich als material- und kostenintensiv galt, wurden in der Folge rationellere und kostengünstigere Bautechniken vorgezogen.

Der massive Holzverbrauch, den die Strickbauweise mit sich führte, wurde ebenfalls mit der Übernutzung der Waldgebiete Appenzells in Verbindung gebracht. Bereits im 18. Jahrhundert hatten die steigende Bevölkerungszahl und der aus der Baumwollindustrie herrührende Wohlstand zur Folge, dass viele Neubauten errichtet worden waren. Unter anderem hatte der grosse Verbrauch von Holz als Baumaterial zu grossflächigen Rodungen der Wälder geführt. Infolge der Industrialisierung und weiterer Bevölkerungszunahme herrschte zu Beginn des 19. Jahrhunderts eine regelrechte Holznot. Johann Rudolf Steinmüller, Pfarrer der Gemeinde Gais, beschrieb um 1800 den Holzverbrauch für die Strickbauten folgendermassen: «Der Verbrauch der schönsten Baumstämme zu der stets wachsenden Menge von Häusern, die durch und durch aus Holz gebaut sind, ist unglaublich; auch sind in den Dörfern überall in den Wohnstuben eine Menge Fenster angebracht, so dass dieselben um so mehr Holz zum Einheizen brauchen.»[12] In den folgenden Jahren mehrten sich die kritischen Stimmen gegen die massiven Strickbauten. In einem Bericht der Appenzellischen Gemeinnützigen Gesellschaft über das appenzellische Waldwesen wurden 1836 die Appenzellerhäuser eine «kunstvoll aufgetürmte Holzmasse»[13] genannt: «Balken wird auf Balken, Bret auf Bret genagelt, nur höchst selten einmal der Stein als Baumaterial benutzt, und vom Lehme mag man wegen seines unsaubern Ansehens nichts wissen.»[14] Zudem fand es der Autor befremdend, dass «Ochse und Kuh in einem vollständigen Holzzimmer hausen».[15] Um die Abholzungen und Rodungen einzudämmen, schlug 1860 der von der Regierung be-

---

10 Witschi, Peter: Portrait der appenzellischen Industrielandschaft, in: Fabrication – Kleine Industriegeschichte des Appenzellerlandes, Herisau 2007, S. 16.

11 Meier, Hans: Das Appenzellerhaus: Vergangenheit, Gegenwart, Zukunft. Herisau 1969, S. 44.

12 Steinmüller, Johann Rudolf: Beschreibung der Schweizerischen Alpen- und Landwirtschaft nach den verschiedenen Abweichungen einzelner Kantone. Winterthur 1804, S. 78–79.

13 Gutbier: Komissionalbericht über das appenzellische Waldwesen, in: Verhandlungen der Appenzellischen Gemeinnützigen Gesellschaft, Trogen 1836, S. 29.

14 Ebd.

15 Ebd.

auftragte Forstinspektor des Kantons St. Gallen vor, anstelle von Strickbauten die Häuser in Riegelbauweise oder aus gestampfter Erde zu errichten.[16] Nach Aufforstungsmassnahmen, dem Aufbau einer Forstorganisation sowie neuen Strassenverbindungen und Eisenbahnlinien, welche die Einfuhr von Baumaterialien und Ersatzbrennstoffen ermöglichten, entspannte sich die Situation der Wälder aber gegen Ende des Jahrhunderts wieder. Gleichzeitig nahm aber auch der Bau von Strickbauten ab.

Aufgrund der grossen Zuwanderung blieb die Bautätigkeit rege und das Zimmereihandwerk in Appenzell bedeutend. Auch war die Nachfrage nach Bauhandwerkern nach wie vor gross. In vielen anderen Handwerksgattungen hingegen war um die Mitte des 19. Jahrhunderts von einer «Verdrängung des Handwerks» die Rede.[17] Die Handwerker beklagten die Benachteiligung ihres Standes nach der Aufhebung des Zunftwesens und der Einführung der Gewerbefreiheit anlässlich der Gründung der Helvetischen Republik. Der Rückgang der handwerklichen Tätigkeit war in Appenzell zu einem Grossteil eine Folge des Aufschwungs der Textilindustrie.[18] Im 18. Jahrhundert war die Musselin-Weberei ein solch einträgliches Betätigungsfeld, dass die Abwanderung der Bevölkerung aus verschiedensten Handwerksbetrieben in diesen Industriezweig zunahm und die appenzellischen Handwerker zunehmend Nachwuchsprobleme plagten. Die Handwerker kamen daraufhin vermehrt aus dem nahen Ausland, «weil der Appenzeller aus allzu grosser Anhänglichkeit und Vorliebe für seinen Webstuhl nur selten eine andere Profession erlernte und lieber seine häuslichen Bedürfnisse von Fremden kaufte, als er ein Handwerk ergreifen wollte.»[19]

Auch in den Holzbetrieben liessen sich immer seltener heimische Handwerker finden. So schrieb etwa Steinmüller: «Die meisten Appenzeller Häuser sind von Bauleuten, welche aus Schwaben und dem Bregenzer Walde und alljährlich ins Land kommen, gebaut worden.»[20]

Für die heimischen Handwerker waren die vielen Fremden mit ein Grund für die sinkende Qualität des Handwerks und den Preiszerfall der Handwerkserzeugnisse. Vergeblich forderten sie eine Einschränkung der Gewerbefreiheit sowie eine Niederlassungsbeschränkung für ausländische Handwerker. In der zweiten Hälfte des Jahrhunderts wuchs schliesslich die Einsicht, dass eine Stärkung des Handwerks nur über eine verbesserte Ausbildung der Handwerker erreicht werden könne.[21] Wie die Angehörigen anderer Handwerksgattungen so erkannten auch die Zimmereiunternehmer, dass es nötig war, sich in einem Verband zusammenzuschliessen und ihre Interessen gemeinsam zu vertreten. 1861 kam es in Herisau zur Gründung des Handwerkervereins, dessen Ziel darin bestand, den Handwerkerstand zu stärken und die Ausbildung des Nachwuchses zu verbessern.[22] Der Verein organisierte eigene Schulen und Kurse. Es entstand die Sonntagsschule für Gesellen und Lehrlinge, die 1885 durch einen weiteren Werktagabend erweitert wurde und von da an «gewerbliche Fortbildungsschule» genannt wurde.[23] 1892 wurde der Kantonale Handwerker- und Gewerbeverein und 1906 der Schweizerische Zimmermeisterverband gegründet.

---

16 Keel, Johann Joseph: Bericht über die forstlichen Zustände im Kanton Appenzell Ausserrhoden. Bühler 1860.
17 Bauer, Hans: Von der Zunftverfassung zur Gewerbefreiheit in der Schweiz 1789–1874. Basel 1929, S. 222.
18 Schläpfer, Walter: Wirtschaftsgeschichte des Kantons Appenzell Ausserrhoden bis 1939. Herisau 1984, S. 130.
19 Zeller, Karl August: Die neusten Briefe aus der Schweiz in das väterliche Haus nach Ludwigsburg. München 1807, S. 173.
20 Steinmüller 1804 (wie Anm. 12), S. 74.
21 Schläpfer 1984 (wie Anm. 18), S. 325.
22 Ebd., S. 328.
23 Ebd., S. 328–329.

Sorge um den Verlust des traditionellen Bauhandwerks

7 Heuschoppen und Stallung in Flüelen. Ernst Gladbach, in: *Der Schweizer Holzstyl*, 1884

Nicht nur die Handwerker selbst sorgten sich um die zunehmende Verdrängung ihrer traditionellen Handwerkstechniken durch neue mechanische Produktionsweisen.

Aus Sorge vor einem Bruch im traditionellen, regional eigenständigen Bauhandwerk und gleichzeitig aus Bewunderung der urtümlichen Formen der bäuerlichen Baukultur begannen sich Mitte des 19. Jahrhunderts Volkskundler und Architekten mit dem ländlichen Holzbau zu beschäftigen. Daraus entstand die baugeschichtliche Hausforschung der Schweiz. Als ihr Begründer gilt Ernst Gladbach, der 1857–1890 als Ordinarius für Baukonstruktions- und Baumateriallehre am neugegründeten Polytechnikum in Zürich tätig war. In unzähligen Zeichnungen und Konstruktionsskizzen dokumentierte und inventarisierte Gladbach die unterschiedlichen regionalen Ausprägungen bäuerlicher Schweizer Holzarchitektur. Er betonte ihre «reiche Ausbildung in constructiver und decorativer Hinsicht»[24] ebenso wie ihre «malerische Wirkung»[24] und blickte wehmütig zurück auf die «Geschicklichkeit der damaligen schlichten Handwerker, welche gleiche Freude an der Arbeit wie am Lohne suchten».[25] Die traditionellen Schweizer Holzbauten bedeuteten für ihn «eine Fundgrube zu stylistischer Belebung der Construction, derer jugendlichen Reize die moderne Architektur manche Formen ablauschen könne».[26] Insofern kritisierte Gladbach die Architektur seiner Zeit und beklagte zugleich den Verfall der ländlichen Baukultur: «Die Reihe der älteren meist auch interessanteren Holzbauten nimmt täglich mehr und mehr ab: was der Zahn der Zeit und die Elemente verschonen, das muss der einreissenden, nivellirenden Modesucht weichen, dem Mangel an Erkenntnis des historischen und künstlerischen Werthes, oder einem missleiteten Geschmack.»[27] Um «diese werthvollen Architecturen vor ihrem raschen Verschwinden noch zu sammeln und der Vergessenheit zu entreissen»,[28] verfasste er sein berühmtes Tafelwerk *Der Schweizer Holzstyl*, das einen eindrücklichen Überblick über die Vielfalt ländlicher Schweizer Holzkonstruktionen bietet. **Abb. 7**

Mit der Appenzeller Bautradition im Speziellen beschäftigte sich Ende des 19. Jahrhunderts der St. Galler Hausforscher und Architekt Salomon Schlatter (1858–1922). Schlatter war Mitbegründer des Schweizer Heimatschutzes und betrachtete die Appenzeller Bauernhäuser dementsprechend aus diesem Blickwinkel.[29] In Zeitschriftartikeln und Buchpublikationen schrieb er über die Schönheiten und Besonderheiten der traditionellen Appenzeller Bauernhäuser und ebenfalls über ihre Verunstaltung in seiner Zeit. Unterstützt von der Heimatschutzvereinigung Appenzell Ausserrhoden erschien 1922 sein noch heute weit verbreitetes Hauptwerk *Das Appenzellerhaus und seine Schönheiten*.[30]

Doch weder das gestiegene Interesse für die appenzellische Bautradition noch die Bemühungen des Heimatschutzes um Erhaltung charakteristischer Bauten und Pflege traditioneller Bauweisen konnten den Rückgang des Appenzeller Strickbaus im 20. Jahrhundert aufhalten.

24 Gladbach, Ernst: Der Schweizer Holzstyl in seinen cantonalen und constructiven Verschiedenheiten. Vergleichend dargestellt mit Holzbauten Deutschlands. Zürich 1884, Einleitung.

25 Gladbach, Ernst: Die Holzarchitektur der Schweiz. Zürich 1876, S. 2.

26 Gladbach 1884 (wie Anm. 24), Einleitung.

27 Ebd.

28 Ebd.

29 Huwyler, Edwin: Schweizerische Hausforschung. Ein Beitrag zu ihrer Geschichte, in: Jahrbuch / Schweizerisches Freilichtmuseum Ballenberg 1 (1996), S. 21.

30 Schlatter, Salomon: Das Appenzellerhaus und seine Schönheiten. Herisau 1922.

HEUSCHOPPEN und STALLUNG in FLUELEN.

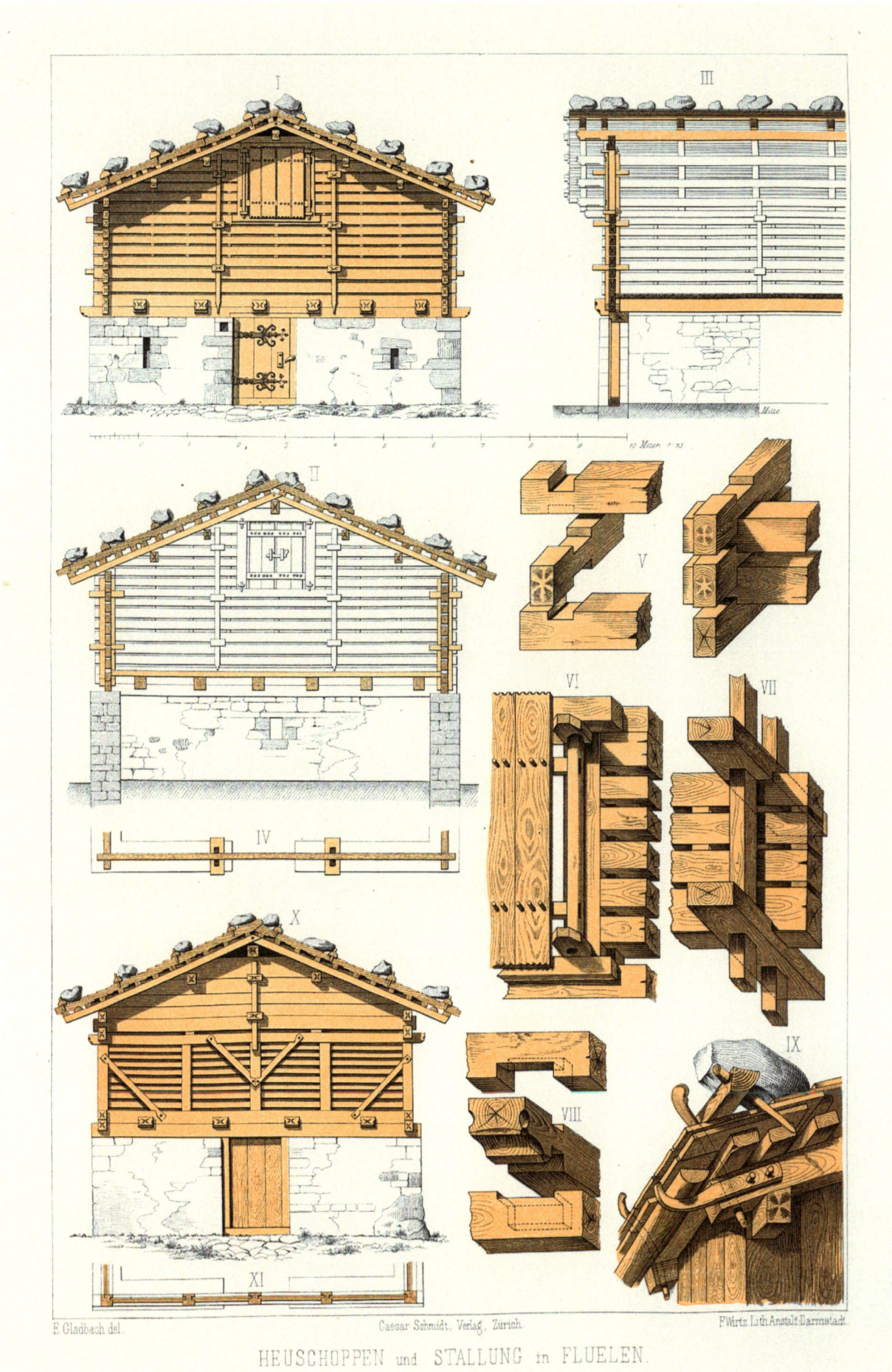

Strickbauten und Chalets

Die Bautätigkeit sowie die verwendeten Bautechniken der eingangs beschriebenen Holzbaufirma Blumer aus Waldstatt zeigen, wie Appenzeller Zimmerer zu Beginn des 20. Jahrhunderts zwischen traditionellem Handwerk und moderner Fertigungstechnik standen. Der Holzbaubetrieb baute noch bis Mitte der 1940er-Jahre in traditioneller Strickbauweise. Wenn auch der grösste Teil seiner erstellten Wohnhäuser Riegel- oder Ständerbauten waren, blieb die Strickbautätigkeit jedoch über lange Zeit sein grosser Stolz. Auf Visitenkarten und Briefköpfen wurden in den 1930er-Jahren die Tätigkeitsfelder des Betriebes denn auch folgendermassen beschrieben: «Jakob Blumer, Waldstatt; Architekturbureau, Baugeschäft und Sägerei, Strick- und Chaletbauten.»[31] **Abb. 8** Ab den 1940er-Jahren hiess es nur noch «Architekturbureau und Holzbaugeschäft»[32] und ab 1970 dann «Holz- und Fertigbau».[33]

In den Baubeschrieben der Firma Blumer zeigen sich Hinweise auf geplante und ausgeführte Bauten in traditioneller Bauweise. In einem Beschrieb aus dem Jahre 1934 sind Konstruktion und Ausbau mehrerer zum Kauf angebotener Musterhäuser ausgeführt.[34] Das «Einfamilienhaus (gestrickt)» zum Preis von 25 300 Schweizer Franken hatte ein «Doppelfalzziegeldach mit Schindelunterzug» und war «vom Kellergeschoss bis Giebel gestrickt und innwendig die Aussenwände mit einer Lage Dachpappe und mit 2 cm Korkplatten isoliert.» Beim «Einfamilienhaus mit Schindelschirm» für 23 700 Schweizer Franken handelte es sich um einen Riegelbau mit verglastem Eingangsanbau, dessen Aussenwände bis zum Giebel mit 10 cm Lochstein ausgemauert waren. Aussen über dem Riegel besass es «eine Verschalung mit Schindelschirm». In einer Bauofferte aus dem Jahre 1944 ist dann die Rede von einem Chaletmusterhaus – «gestrickt, Wohndiele mit 5 Zimmern, Cheminée, Zentralheizung, Bad etc.», das für den ungefähren Gesamtpreis von 55 000 Schweizer Franken zu kaufen war.[35]

Chaletbauten waren zu der Zeit ein in Mode kommender Zweig des Baugewerbes. Der Firmengründer Jakob Blumer konnte die schwierige Auftragslage während des Ersten Weltkrieges durch die Produktion demontierbarer Baracken in Holzleichtbau für die Kriegsschauplätze Frankreichs und Österreichs überbrücken. Nach dem Krieg gelang es ihm dann, die Beschäftigung sowie das Einkommen der Belegschaft durch den Bau von Chalets zu sichern.[36] **Abb. 9, 10** Obwohl diese Chalets in Blockbauweise erstellt wurden, hatten sie wenig mit dem Appenzeller Bauernhaus gemein. Sie entsprachen vielmehr einem überregional beliebten Typus des ‹Schweizer Chalets› mit Anlehnung an den Blockbau des Berner Oberlandes. Sie wurden vorwiegend im Gwättverband konstruiert und blieben danach unverkleidet.

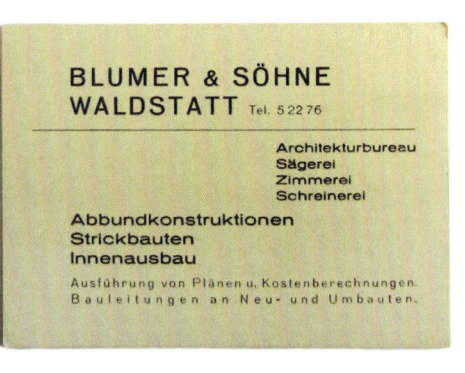

8 Visitenkarte Blumer und Söhne Waldstatt, 1930er Jahre

---

31 StAAR, Pa.030-5/045: Korrespondenzschreiben, 1. Dezember 1934.
32 StAAR, Pa.030-5/053: Korrespondenzschreiben, 20. Februar 1945.
33 StAAR, Pa.030-7/15: Werbematerial und Drucksachen bis 1982.
34 StAAR, Pa.030-5/045: Bauaufträge Firma Blumer, Waldstatt.
35 StAAR, Pa.030-5/053: Offertschreiben, 11. Mai 1944.
36 StAAR, Pa.030-1/004: Nekrolog Alwine Blumer, 1949.

Holzbau zwischen Tradition und Innovation

Der Holzbau hatte anfangs des 20. Jahrhunderts in der gesamten Schweiz einen schweren Stand. Zum einen war dafür die schwierige Wirtschaftslage während des Ersten Weltkrieges verantwortlich. Zum andern das Aufkommen des Neuen Bauens und damit die Hinwendung vieler Architekten zu den Materialien Beton, Eisen und Glas.[37] Der Baustoff Holz wurde mehr und mehr verdrängt.

Als Ausdruck des Zustandes und der Gefühlslage des Zimmereigewerbes dient die Rede des Zentralpräsidenten des Schweizerischen Zimmermeisterverbandes anlässlich einer Versammlung für Holzbauinteressierte 1931 in Zürich.[38] Ganz am Anfang beklagte er «die losen Zustände des 19. Jahrhunderts», wo durch die Auflösung der Zünfte «viel Bodenständiges des Zimmerhandwerkes» verloren gegangen sei und eine Zeit folgte, wo «das Pfuschertum Platz griff». In seiner Analyse zur momentanen Lage meinte er, dass das Zimmergewerbe – «wir dürfen bei der heutigen Mechanisierung weniger mehr von Zimmerhandwerk sprechen» – immer weniger Bauaufträge erhalten werde: «Unsere Blockwand- und Chaletbauten werden je länger je mehr durch Massivbauten verdrängt und die Gelegenheit solche zu erstellen, immer seltener.» Selbstkritisch fügte er dann an, dass die Schweizer Holzbauer zu lange am althergebrachten Stil festgehalten und sich zu wenig den neuen Bedürfnissen und Verhältnissen angepasst hätten. Um zukünftig wieder vermehrt Bauaufträge ausführen zu können, forderte der Zentralpräsident einen Richtungswechsel im Holzbau und eine innovative Suche nach «brauchbaren und wirtschaftlichen Konstruktionen».

In der Tat hatte sich der Holzbau seit der Wiederentdeckung des Chalets Ende des 19. Jahrhunderts kaum weiterentwickelt. Die Holzverarbeitungstechniken waren um Jahrzehnte veraltet und nicht konkurrenzfähig.[39]

Schon bald kamen die ersten Neuerungen ins Rollen. 1931 gründeten sich verschiedene an der Holzwirtschaft interessierte Kreise, darunter auch der Zimmermeisterverband, die Schweizerische Arbeitsgemeinschaft für das Holz, LIGNUM. Ziel dieser Arbeitsgemeinschaft war, die Möglichkeiten des Holzbaus besser bekannt zu machen sowie die Forschung nach neuen Konstruktionstechniken und Holzbaustoffen zu fördern.[40]

9, 10 Beispiel eines Chaletbaus: Chalet Grünenfelder, 1930er Jahre, im Rohbau und fertiggestellt. Mit Gwättverband in den Gebäudeecken und Appenzeller Strick am Anbau vorne

---

37 Schnell, Dieter: Chalet oder Bungalow? Zur Schweizer Holzbaupropaganda in den 1930er Jahren, in: Kunst und Architektur in der Schweiz (2001), Nr. 3, S. 52.

38 Seger, Jacob: Das Zimmergewerbe in der Vergangenheit und Gegenwart, in: Schweizerische Baumeisterzeitung Hoch- und Tiefbau (1931), Nr. 32, S. 272–275.

39 Schnell 2001 (wie Anm. 37), S. 53.

40 Ebd., S. 52.

Eines der Resultate war ein viel diskutierter Holzbauwettbewerb, den die LIGNUM 1932 zusammen mit dem Schweizerischen Werkbund organisierte. Ziel des Wettbewerbs war eine architektonisch zeitgemässe Erneuerung des Holzhauses. In einem Artikel in der *Schweizerischen Technischen Zeitschrift* formulierte dies der Architekt Josef Beeler so: «Der Begriff des Chalets, dieser degenerierten und verzimperlichten Übernahme des alten guten und formschönen Holzbaues in der Neuzeit durch eine klare material- und formechte Form des Holzbaues zu erneuern, ist ja Zweck des Holzhaus-Wettbewerbes.»[41] Die eingereichten Entwürfe gingen dann auch mehrheitlich in ebendiese Richtung, was im Anschluss an den Wettbewerb zwischen dem Zimmermeisterverband und dem Werkbund zu Verstimmungen führte. In den Augen der Handwerksmeister gewichtete die Jury die moderne Gestaltung nämlich stärker als die konstruktive Qualität. Und tatsächlich fehlten «vereinzelten, gerade der modernsten Projekte die elementarsten Voraussetzungen für eine konstruktive Durchbildung des Holzbaues.»[42]

Zwischen den traditionellen Holzbauweisen und dem «modernen Holzbau» öffnete sich sodann ein Graben. Die vom Neuen Bauen geprägten Architekten sahen im Holzbau vorwiegend konstruktiven, transportablen Leichtbau im Sinne leichter Holzpavillons, Bungalows oder Baracken, konservativ handwerkliche Kreise hingegen orientierten sich verstärkt am herkömmlichen Chalet oder Bauernhaus.[43] So betonte anlässlich des Holzhaus-Wettbewerbes ein Zimmermann: «Ein richtiger alter Blockbau in Chaletform ist immer noch das naturverbundene Idealhaus für das Hirtenvolk der Schweiz.»[44] In den Augen der Wettbewerbsjuroren aber schien der Blockbau den neuen Anforderungen ans Bauen nicht gerecht werden zu können: «Mit dem Blockbau verbunden sind die Nachteile des Setzungsprozesses, der sich für die modernen Installationen sehr unliebsam auswirken kann. Deshalb überwiegen unter den eingereichten Projekten Konstruktionen mit vertikalen Tragelementen, im Skelettbau, mit Ständern und Riegeln.»[45]

In der zweiten Hälfte der 1930er-Jahre zeigte das Streben nach Innovation und Erneuerung im Holzbau erste Resultate. Der Holzbau war aufgrund seines Potenzials in der industriellen Verarbeitung sowie der Präfabrikation wieder gefragter.[46]

An der *Schweizerischen Landesausstellung* in Zürich 1939 schliesslich präsentierte sich der Schweizer Holzbau in einem neuen, ‹modernen› Kleid. Die Höhenstrasse mit ihren neuartigen Holzkonstruktionen wurde zum Spiegelbild der Aufbruchstimmung. Der Architekturkritiker und Kunsthistoriker Peter Meyer schrieb begeistert: «Während er [der Schweizerische Holzbau] noch vor wenigen Jahren Ausdruck reaktionär-volkstümelnder Bestrebungen war, ist er heute ein Werkzeug der besten Modernität geworden und ein Bindeglied zwischen ihr und guter Tradition.»[47]

In der Folge setzten sich aber zunehmend Leichtbaukonstruktionen mit neuen Konstruktions- und Fügungstechniken durch, die nur selten eine Weiterführung traditioneller Konstruktionen waren.

---

41 Beeler, Josef: Schweizerischer Holzhaus-Wettbewerb, in: Schweizerische Technische Zeitschrift (1933), Nr. 20, S. 301.

42 Ebd.

43 Schnell 2001 (wie Anm. 37), S. 57.

44 Beeler 1933 (wie Anm. 41), S. 301.

45 Ebd., S. 304.

46 Schnell 2001 (wie Anm. 37), S. 55.

47 Meyer, Peter: Die Architektur der Landesausstellung – kritische Besprechung, in: Das Werk 26 (1939), H. 11, S. 321–352, hier S. 344.

Auch die Firma Blumer entfernte sich in dieser Zeit vollständig von der traditionellen Strickbauweise in Richtung Riegel- und Elementbau – mitunter durch die Entwicklung eigener neuer Konstruktionstechniken. Ab der zweiten Hälfte des 20. Jahrhunderts spezialisierte sich der Betrieb unter der neuen Leitung des Holzbauingenieurs Hermann Blumer immer mehr auf den Ingenieur-Holzbau.[48] Hermann Blumer entwickelte dabei einige neue Konstruktions- und Verbindungstechniken, wie das BSB-Tragwerksystem, die Lignatur-Hohlkörper-Profile und eine Hochfrequenz-Verleimtechnik.

Appenzeller Strickbau im 21. Jahrhundert

Heute spielt der Strickbau in der gesamten Schweiz nur noch eine kleine Rolle. Die Strickbauweise gilt aufgrund ihres grossen Holzverbrauches gemeinhin als unökonomisch, wegen der starken Verformungen, die durch das Schwinden des Holzes hervortreten, als konstruktiv problematisch und weil die Dimensionen der Kammerungen mehr oder weniger auf die naturgegebenen Balkenmasse beschränkt sind, als gestalterisch einschränkend.[49]

Deshalb werden in vielen Regionen – auch dort, wo das Baugesetz ein Blockbau-Erscheinungsbild vorschreibt – die Chalets als Ständerbauten oder gar als Massivbauten erstellt und lediglich dem Aussehen eines Blockbaus entsprechend verkleidet.[50] Die typische Eckausbildung wird dabei häufig nur angesetzt und die liegenden massiven Holzbohlen durch eine vertikale Bretterverschalung vorgetäuscht. Arthur Rüegg, ehemaliger Professor für Architektur und Konstruktion der ETH Zürich, bezeichnet dies als «ein tektonisches Ornament, dessen Botschaft [...] im Widerspruch zur tatsächlichen Bauweise stand».[51]

Die vorgeblendete Blockbauverkleidung ist keine Neuerfindung. Bereits das ‹Chalet Suisse›, das sich gegen Mitte des 19. Jahrhunderts als Bautypus international grosser Beliebtheit erfreute, besass eine solche. Das Chalet Suisse war eine Abwandlung des ursprünglich massiven Blockbaus aus dem Berner Oberland. Es galt als Abbild idealisierter bäuerlicher und demokratischer Prosperität und schmückte als Freizeitarchitektur zahlreiche Parkanlagen und Weltausstellungen.[52] Die auf den Export ausgerichteten Chaletfabriken ersetzten die massiv gestrickten Holzwände durch eine leichtere Ständerkonstruktion, um den Holzverbrauch zu vermindern und die Transportkosten zu senken. Um das herkömmliche Bild des Blockbaus zu bewahren, wurde die Leichtkonstruktion mit einer profilierten Horizontalschalung verkleidet und die typische Eckausbildung angeklebt.[53]

Die ‹Blockbauimitation› hat mittlerweile als probates Konstruktionsdetail auch Einzug in die Lehrmittel der Zimmerer gefunden, wie später noch gezeigt wird.

Nebst der Blockbauimitation gibt es im Alpenraum aber nach wie vor auf Blockbau spezialisierte Zimmereien, die richtige Blockbauten erstellen. Doch haben sich auch diese im Vergleich zum traditionell handwerklich erstellten Blockbau verändert. Der moderne Blockbau vereint heute neuartige Verfahren

---

48 Blumer, Hermann: Interview, in: Hoch- und Tiefbau 4 (1975), S. 42.

49 Tschanz, Martin: Geduldige Forschung zu Strickbau und Typologie: Die Wohnhäuser, in: Schlorhaufer, Bettina (Hg.): Cul zuffel e l'aura dado – Gion A. Caminada, Luzern 2008, S. 52.

50 Ebd.

51 Rüegg, Arthur: Holzbau.Fassaden, in: Meyer-Meierling, Paul; Paulus, Axel: Wohnbauten in Holz. Wohnbauten im Vergleich – Sammelband 2. Zürich 2004, S. 26–32, hier S. 29.

52 Horisberger, Christina: Die Rezeption des «Chalet suisse» in Frankreich zwischen Fortschritt und Folklore, in: Kunst und Architektur in der Schweiz (2001), 3, S. 44–51.

53 Rüegg 2004 (wie Anm. 51), S. 29.

11 Produktionshalle für Appenzeller Holz, Holzbau Nägeli AG, Gais (Appenzell Ausserrhoden), 2009

12 3-D-Holzbauplan eines Appenzellerhauses in Elementbauweise, Holzbau Nägeli AG, Gais (Appenzell Ausserrhoden), 2004

13 Appenzellerhaus, Holzbau Nägeli AG

der Konstruktionsplanung sowie aktuelle Technologien in der Vorfertigung, Logistik und Montage. Aufgrund der erhöhten energetischen Anforderungen sind die Blockwände zudem häufig mit zusätzlichen Dämmschichten und entsprechenden Verkleidungen versehen.

In den letzten Jahrzehnten haben sich wieder vermehrt Vertreter der zeitgenössischen alpinen Architektur wie Gion Caminada und Peter Zumthor mit dem Thema der Strickbautechnik auseinandergesetzt.

In Appenzell hingegen werden heute keine Strickbauten mehr erstellt. Und auch in Zukunft werden nach Einschätzung Daniel Moosmanns, Fachvorstand der Zimmerleute am Berufsschulzentrum Herisau, keine weiteren entstehen.[54] Es gäbe in Appenzell zwar vereinzelt Bauherren, die den Wunsch nach Massivholzbauten hätten. Doch existierten Alternativen zum Strickbau, wie zum Beispiel das «Appenzeller Holz», ein Vollholzsystem aus kreuzweise geschichtetem Schnittholz-Elementen. **Abb. 11** Zudem sei in den letzten Jahren eine zunehmende Begeisterung für finnische oder kanadische Rundholzblockbauten festzustellen, die zum Teil vollständig von Hand gebaut sind, aber komplett andere Konstruktionsverbindungen besitzen.[55]

Das Appenzellerhaus selber erfreut sich nach wie vor grosser Beliebtheit. Doch die Neubauten, die im Stil des traditionellen Typs entstehen, werden nicht mehr in der ursprünglichen Strickbaukonstruktion, sondern in Elementbauweise erstellt. **Abb. 12, 13** Das frühere Handwerk ist einzig an kulturellen Anlässen präsent. Pensionierte Zimmermeister wie Werner Zellweger zeigen dann

54 Moosmann, Daniel: Interview, Herisau 2009. An dieser Stelle herzlichen Dank an Daniel Moosmann für seine Unterstützung und Gesprächsbereitschaft.

55 Ebd.

der interessierten Bevölkerung stolz die Handhabung der historischen Werkzeuge, die für die Fertigung der Strickverbindungen benötigt wurden.[56] Ansonsten wird diese jahrhundertelang gewachsene regionale Konstruktionsweise nicht mehr aktiv ausgeübt.

Bautradition weitergedacht

Dass das Fortbestehen einer traditionellen Bau- und Konstruktionstradition in der heutigen Zeit möglich ist, zeigen die zeitgenössischen Strickbauten des gelernten Bauschreiners und Architekten Gion Caminada aus Vrin (Graubünden). Caminada sucht bei seinen Bauten jeweils die Anknüpfung an die ortsüblichen traditionellen Bauweisen – nicht so sehr in formaler als vielmehr konstruktiver Hinsicht. Insbesondere mit der Strickbautechnik setzt er sich schon lange auseinander und versucht diese traditionelle Bauweise zusammen mit lokalen Zimmermannsbetrieben an aktuelle Ansprüche und Anforderungen anzupassen und weiterzuentwickeln. Sein Forschen zur Strickbautechnik und sein Arbeiten mit ihr haben zu neuen konstruktiven und räumlichen Ergebnissen geführt, unter anderem zur Auflösung der blockbautypischen Raumkammern hin zu einem offenen Grundriss. Dabei verstricken sich die Holzwände nicht mehr zu vollständig geschlossenen Kammern, sondern greifen frei in den Raum, bilden bergende Nischen oder lösen sich teilweise bis zu stützenförmigen Elementen auf.[57]

Gion Caminada hat sich nebst vielen Bauten insbesondere in seinem Geburtsdorf Vrin auch mit der Appenzeller Bautradition auseinandergesetzt. Eins seiner Bauprojekte in Brenden (Appenzell Innerrhoden) hat in Appenzell eine grosse Kontroverse hervorgerufen, weil er zwar den Strickbau sowie seine Verkleidung als traditionelle Konstruktions- und Gestaltungsmittel übernommen hat, nicht aber die Form des traditionellen Appenzellerhauses. Die Beweggründe dafür sowie sein Verständnis von Bautradition erläuterte Caminada so:

«An den unterschiedlichen Orten, seien es Vrin oder Dörfer im Appenzell, haben sich über Jahrhunderte gewisse bauliche Traditionen entwickelt, die Bilder haben entstehen lassen. Nur, das Bild, das wir sehen, ist vielleicht gar nicht primär. Das Appenzellerhaus gibt es nicht. Was aber hat sein Bild generiert, aus was ist es entstanden, was für Kriterien, was für Eigenschaften waren bedeutend, dass es so entstanden ist? Wenn man diese Bilder hinter den Bildern begreifen lernt, dann weiss man auch, wie man bauliche Tradition weiterdenken muss. Dann kann Vielfalt, Neues in der Tradition entstehen, ohne eine bildhafte oberflächliche Reproduktion zu sein. [...] Für mich geht es um die Frage, was ist das Essenzielle an einem Appenzeller Haus, was ist seine Grundidee. Innerhalb der ihm üblichen Konstruktionsweise habe ich versucht, eine neue Lebensform zu integrieren.»[58]

Das Bauen in einer traditionellen Konstruktionsweise ist für Caminada fast wichtiger als die Wiederverwendung formaler Elemente eines historischen Bautypus. Für seine Strickbauten verwendet Caminada traditionelle Holzverbindungen, welche die lokalen Zimmereien mit moderner Abbundtechnik fertigen. Die traditionelle Konstruktionstechnik des Strickbaus existiert somit in einer zeitgemässen Art und Weise weiter. **Abb. 14**

---

56 Ebd.
57 Tschanz 2008 (wie Anm. 49), S. 57.
58 Caminada, Gion: Sinnhafte Architektur in einer globalisierten Welt, in: Hagen Hodgson, Petra; Toyka, Rolf (Hg.): Der Architekt, der Koch und der gute Geschmack, Hessen 2007, S. 86–89.

14 Zweischalige Blockbaukonstruktion, Bau der Stiva da morts (Totenstube), Gion A. Caminada und Zimmerei Alig & Co, Vrin, 2002

Ein Grossteil der Zimmereien in Appenzell ist heute ebenfalls mit modernsten CNC-Fräsen und Abbundmaschinen ausgestattet, die über spezielle 3-D-CAD-Software gesteuert werden. Dank dieser Technik können komplexe dreidimensionale Konturen erzeugt werden. Das Werkstück wird dabei in vielen kleinen nebeneinander liegenden Zeilen abgefahren. Für 5-Achs-Fräsen ist geometrische Komplexität kein Problem mehr, da die Maschine den Fräser unter jedem Winkel am Werkstück positionieren kann. Dank dieser Flexibilität des Fräskopfes ist eine standardisierte Produktion normierter Teile nicht mehr zwingend und eine individuelle Fertigung der Werkstücke möglich.

Deshalb erleben seit Ende der 1990er-Jahre komplexe, originär handwerkliche Holzverbindungen wie etwa der Schwalbenschwanz im computergestützten Zimmereiabbund eine Renaissance.[59] Die CNC-Frästechnik lässt auch eine schnelle und somit kostengünstige Herstellung des handwerklich aufwendigen Appenzeller Stricks zu. **Abb. 15**

In Zukunft dürften vermehrt traditionelle kraftschlüssige Zimmermannsverbindungen verwendet werden – mit dem einzigen Unterschied, dass diese nicht mehr wie ursprünglich von Hand, sondern maschinell gefertigt werden.

Mangelhafte Vermittlung traditioneller Baukonstruktionstechniken

In den modern ausgerüsteten Holzbaubetrieben nimmt vor allem beim Neubau die Planungs- und Konstruktionstatigkeit am Computer immer mehr Platz ein. Gleichzeitig nimmt die handwerkliche Tätigkeit, das direkte Arbeiten mit dem Holz ab. Im Gegensatz zum Umbau, wo häufig Balken vor Ort eingepasst werden, beschränkt sich die Handwerkstätigkeit bei Neubauten in Elementbauweise fast ausschliesslich auf das Montieren vorproduzierter Elemente. Diese Entwicklung äussert sich auch in der Ausbildung der Zimmerleute. Die theoretische Lehre in der Gewerbeschule wurde gegenüber der praktischen Ausbildung im Betrieb wichtiger und eine weiterführende Ausbildung an einer technischen Hochschule gefragter. Während früher die Zimmerleute als Teil der Handwerksausbildung auf die Walz gingen und während dreier Jahre praktische Erfahrung in verschiedensten Zimmermannsbetrieben in der Ferne sammelten, tritt heute ein motivierter junger Zimmermann nach der Lehre eine schulische Weiterbildung zum Vorarbeiter, Zimmerpolier oder Holzbautechniker an. In Appenzell geht nur noch etwa alle zwei Jahre ein ausgebildeter Zimmermann auf die Wanderschaft.[60]

Die Lehre der Zimmerer an der Berufsschule hat sich laufend den neusten Bedürfnissen der Baupraxis angepasst. Die Kernbereiche der Zimmermannsausbildung – Fachzeichnen und -rechnen, Werkstoffkunde sowie Konstruktionslehre – wurden um wichtige Grundkenntnisse aus den Gebieten Bauphysik und Ökologie ergänzt. Historische Baukonstruktionen und regional verwendete Bautechniken werden hingegen nur marginal behandelt. Im schweizweit geregelten Lehrplan für Zimmerer existiert kein Fach, das traditionelle regionale Handwerkstechniken vermittelt. Es wird auch keine Konstruktions- oder Handwerksgeschichte gelehrt, die den angehenden Zimmermännern einen Zugang zur heimischen Handwerkstradition verschaffen könnte.

In der Zimmermannsausbildung am Berufsschulzentrum Herisau ist die Strickbauweise zwar noch ein Thema. Anhand von Exkursionen zu Strickbauten sowie

15 CNC-gefräster Appenzeller Strick, Holzbau Nägeli AG, Gais (Appenzell Ausserrhoden), 2009

---

59 Schindler, Christoph: Die Mittel der Zeit – Herstellungsinnovation im Holzbau, in: Arch plus 188 (2008), S. 95.
60 Moosmann 2009 (wie Anm. 54).

des Studiums von Strickmodellen wird die Konstruktionsweise erklärt. **Abb. 16**
Viel Zeit dazu bleibt aber nicht, da dies ausserhalb des Pflichtstoffes steht.

Zusammenfassend lässt sich sagen, dass in der heutigen Zimmermannsausbildung historische sowie lokale Konstruktionstechniken praktisch nicht überliefert werden. Das Vermitteln aktueller Holzbautechniken steht klar im Vordergrund.

Zudem werden im Unterricht die Konstruktionstechniken ausschliesslich am Neubau erklärt. Umbauten und Sanierungen an bestehenden Holzbauten sind nur ein Randthema.[61] Je nach Lehrbetrieb treffen die Zimmerlehrlinge in ihrer praktischen Ausbildung mehr oder weniger häufig auf Altbausanierungen und haben dadurch auch unterschiedliche Erfahrung im Umgang mit Strickbauten.[62]

In Appenzell gibt es nach der Grundausbildung keine Weiterbildungskurse in traditioneller, heimischer Holzbautechnik. Gesamtschweizerische Weiterbildungsangebote, die sich mit Themen historischer Holzkonstruktionen beschäftigen, richten sich vorwiegend an Architekten, Kunsthistoriker und Restauratoren und nicht an Handwerker. Seit 2006 gibt es im Ausbildungszentrum des Schweizerischen Maler- und Gipserunternehmer-Verbandes in Wallisellen den Lehrgang *Handwerk und Denkmalpflege*, wo gelernte Handwerker einen «eidgenössischen Fachausweis als Handwerker in der Denkmalpflege» erlangen können. Dieser richtet sich bis anhin aber nur an Gipser, Stuckateure, Maler und Maurer. Ein vergleichbarer Lehrgang für das Holzbauhandwerk ist erst in Diskussion.

16 Strickmodell, Massstab 1:2, Werkstatt des BBZ Herisau, 2009

Strickbau und Blockbauimitation

Nicht nur im Lehrplan finden historische Konstruktionstechniken wenig Erwähnung. Auch in den Lehrmitteln der Zimmerer werden sie kaum thematisiert. Nicht verwunderlich ist deshalb, dass darin auch die Erläuterungen über die Strickbautechnik sehr knapp sind und zunehmend abnehmen, je neuer das Lehrmittel ist.

Im aktuellen Lehrmittel des Schweizerischen Zimmermeisterverbandes[63] ist die Blockbauweise deutlich weniger ausführlich thematisiert als in der Ausgabe von 1978.[64] Die in der Schweiz nach wie vor gängige Bezeichnung Strickbau kommt darin nicht mehr vor. Neu ist lediglich von «Blockbau/Chaletbau» die Rede, wobei die Blockbauweise mehrheitlich negativ bewertet wird. So spricht das aktuelle Lehrmittel von «aufwändigen Eckverbänden, starren Grundrissanordnungen, grossem Holzverbrauch und grossem Setzmasse.»[65] Wurden im Lehrmittel von 1978 die verkämmte sowie die verzinkte Strickverbindung konstruktiv erklärt, fehlt der verzinkte Appenzeller Strick im aktuellen Lehrmittel. An seine Stelle sind der Rundholzblockbau und die bereits erwähnte Blockbauimitation getreten. Letztere besitzt gemäss Lehrmittel zahlreiche Vorteile: «[...] geringere Kosten, Verminderung des Setzmasses, einfachere Beschaffung des Holzes und bessere Möglichkeiten zur Wärmedämmung.»[66] Die Blockbauimitation wird als mögliche Ausformulierung der Blockbauweise dargestellt, obwohl sie mit dem ursprünglichen Konstruktionsprinzip nichts gemein hat.

---

61 Ebd.

62 Ebd.

63 Berufskunde für Zimmerleute. Konstruktionslehre (Bd. 2), hg. v. Schweizerischen Zimmermeisterverband. Zürich 2009.

64 Berufskunde für Zimmerleute, hg. v. Schweizerischen Zimmermeisterverband. Zürich 1978.

65 Berufskunde für Zimmerleute 2009 (wie Anm. 63), Kapitel 4, S. 2.

66 Ebd., Kapitel 4, S. 7.

Dokumentation traditioneller Handwerks- und Konstruktionstechniken

Wie die traditionellen Baukonstruktionen in den Lehrmitteln und in der Ausbildung der Zimmerer nur wenig Erwähnung finden, so bescheiden ist auch die schriftliche Archivierung traditioneller Zimmermannstechniken. In den Zimmereibetrieben Appenzell Ausserrhodens findet man kaum historische Konstruktionszeichnungen traditioneller Zimmermannsverbindungen. An der Berufsschule Herisau sind allerdings vereinzelte Konstruktionszeichnungen aus der ersten Hälfte des 20. Jahrhundertes archiviert, die Lehrlinge bei ihren Abschlussprüfungen gezeichnet haben. **Abb. 17**

Der Nachlass der Firma Blumer im Staatsarchiv Appenzell Ausserrhoden enthält einige Baueingabepläne aus derselben Zeit, Detail- und Konstruktionspläne der Bauten gibt es aber keine.

Dass nur so wenig Dokumentationsmaterial über die Holzverbindungen und Handwerkstechniken der Appenzeller Zimmerleute existiert, erklärt sich mitunter dadurch, dass das traditionelle Zimmermannshandwerk vorwiegend mündlich sowie praktisch über Vorzeigen und Nachahmen weitergegeben worden ist. Das Wissen um die Holzverbindungen war unter den Zimmerleuten so selbstverständlich, dass niemand auf die Idee kam, Zeichnungen anzufertigen, womöglich gar mit Bemassungen.[67]

Im 17. Jahrhundert erschienen in Europa die ersten Zimmermannsbücher. Doch waren diese mehr Selbstdarstellungen und Werbeschriften des Zimmerhandwerkes als Lehrbücher.[68]

Sie zeigen komplizierte Holzkonstruktionen, liefern aber praktisch keine Details zu einzelnen Holzverbindungen oder Herstellungsweisen. Erst die Zimmererbücher und Lexika aus der Mitte des 19. und anfangs des 20. Jahrhunderts beschäftigten sich genauer mit Holzverbindungen und Detailkonstruktionen.[69] In dieser Zeit erschien auch das bereits erwähnte Werk Gladbachs *Der Schweizer Holzstyl*, das nicht als Lehrbuch für Handwerker gedacht war, aber dennoch die konstruktiven Details und Verbindungen der Schweizer Holzbauten sehr genau aufzeigte.

Ein Sammelwerk über die Konstruktionsdetails des Appenzeller Bauernhauses sowie über die Handwerkstechniken der Appenzeller Zimmerleute gibt es nicht. Die umfangreiche Literatur über Appenzeller Bauernhäuser – bekannt ist vor allem der Band *Die Bauernhäuser beider Appenzell* von Isabell Hermann[70] – ist vorwiegend kunsthistorisch und volkskundlich geprägt und bietet wenig Detailinformation über die Konstruktions- und Bautechniken der heimischen Zimmerleute.

Aus der Region Ostschweiz gibt es aber ein Holzbaulehrbuch des St. Galler Architekten Otto del Fabro aus dem Jahr 1952, worin der Appenzeller Strick namentlich Erwähnung findet und detailliert konstruiert dargestellt ist. Zum Appenzeller Strick schreibt er: «Er stellt eine aus Werkfreude und Findigkeit entstandene gute Balkenverbindung dar, welche in der Ostschweiz immer noch beliebt ist.»[71]

Ein auch in Appenzell weitverbreitetes Werk über Blockbau ist Hermann Phleps' Buch *Holzbaukunst, der Blockbau* aus dem Jahr 1942. Das Buch wendet

---

67 Zwerger, Klaus: Das Holz und seine Verbindungen. Traditionelle Bautechniken in Europa und Japan. Basel 1997, S. 65.

68 Ebd.

69 Gerner, Manfred: Handwerkliche Holzverbindungen der Zimmerer. Stuttgart 1992, S. 8.

70 Hermann 2004 (wie Anm. 3).

71 Del Fabro, Otto: Holzbau – Konstruktion und Statik. St. Gallen 1952.

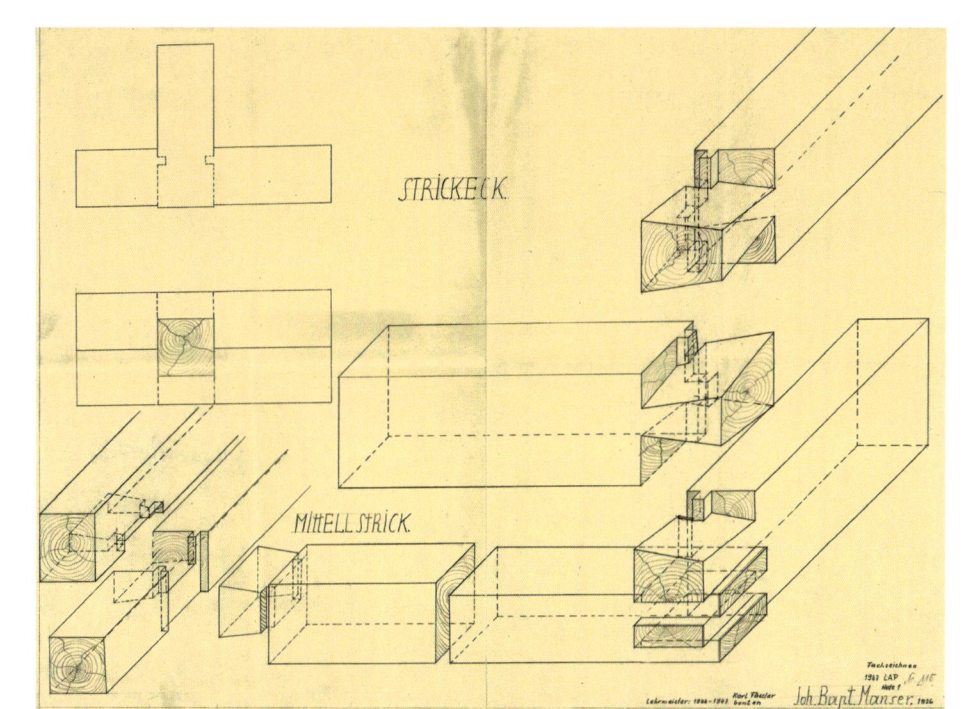

17 Zeichnung einer Strickecke, Lehrabschlussprüfung, Berufsbildungszentrm Herisau, 1946

sich sowohl an den Architekten als auch an den Zimmermann, der sich, «um seine handwerkliche Leistungsfähigkeit zur vollsten Reife zu steigern, die alten Gefügearten – zum mindesten die im Umkreise seiner engeren Heimat – zu eigen machen sollte».[72] Im Buch zeigt Phleps die grosse Vielfalt regional unterschiedlicher Detail- und Konstruktionslösungen im Blockbau und führt im Kapitel «Eckverbände durch Verblatten und Verzinken mit verschiedenen Sicherungen» auch den Appenzeller Strick auf.[73] **Abb. 18**

Auch wenn lange nicht alle feinen regionalen Unterschiede traditioneller Handwerkstechniken dokumentiert sind, gibt es heute doch einige Bücher, die sich mit traditionellen Holzverbindungen beschäftigen. Eines davon ist das Buch *Handwerkliche Holzverbindung der Zimmerer* von Manfred Gerner. Wie Gladbach ein Jahrhundert zuvor beabsichtigt er mit seiner Dokumentation unterschiedlichster Holzverbindungen ebenfalls «die handwerkliche Erfahrungen auch dann, wenn die Kontinuität von Generation zu Generation nicht mehr gegeben ist, weiterzutragen».[74] Weiter war es sein Anliegen, dass alle Verbindungen zeichnerisch so dargestellt sind, dass sie sofort konstruiert werden können.[75]

Dass die Umsetzung schriftlich gesammelten Handwerkerwissens in die praktische Anwendung aber nicht einfach ist, zeigte 2006 ein Versuch des Freilichtmuseums Ballenberg. Als Zentrum der schweizerischen Hausforschung hat das Museum viel theoretisches Wissen über Handwerks- und Konstruktionstechniken gesammelt. Doch dieses Wissen hat bei der Handhabung von traditionellen Werkzeugen anlässlich des Nachbaus eines Taglöhnerhauses nach alten Bearbeitungs- und Baumethoden nicht ausgereicht. Glücklicherweise liessen sich gerade noch zwei ältere ehemalige Zimmerleute finden, die mit ihrer Praxiserfahrung weiterhelfen konnten.[76]

---

72 Phleps, Hermann: Holzbaukunst, der Blockbau. Karlsruhe 1942, S. 4.
73 Ebd., S. 59–60.
74 Gerner 1992 (wie Anm. 69), S. 8.
75 Ebd.
76 Schweizer, Bernhard: Auf den Spuren alter Handwerkstechniken, in: Baublatt 72 (2006), S. 18.

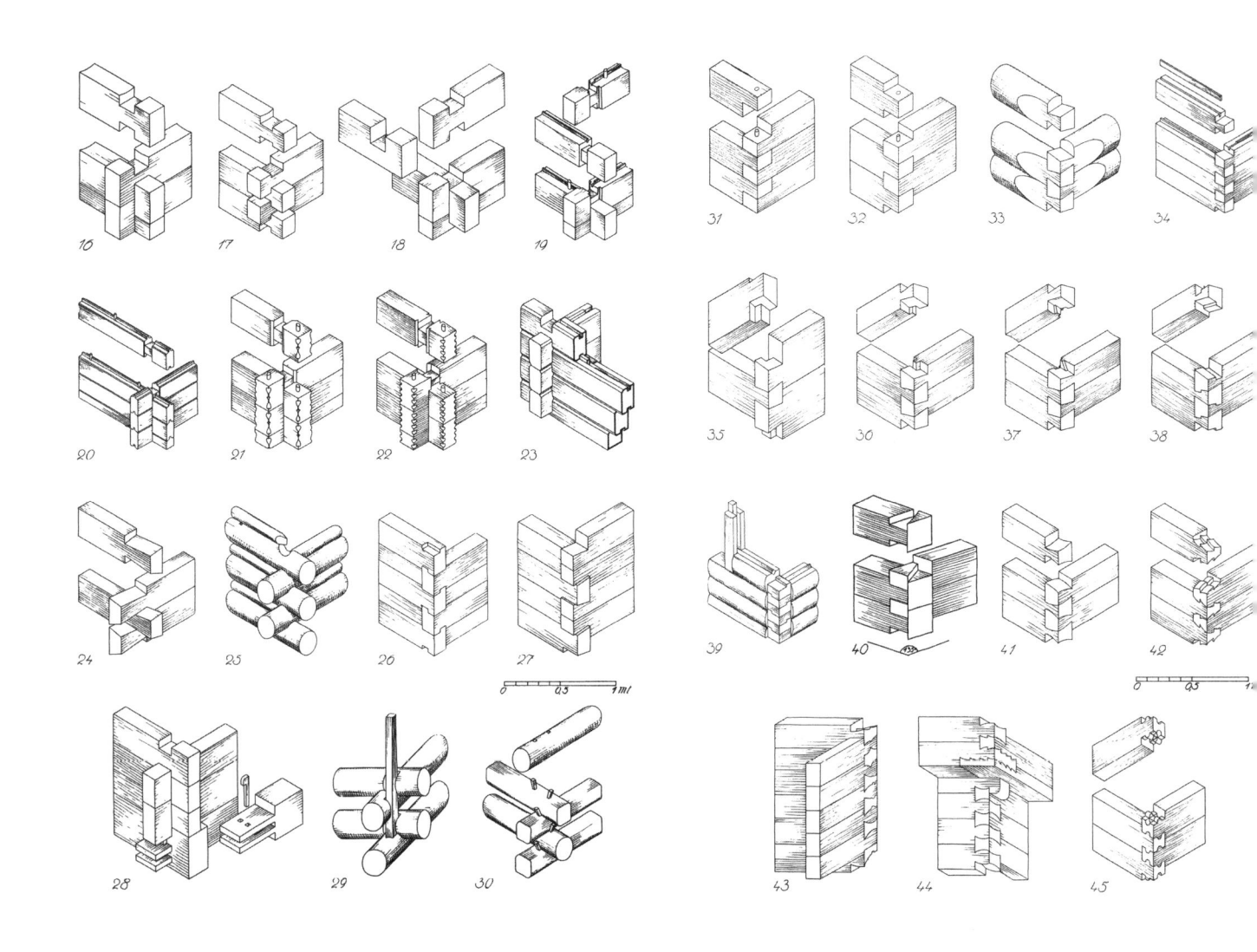

18 «Eckverbände durch Verblatten und Verzinken mit verschiedenen Sicherungen», aus: Hermann Phleps, *Holzbaukunst, der Blockbau*, Karlsruhe 1942

Die praktische Anwendung des Handwerkerwissens ist für das Freilichtmuseum wichtig, damit beschädigte Holzteile an den über 100 Jahre alten Holzbauten auf traditionelle Art und Weise bearbeitet und ersetzt werden können. Appenzell Ausserrhoden und Innerrhoden besitzen einen mehrfach grösseren Gebäudebestand, den es ebenso sensibel zu unterhalten gilt.

Zukunft der Strickbauten in Appenzell

Um den Fortbestand der vielen alten Strickbauten zu sichern, bedarf es fachkundiger Unterhalts- und Sanierungsarbeiten im Wissen um die charakteristischen Eigenschaften und Wirkungsweisen der Baukonstruktion. Voraussetzung dafür ist ein Handwerkerwissen, das sich in technischer und konstruktiver Hinsicht mit seiner eigenen Bautradition auseinandersetzt und sorgfältig gesammelt der nächsten Generation weitergegeben wird.

Es ist deshalb wichtig, dass alle Akteure im Bereich Sanierung und Umbau von historischen Holzbauten – Zimmerleute, Architekten, Bauberater, Bauphysiker – dieses Grundwissen bereits früh in ihrer Ausbildung erlernen und mit der eigenen Bautradition in Kontakt kommen. Bei der Vielzahl an Strickbauten in beiden Halbkantonen Appenzells werden längst nicht alle Baueingriffe von der Denkmalpflege oder weiteren Fachkreisen betreut. Deshalb ist eine breite Wissensvermittlung essenziell.

Noch immer gibt es in Appenzell Zimmereibetriebe, die mit grossem Sachverstand Strickbauten zu sanieren wissen. Doch ebenso wurden bereits viele der Bauten durch fehlerhafte Eingriffe schwer beschädigt. Achtloses Heraussägen der Schwellenbalken, Abhauen der Strickköpfe oder Anbringen falscher Dämmmaterialien können die im Grunde ungemein stabilen und langlebigen Strickbauten so beschädigen, dass ihre Stabilität nicht mehr gewährleistet ist und sie in der Folge abgerissen werden.

Eine verstärkte Thematisierung des korrekten Umgangs mit Strickbauten, die mögliche Eingriffe aufzeigt und auf Gefahren hinweist, ist in der Zimmermannsausbildung in Appenzell von grosser Relevanz. Die im schulischen Unterricht einseitige Konzentrierung auf den Neubau vernachlässigt die traditionellen Handwerkstechniken, weil diese bei Neubauten immer weniger wichtig sind. Um sicherzustellen, dass das Handwerkerwissen der nächsten Generation aktiv weitergegeben wird, sind Weiterbildungsmöglichkeiten für die Holzbauer, ausgelegt auf das Bauen mit historischen Holzkonstruktionen, wichtig.

Damit die Appenzeller Strickbauten, die das Landschaftsbild Appenzells massgeblich mitprägen, noch lange weiterexistieren, sind die Bemühungen um ihre Instandhaltung sowie eine Sensibilisierung für die grosse Handwerkskunst früherer Holzbaugenerationen zu verstärken.

Auch wenn sich im Holzbau die Handwerkstechniken und Fertigungsmethoden verändert haben, ist es die reiche, jahrhundertealte appenzellische Zimmermannstradition wert, als wichtiges kulturelles Erbe erhalten und aktiv weitergeführt zu werden.

Norbert Föhn

Translozierung – Eine Motivationsgeschichte an Fallbeispielen von Strickbauten in Appenzell

———

«Liegt vielleicht in dieser ‹von welten her› lebendig gebliebenen Anschauung von der Beweglichkeit des Hauses ein Nachklang aus den Zeiten des Nomadentums und der Völkerwanderung, wo man eben da wohnte, wo Jagd und Weide gerade zu längerm oder kürzerm Aufenthalt einluden, und die primitive Hütte verliess oder mitnahm, wenn andere Gebiete mehr versprachen?»[1]

Salomon Schlatter, 1912

Das Phänomen der Translozierung hat etwas mit Ressourcenschonung zu tun, denn der Vorgang der Translokation, Verschiebung und Versetzung von Bauten war und ist bis heute immer direkt verbunden mit ‹wert-schätzender› Substanzerhaltung. Dabei sind die Motivationen zur Translozierung äusserst vielfältig und im retrospektiven Nachvollzug immer auch Markierungspunkte einer Kulturgeschichte der Architektur: Wer hat wann aus welchen sozialen, ästhetischen, politischen und konservatorischen Beweggründen heraus überkommene Holzbauten nicht komplett durch einen Neubau ersetzt, sondern zum Teil höchst aufwendig aus-, um- beziehungsweise weitergebaut? Dieser Beitrag fokussiert – nach der einleitenden Diskussion material- und konstruktionsimmanenter Aspekte von Strickbauten und der kurzen Verschiebungsgeschichte bis zur Frühen Neuzeit – auf die modernezeitliche[2] Motivationsgeschichte der Translozierung. Diese Zeitspanne ab dem ausgehenden 18. Jahrhundert bis in die unmittelbare Gegenwart ist mit Absicht gewählt, lässt sich doch ein deutlicher Wandel in den Absichten und Motivationen von Translozierungen aus ihr herauslesen. Waren es bis in die Frühe Neuzeit mehrheitlich soziale (vor allem feudal- und erbrechtliche), (land-)wirtschaftliche, politische (unter anderem kriegerische) und naturräumliche Aspekte, die Translozierungen von Einzelbauten und ganzen Siedlungen motivierten, so fielen vereinzelte Bauten später unter eine neuartige Kategorie der Wertschätzung. Sie wurden aufgrund ihrer geschichtsträchtigen, oftmals ästhetisch motivierten Alters- und Erinnerungswerte zu erhaltungswürdigen Baudenkmälern sui generis. Als Appenzeller Initiant dieses modernen Bewusstseinswandels der Frühaufklärung steht die Translozierung der «förenen Hütte» des bedeutenden Arztes und Denkers Laurenz Zellweger aus Trogen (vor 1760). Vorläufige Endpunkte dieser Entwicklung sind die wegen ihres Ausstellungswertes in das Schweizerische Freilichtmuseum Ballenberg translozierten Strickbauten und jene translozierte Fassaden überkommener Strickbauten, die aufgrund ihres oberflächlichen

---

1 Vgl. Schlatter, Salomon: Das Haus als Fahrhabe, in: Schweizerisches Archiv für Volkskunde, Vierteljahresschrift 14 (1912), S. 165–174, hier S. 173–174.

2 Der Autor bezieht den Begriff der Moderne hier auf die Epoche, die mit der frühen Aufklärung, dem parallelen Prozess der nationalen Identitätsbildung, der Entstehung des Kulturerbe-Begriffs und der Institutionalisierung der Denkmalpflege beginnt und bis heute in einer post- beziehungsweise nachmodernen Brechung fortbesteht.

Schauwertes erhalten werden. In diesem letzten, quasi postmodernen Prozess wurden die Objekte zunehmend von ihrem funktionalen, materialen, sozialen und landschaftlichen Ursprungskontext gelöst und bilden damit implizit – und das wird das Fazit dieses Beitrags sein – auch das Dilemma ihrer aktuellen denkmalpflegerischen Erhaltungsoptionen ab.

Material- und konstruktionsimmanente Aspekte zur Translozierung von Strickbauten

Zu unterscheiden sind drei Grundtypen des europäischen Holzhausbaus: Der frühe Pfostenbau, bei dem die tragenden Hölzer senkrecht in den Boden eingebaut wurden, folgte noch dem Charakteristikum der Einfachheit, das in einer Kausalität stand zur relativ instabilen Siedlungsweise einer teilweise halbnomadischen Bevölkerung. Mit der hölzernen Bodenschwelle auf dem Steinfundament eines Ständer- beziehungsweise Rahmenbaus wurde eine entscheidende Innovation eingeleitet, die mit der Verbesserung des Schutzes vor Bodenfeuchtigkeit die Lebensdauer der Häuser verlängerte, die Notwendigkeit einer zyklisch vorgegebenen Hauserneuerung lockerte und aufgrund der zunehmend anspruchsvollen Durchgestaltung der Konstruktion die Professionalisierung der Zimmermannskunst beförderte. Die dritte und gänzlich andere Bauweise ist der in den Alpen, in Mittel- und Osteuropa und Skandinavien verbreitete Blockbau (vor allem im Appenzeller Kontext auch Strick- oder Gwättbau genannt) mit übereinandergeschichteten und an den Ecken durch Verkämmung, Verblattung oder Verzinkung verbundenen Rund- und Vierkanthölzern.[3] Im Gegensatz zu den frühen Pfostenbauten, die periodisch komplett ersetzt wurden, war es gerade der material- und konstruktionsimmanente Charakter der Blockbauten, eine Art Baukastensystem, **Abb. 1** der zur Umgangspraxis der Zerlegung – oftmals mit Kennzeichnung der originalen Balkenlagen mit Abbundzeichen oder Nummern –, Translozierung der in Mass und Gewicht relativ handlichen Einzelteile oder Bauteile und zum Teil weit vom Ursprungsort entfernten Remontage motivierte.[4] **Abb. 2** Dazu kommt, dass nicht zuletzt aufgrund des hohen Eisenwertes oftmals keine später schwer zu entfernenden Eisennägel, sondern nur leicht lösbare Holznägel, -zapfen und -dübel verwendet wurden. Dass Blockbauten aufgrund ihrer konstruktionsbedingten Festigkeit, ihrer Verformungsbeständigkeit und ihrer materialbedingten Leichtigkeit nicht notwendigerweise zerlegt, sondern auch als Ganzes von einem alten Steinfundament zu einem neuen verschoben beziehungsweise verrollt werden konnten **Abb. 3** und dies auch im 19. Jahrhundert vor allem in Appenzell üblich war, bemerkte schon der schweize-

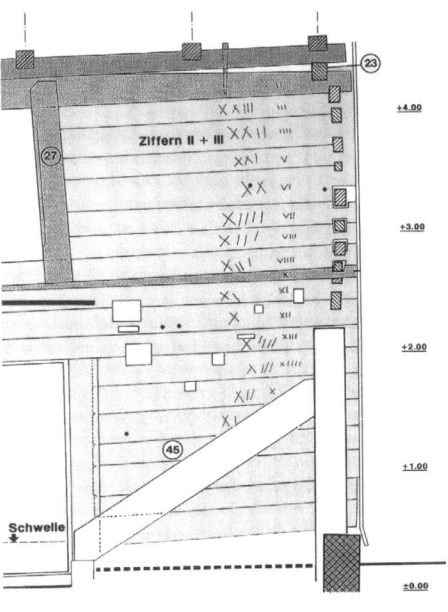

1 Ein transportables und handliches Baukastensystem: Holzbalken für den Strickbau

2 Haus Biedermann, Schellenberg (Fürstentum Liechtenstein), Detail einer Strickbauwand: Die Balken sind in Hinblick auf zwei Versetzungen zweifach nummeriert worden.

---

3 Zur Entwicklung der Blockbauten und ihrer Wahrnehmung in der Forschung vgl. Descoeudres, Georges: «Ob solche Heuser gleich wol nit schöner gestalt, sind sie doch vest und ein ewig werck» – Blockbauten und ihre Wahrnehmung, in: Kunst + Architektur in der Schweiz (Themenheft Holzbauten) 52 (2001), 3, S.12–20. Zu der speziellen Charakteristik von Appenzeller Strickbauten vgl. Gschwend, Max: Bauernhäuser der Schweiz, hg. v. Schweizer Baudokumentation. Blauen 1975, S.149–164. Und vgl. die umfassende Publikation von Hermann, Isabell: Die Bauernhäuser beider Appenzell. Basel 2004 (Die Bauernhäuser der Schweiz 31). Zur weiter gefassten Kunst- und Architekturgeschichte die dreibändige *Kunstdenkmäler*-Ausgabe zu Appenzell Ausserrhoden, vgl. Eugen Steinmann: Die Kunstdenkmäler des Kantons Appenzell Ausserrhoden. Dazu hier relevant Bd. 2: Mittelland. Bern 1980.

4 Vgl. Zollinger, Jakob: Als Häuser noch zur Fahrhabe gehörten, in: Zürcher Chronik und Volkskunde (1982), Nr. 4, S.134–135. Ein Paradebeispiel einer baugeschichtlichen Forschung zur Haustranslozierung ist: Albertin, Peter: Baugeschichtliches zum Haus Nr.12 in Schellenberg, Haus Biedermann, in: Jahrbuch des Historischen Vereins für das Fürstentum Liechtenstein 91 (1992), S.51–84. Dazu auch: Holzer, Peter: Ein neues Haus aus alten Balken. Das Sigristenhaus am Kirchmattweg 3 in Baar, in: Tugium 15 (1999), S.115–119. Vgl. auch Kirchgräber, Jost; Oberli, Heinrich: Häuser versetzen, in: Toggenburger Annalen 22 (1995), S.21–36. Und: Descoeudres, Georges; Keck, Gabriele; Wadsack, Gabriele: Das Haus Nideröst in Schwyz. Archäologische Untersuchungen 1998–2002, in: Mitteilungen des Historischen Vereins des Kantons Schwyz 94 (2002), S.209–277.

3 Ein Blockbau wird als Ganzes verschoben, hier 1926 in der Schwende, Haus Nr. 244.

rische Rechtshistoriker Johann C. Bluntschli 1838.[5] Wie Salomon Schlatter 1912 bemerkte, spielte die Verrollung von Gebäuden unter anderem auf Walzen – er assoziierte mit dieser Praxis die «amerikanische Weise»[6] – in Gebieten starker Niveauunterschiede wie im bergigen Appenzell im Vergleich zur Translozierung durch ‹Abbrechen› (Demontage) einzelner transportabler Bauteile aber eine geringere Rolle oder kam nur auf sehr kurzen Distanzen zur Anwendung.

Fahrende Häuser und wandernde Siedlungen: Zur Mobilität des Holzbaus bis in die Frühe Neuzeit

Entgegen dem heutigen Verständnis galten bis in das Spätmittelalter und die Frühe Neuzeit nicht alle Häuser als ‹Immobilien›. Im Gegensatz zu steinernen Gebäuden waren es gerade Holzbauten, die zum «varend gut»,[7] also fahrenden Gut (Fahrhabe oder Fahrnis), sprich zu ‹Mobilien› gerechnet wurden. Die Rechtsauffassung, dass ein Gebäude nicht unbedingt Bestandteil von Grund und Boden sein musste, ist in mittelalterlichen Land- und Lehensrechten in weiten Teilen Europas nachweisbar. Für sogenanntes liegendes beziehungsweise fahrendes Gut galt damit unterschiedliches Recht. In der Charakterisierung des Holzhauses als rechtliche und reale Mobilie bis in die Frühe Neuzeit

---

5 «[...] so ist das eben daraus zu erklären, dass die Häuser beweglich waren, und ohne dass man sie niederbrach, von einer Stelle auf eine andere geschoben werden konnten, wie das gegenwärtig noch im Appenzellerlande etwa vorkommt.» Vgl. Bluntschli, Johann Caspar: Staats- und Rechtsgeschichte der Stadt und Landschaft Zürich. Bd. 1. Zürich 1838, S. 262–263, zitiert bei: Nörtemann, Gevert H.: Das ‹fahrende› Haus. Zur Mobilität des ländlichen Holzbaues in Mittelalter und Früher Neuzeit, in: Zeitschrift für Agrargeschichte und Agrarsoziologie 39 (1991), H. 2, S. 145–169, S. 153.

6 «Auf dem appenzellischen Boden, wie im ganzen Voralpengebiet finden wir heute noch allgemein den Blockbau, das gestrickte (gewettete) Haus. Dieses erhält seinen Verband durch das Übereinandergreifen der aufeinander liegenden Wandhölzer, die zum Abbruch einfach von einander abgehoben werden müssen. Dass ein Transport des ganzen Hauses in amerikanischer Weise durch Fortbewegen auf Walzen vollkommen ausgeschlossen war, ist schon bei der starken Unebenheit unserer Region klar. Die Verordnungen reden auch deutlich vom ‹Abbrechen› der Zimbrinen.» Vgl. Schlatter 1912 (wie Anm. 1), S. 172.

7 Schlatter zitierte 1912 für die Unterscheidung zwischen gemauerten und hölzernen Gebäuden das Hofrecht des Gerichtes Tablat (Stammgebiet Stift St. Gallen) von 1527, vgl. ebd., S. 165–166.

stellte Gevert H. Nörtemann[8] folgende Gesichtspunkte heraus: Nachweisbare Rechtsauffassungen belegen den Hinweis auf die Dominanz des Holzbaus in ländlichen Gegenden und dessen in früher Zeit relativ primitive Ausstattung, galten doch Steinhäuser (sie entstanden vor allem im städtischen Kontext) als Immobilie. Im Gegensatz zur relativ bescheidenen Gestaltung muss der Wert des Hauses beziehungsweise des verbauten und bearbeiteten Holzes jedoch schon damals relativ hoch gewesen sein, weil in der Kosten-Nutzen-Relation eine arbeitsintensive Umsetzung für den Besitzer anscheinend immer noch sinnvoller war als ein Abriss und Neubau. Das Holzhaus galt als abtrennbar von Grund und Boden, war demnach nicht dem Modus der feudalen Landleihe unterstellt. Nörtemann zählt vier Kategorien von Rechtsgeschäften auf, für die das mobile Haus bis in die Frühe Neuzeit relevant wurde: der Abzug des Pächters, Haus(ver)kauf, Erbfall und der Problemfall der Verliegenschaftung. Die rechtliche Trennung von Grund und Haus garantierte dem mittelalterlichen Bauern als Hauserbauer und -besitzer gegenüber seinem Lehnsherrn des Adels oder der Kirche (überwiegend Klöster) eine gewisse Freizügigkeit. Mit Ablauf des Pachtverhältnisses konnte er das Haus als Fahrnis mit sich nehmen. Oftmals war dieses Abzugsrecht allerdings durch Sonderabgaben oder ein Vorkaufsrecht des Grundbesitzers zum Vorzugspreis eingeschränkt. So versuchte zum Beispiel das Kloster St. Gallen Hausabverkäufen in benachbarte Vogtbezirke mit einem Drittel-Anspruch am Kaufpreis entgegenzuwirken, stammte das Bauholz doch aus dem herrschaftlichen Lande. Dasselbe galt auch für den städtischen Kontext, wo die Gemeinde mit ihrem Waldbesitz Anspruch auf eine Entschädigung für Translozierung besass. Infolge übermässig starker Beanspruchung des Wald- beziehungsweise Holzbestandes wurden auch in Appenzell zahlreiche Verbote (sogenannte Wald- oder Holzordnungen) zur Ausfuhr von Bau- und Brennholz sowie von Kohle in waldärmere Gegenden ausgesprochen.[9] In der Literatur finden sich Nachweise von verhängten Strafen gegen die Umgehung dieser Verordnungen, als man vor allem im 15. und 16. Jahrhundert versuchte, nicht mehr bloss zubereitetes Bauholz, sondern ganze vor rein kommerziellem Hintergrund erbaute und in der Folge wieder zerlegte Holzhäuser als Handelsartikel in Umlauf zu bringen. Für Immobilien und Mobilien galt unterschiedliches Erbrecht: Häuser wurden wie Mobilien als Fahrnis vererbt. Der Erblasser hatte kaum freie Verfügungsgewalt über seine Hinterlassenschaft, die damit an die erbberechtigten Verwandten fiel. Im Laufe der Zeit zeichnete sich eine spannungsreiche Veränderung des Status der Fahrhabe des Bauern ab: Das Interesse des Grundherrn an der Verliegenschaftung der auf seinem Grund erbauten Objekte nahm insbesondere im städtischen Kontext zu, was seinen Zugriff auf die Häuser der Lehensnehmer ermöglichen sollte.

Interessant ist die Tatsache, dass aber nicht nur einzelne Holzhäuser ihren Standort wechselten, sondern sogar ganze Siedlungen ‹wanderten›. **Abb. 4** Wertvolle Informationen zu diesem Forschungsfeld liefert zusammen mit der Rechtsgeschichte und historischen Hausforschung vor allem die Siedlungsarchäologie,[10] die versucht anhand von Grabungen und dendrochronologischen Altersbestimmungen das Phänomen von «veränderlichen Dauersiedlungen»[11]

4 Die wandernde Dorfsiedlung Vorbasse, Jütland. Siedlungsphasen vom 1. Jahrhundert v. Chr. bis zum 12. Jahrhundert n. Chr.

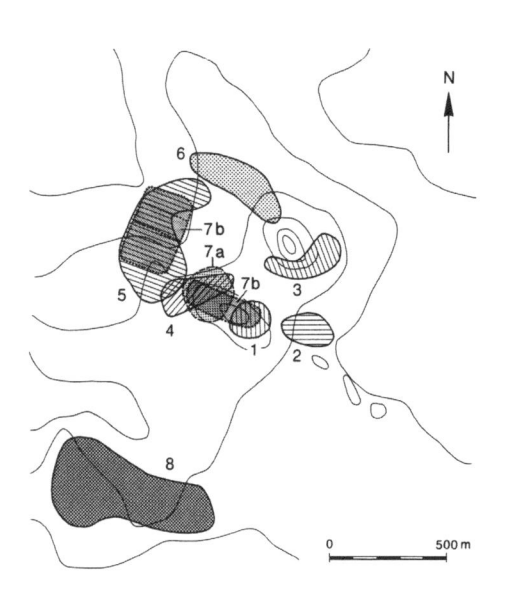

8   Vgl. Nörtemann 1991 (wie Anm. 5), S. 146.
9   Vgl. Schlatter 1912 (wie Anm. 1), S. 168.
10 Vgl. Hinz, Hermann: Das mobile Haus. Bemerkungen zur Zeitbestimmung durch die Dendrochronologie, in: Chateau Gaillard 7 (1975), S. 141–145.
11 Vgl. Steuer, Heiko: Standortverschiebungen früher Siedlungen – von der vorrömischen Eisenzeit bis zum frühen Mittelalter, in: Althoff, Gerd; Geuenich, Dieter (Hg.): Person und Gemeinschaft im Mittelalter. Sigmaringen 1988, S. 25–59.

(Wandel- beziehungsweise Wechsel- oder semipermanente Siedlungen) zu rekonstruieren. Zudem spielte die «Besitzerdurchmischung»[12] eine wichtige Rolle bei der Frage der Handlungsentscheidung zwischen Fluktuation und Konservierung von Dorfanlagen. «Bei Standortverschiebungen ist zu unterscheiden zwischen einerseits der kompletten Erneuerung einzelner Bauten [vor allem bei im Fundament verrotteten Pfostenbauten] sowie andererseits der Verlegung eines Hofes oder ganzer Siedlungen an eine andere Stelle innerhalb derselben Siedlungskammer».[13] Das Phänomen der Siedlungswanderung muss gemeinsam mit jenem der sogenannten Wüstungen betrachtet werden, die Überreste von Siedlungsverlagerungen darstellten und in Form von abtransportierten Wohnhäusern oder einzelnen Bauteilen in Zweitverwendung oftmals – und waren es auch nur Provisorien – für neue Stadtgründungen das Material lieferten.

Im Hinblick auf Appenzell Ausserrhoden wird in der Literatur immer wieder auf die Gemeinde Speicher eingegangen, wo im Zeitraum zwischen 1614 und 1853 rund 30 Häuser innerhalb des Dorfes (dann oftmals als Ganzes) und über seine Grenzen hinweg (dann in zerlegtem Zustand) transloziert wurden. In der Dorfgeschichte der Gemeinde Speicher von 1853 wies der Dorflehrer Johann Bartholome Tanner bei einem Gesamtverzeichnis von knapp 450 Häusern immerhin circa 20 translozierte Häuser aus.[14] Aktuelle Nachforschungen, die sich in Bezug auf die Häuserchronik des Landesstatthalters Johann Bartholome Rechsteiner und das alte Assekuranzbuch des Dorfes um 1860 auf die politischen, wirtschaftlichen und sozialen Motivationen der Translozierungen in Speicher konzentrieren, gehen von einer Gesamtzahl von rund 30 verschobenen Häusern aus.[15]

Max Gschwend erarbeitete 1987 zum Thema der versetzbaren Gebäude (Wohnhäuser, Speicher, Scheunen, Alphütten und sogar Kirchen) eine Zusammenfassung der Gründe mittelalterlicher bis frühneuzeitlicher Hausversetzungen:[16] Entscheide von Behörden oder rechtliche Ursachen (zum Beispiel Erbschaften), Naturkatastrophen (Überschwemmungen, Unterspülung von Flussufern, Dürre, Lawinen etc.), Kriegsereignisse, wirtschaftliche Gründe (Nachlassen der Ergiebigkeit des Bodens, Verkauf von Häusern bis Speichern zur Geldbeschaffung) und Brauchtum (zum Beispiel die Versetzung von Speichern bei der Verheiratung von Frauen).

---

12 «Besitzdurchmischung war das Stichwort. Ein Dorf, in dem mehrere Grundherrschaften Rechte besassen, konnte kaum noch einheitlich handeln, beispielsweise eine Neuanlage des gesamten Dorfplanes an anderer Stelle beschliessen. Die – wie die zahllosen Schenkungen aller Art bezeugen – starken Fluktuationen innerhalb der einzelnen Grundherrschaften zwangen bald nach ihrer Entstehung zu einer Konservierung der Dorfanlage. Und damit wurde Dorf und Gemarkung auch zur Einheit im Namen.» Vgl. ebd., S. 47.

13 Vgl. Descoeudres, Georges: Von fahrenden Häusern und wandernden Siedlungen, in: Georges-Bloch-Jahrbuch (2002/2003), S. 7–25, hier S. 8. Als Beispiel für eine oder möglicherweise sogar mehrere Standortverschiebungen einer Siedlung nennt die schweizerische Literatur zum Beispiel Lausen-Bettenach (Basel-Landschaft), Unterseen (Bern), Glanzenberg (Zürich) oder Wil-Schwarzenbach (St. Gallen). Die Kleinstadt Schwarzenbach hatte Rudolf von Habsburg nach 1270 am Ufer der Thur erbaut – gegenüber der Stadt Wil, die zum Kloster St. Gallen gehörte und auf diese machtpolitische Provokation hin Schwarzenbach 1287 zerstörte. Während Schwarzenbach wiederaufgebaut wurde, steckte nach Rudolfs Tod Herzog Albrecht Wil in Brand. Nach Friedensverhandlungen zwischen dem Abt und den Habsburgern wurde letztlich beschlossen, dass nur die Burg von Schwarzenbach bestehen bleiben, die Siedlung selbst geschleift werden sollte und ihre Bürger zum Wiederaufbau von Wil Haus und Hofrat transferieren sollten: In der Forschung wird in diesem Kontext immerhin von mehr als 200 Häusern mit einer Bevölkerung von bis zu 1500 Personen gesprochen.

14 Vgl. Tanner, Bartholome: Speicher im Kanton Appenzell: Versuch einer geographischen, historischen und statistischen Beschreibung der Gemeinde seit dem ersten Kirchenbau bis auf die Gegenwart (1614–1850). Trogen 1853, besonders S. 56–63. Vgl. auch Hermann 2004 (wie Anm. 3), S. 75. Die Auflistung Tanners wurde von Descoeudres noch einmal separat ausgewiesen, vgl. Descoeudres 2002/2003 (wie Anm. 13), S. 15.

15 «Manche Häuser mussten einem Bau der Kirchhöri weichen, der Priorität hatte (Kirche, Pfarrhaus, Schulhäuser). Andere wurden von ihrem Besitzer ‹zum Wegnehmen› verkauft, damit an ihrer Stelle ein Neubau errichtet werden konnte. Es kam jedoch auch vor, dass ein Haus an peripherem Standort gekauft und an attraktiverer Lage mit Gewinn weiterverkauft wurde.» Vgl. Baumann, Katharina: Ein Dorf in Bewegung. Versetzte Häuser in Speicher. Lizentiatsarbeit, Historisches Seminar, Universität Zürich, 2009 (unveröffentlicht). Frau Baumann ist für diese Informationen zu danken.

16 Vgl. Gschwend, Max: Versetzbare Gebäude, in: Regio Basiliensis 28 (1987), S. 11–32.

Translozierung eines «Denkmal[s] der Bescheidenheit»: Die «förene Hütte» von Laurenz Zellweger in Trogen (um 1760)

> «Nochmals sitz ich bey ihm in seiner förenen Hütte,
> In der gebirgigen Wildniss, da athmet mein theurer Philocles
> Heitere Stunden und Tage, von seinem Angesicht fliessen
> Ruhige Stille, zufriedenes Lächeln, von Gram nie verdunkelt.»[17]
>
> Johann Jacob Bodmer, 1764

> «Bis auf die letzten Jahre seines Lebens bewohnte er eine niedrige förene Hütte, die Wohnung seiner Vorältern von undenklichen Jahren, bis ihn der Vortheil eines seiner Bruders Söhne nöthigte, demselben den Platz zu einem neuen Gebäude zu übergeben; er liess aber das zergliederte Gebäude zum Denkmal der Bescheidenheit seiner Vorältern und Erinnerung an ihre Nachkomen, sich von der Einfalt ihrer Sitten nicht allzu weit entfernen, an einem andern Ort aufrichten.»[18]
>
> Johann Caspar Hirzel, 1765

Es ist eine hier formulierte These, dass mit der Translozierung der «förenen Hütte» der Trogener Arztes und Gelehrten Laurenz Zellweger (1692–1764) vor seinem Tod nicht nur der Beginn der Moderne im Kontext der Frühaufklärung, sondern auch einer Art moderner ‹Denkmalpflege› im Raum Appenzell markiert werden kann. Diese Translozierung war jetzt nicht mehr aufgrund von feudal- oder erbrechtlichen, wirtschaftlichen oder brauchtümlichen Gründen motiviert. Ebendieser Strickbau am Hauptplatz von Trogen **Abb. 5** war durch die Vorbildlichkeit seines Besitzers zu einer Art Symbol frühaufklärerischer Denk- und Lebensweise und der Bau als «förene Hütte» sogar zu einem philosophischen und literarischen Topos aufgestiegen. Dieser Strickbau wurde vor 1760, als der Hauptplatz massiv umgestaltet wurde und an der Stelle der Holzbauten sukzessive prächtige Steinpaläste der Zellweger-Familie entstanden,[19] in seine Bestandteile zerlegt und – wie es Zellwegers Biograph Johann Caspar Hirzel 1765 ausdrückte – als «Denkmal der Bescheidenheit» wenige 100 m entfernt bergabwärts wiederaufgebaut.

Es ist der kulturgeschichtliche Kontext, der diese Translozierung so bedeutend macht: Die protestantische Kaufmannsfamilie Zellweger, ursprünglich aus dem Dorf Appenzell, konnte aufgrund erfolgreichen Leinenhandels im 17. und vor allem 18. Jahrhundert – der Vater von Laurenz Zellweger, Conrad Zellweger-Tanner, gründete auch Handelsniederlassungen in Frankreich und Italien – eine steile wirtschaftliche Karriere verzeichnen und hohe politische Ämter in Trogen und Teufen bekleiden. Sohn Laurenz aber wurde Arzt und Gelehrter. 1709 wurde er Schüler von Johann Jakob Scheuchzer (1672–1733) in Zürich, nahm an dessen siebter Alpenreise teil, studierte später unter anderem bei Boerhaave in Leiden Medizin, erlangte 1713 seine Doktorwürde und kehrte im selben Jahr nach Trogen zurück. Im Zuge seiner gesamtheitlichen Nachforschungen zu Themen der Medizin, Geographie, Geologie, Botanik, Landeskunde und des Klimas des Appenzellerlandes verbanden sich seine auf heimatlichen Wanderungen beruhenden Beschreibungen der Lebensweisen und Wohnformen (genau hier kam die Entdeckung der Appenzeller Bauernhäuser ins Spiel) mit

---

17 Bodmer, Johann Jakob: An den Herrn Verfasser. Mein theuerster Herr Doctor, in: Hirzel, Johann Caspar: Denkmal Herrn Doctor Laurenz Zellweger aus Trogen im Appenzeller-Land, hg. v. d. Helvetischen Gesellschaft. Zürich 1765, S. 1.

18 Ebd., S. 91.

19 An der Stelle der Hütte entstand zwischen 1760 und 1763 der steinerne sogenannte Zellweger-Palast (das spätere und heute noch existierende Pfarr- und Gemeindehaus) für den Grosskaufmann und späteren Landammann Jakob Zellweger-Wetter (1723–1808), vgl. Steinmann 1980 (wie Anm. 3), S. 89, 153.

5 Ansicht des Dorfplatzes von Trogen um 1757: im Platzvordergrund die «förene Hütte» und gegenüber das alte Rathaus

einem patriotisch-helvetischen Motiv und historisch-politischen Exkursen guter und gerechter Staatsführung. Das reformierte Appenzellerland (Ausserrhoden) wurde nicht nur für ihn das Vorbild ländlich-einfacher und damit nicht barbarisch-primitiver, sondern edler, freiheitsliebender und moralisch fundierter Erziehung und Lebensführung.[20] Zellweger wurde 1721 auch Mitglied der Gesellschaft der Mahler mit ihren sittlichen *Diskursen* und vor allem der Helvetischen Gesellschaft, die, von jungen Intellektuellen und Politikern 1761/62 gegründet, eidgenössische Erneuerungsbestrebungen in ihren publizierten *Verhandlungen* formulierte.[21] Wie Zellweger 1745 in seiner Arbeit *Gedanken Freyheit democratischer Ständen* ausdrückte, meinte er mit Freiheit die natürliche, geistige, politische und bürgerliche Freiheit, die auf jenen Bergen Appenzells auf ganz natürliche Weise existierte.[22] Zum Leben in Bescheidenheit gehörte für Zellweger – übrigens noch vor den Exkursen seines Landesgenossen Jean-Jacques Rousseau – auch das Leben in jenem einfachen Holzhaus, das er nach dem Tode seines Vaters 1749 kaufte und welches sich auf dem Trogener Landsgemeindeplatz befand, bevor es einem prachtvollen Steinpalast für einen seiner Neffen weichen musste.[23] Seine einfache «förene Hütte», die Zellweger auch «notre vieille cabane» nannte und der vor allem Johann Jacob Bodmer ein literarisches Denkmal setzte, wurde für die genannten Frühaufklärer aus Zürich für ihre Diskurse zu einem geeigneten Aufenthaltsort, einer Art Wallfahrt im Erlebnis der Geist und Körper reinigenden Einfachheit, zu dem auch

20 Genau hier lag die Verbindung zu seinem langjährigen Freund und Biographen, dem Zürcher Johann Caspar Hirzel (1725–1803), und zu den Zürcher Frühaufklärern Johann Jakob Breitinger (1701–1776) und besonders Johann Jakob Bodmer (1698–1783), dem Idyllendichter Salomon Gessner (1730–1788), dem Ästhetiker Johann Georg Sulzer (1720–1779) und im assoziierten Freundeskreis zu Friedrich Gottlieb Klopstock (1724–1803), Christoph Martin Wieland (1733–1813) und Ewald Christian von Kleist (1715–1759).

21 Vgl. Im Hof, Ulrich; de Capriani, Francois: Die Helvetische Gesellschaft. Spätaufklärung und Vorrevolution in der Schweiz. 2 Bde. Frauenfeld/Stuttgart 1983.

22 «Dort lebten die Menschen ohne Zwang, ernährten sich von dem, was ihnen der Boden gab und kannten keinen überflüssigen Prunk; ihr Benehmen war offenherzig und ungekünstelt. Wie Albrecht von Haller in seiner Alpen-Dichtung von 1728 sah auch Zellweger im Alpenbewohner [im Gegensatz zum laster- und luxusbelasteten Städter] den wahren und den glücklichen Menschen, [...] den Zustand des Glücks in der Einfachheit und Bescheidenheit.» Vgl. Kellenberger, Paulfritz: Laurenz Zellweger von Trogen (1692–1764). Affoltern am Albis 1951 (Zürcher Beiträge zur Geschichtswissenschaft 11), S. 85.

23 Kellenberger erwähnt dazu: «Als Hütte darf seine Behausung zwar nicht angesprochen werden, sondern sie war ein biederes Bauernhaus, in welchem auch seine Eltern gewohnt hatten. Im Vergleich zu den in diesen Jahren entstehenden Steinpalästen seiner Neffen wurde sie allerdings zur Hütte. Sie musste eines Neubaus wegen abgerissen werden, da er sie aber nicht verlassen wollte, liess er sie an anderer Stelle wieder aufrichten.» Ebd., S. 94. Dazu auch der vorhandene Briefwechsel von Zellweger-Bodmer in der Zentralbibliothek Zürich, vgl. auch Rosa Schudel-Benz: Laurenz Zellweger und Johann Jakob Bodmer, in: Zeitschrift für Schweizerische Geschichte 10/1 (1930), S. 1–21.

6 Der Hauptplatz von Trogen in einem Federaquarell von 1822, rechts hinten das alte Rathaus vor seiner Translozierung im Jahre 1842

7 Das versetzte Rathaus von Trogen in seinem heutigen translozierten Zustand in Bühler

die gerade erst etablierte Molkenkur gehörte.[24] Sie alle besuchten «Philocles», wie Bodmer um 1745 seinen Freund Zellweger als Arzt, Menschenkenner und Moralisten in jener 22-strophigen Ode *An Philocles* benannte, die heute als die «eigentliche Stiftungsurkunde der späteren Appenzell-Begeisterung»[25] gelten kann. Die «förene Hütte» stieg zu einem philosophischen und literarischen Topos jener Zeit auf und besteht heute noch in veränderter Form.[26]

Privatisierung durch Translozierung: Das Rathaus von Trogen (1842)

Nach der Landteilung Appenzells von 1597, aus der das katholische innere und das reformierte äussere Rhoden hervorging, wurde Trogen zum Hauptort von Appenzell Ausserrhoden und damit Tagungsort der Landsgemeinde. 1598 wurde in der Westecke des Platzes das erste Rathaus von Appenzell Ausserrhoden als vertäferter Strickbau errichtet. **Abb.6** In ihm arbeitete auch Laurenz Zellweger als ehrenamtlicher Archivar, der seine Schreibstube in einem 1760 erbauten Holzbau hinter dem Rathaus besass (auch sie wurde 1802 in zerlegtem Zustand transloziert). Doch der Wunsch nach einem ‹moderneren›, steinernen Rathaus anstelle des in den Fundamenten durchfeuchteten Holzbaus wurde immer lauter und Anfang der 1840er-Jahre erfüllt. Ein weiterer Steinpalast der Zellweger war bereits 1803–1805 entstanden und diente ab 1841 als Rathaus – anstelle eines älteren Holzhauses, das 1803 seinerseits 200 m westlich ins Hinterdorf versetzt worden war.[27] Das alte Rathaus verlor somit seine Funk-

---

24 Vgl. Eisenhut, Heidi: Gelehrte auf Molkenkur – Laurenz Zellweger und sein Kreis in Trogen, in: Heilkunst und schöne Künste. Medizin – Literatur – Kunst – Wissenschaft. 2. Trogener Bibliotheksgespräch, Trogen, 7.–9. Juni 2007. Frau Eisenhut als Leiterin der Kantonsbibliothek Trogen sei hier herzlich für ihre Hilfe und Informationen zu danken.

25 Vgl. Faessler, Peter: Die Zürcher in Arkadien. Der Kreis um J.J. Bodmer und der Appenzeller Laurenz Zellweger. Separatdruck aus: Appenzellische Jahrbücher (1979), H.107, S.4. In dieser Publikation auch die Ode *An Philokles*.

26 Die Einfachheit der Zellweger'schen Holzhütte fand auch im *Quodlibet mit Bildnissen von Zeitgenossen und antiken Köpfen* des Malers Johann Caspar Füssli (1706–1782) Ausdruck, der seinen Freunden in Erinnerung an sommerliche Aufenthalte in Trogen ein malerisches Denkmal setzte. Die Abbildungen antiker Köpfe mitsamt Zellweger (so zeigte ihn Hirzel auch im Nachruf 1765), Bodmer, Hirzel und Gessner heftete Füssli in einem akribisch ausgeführten Trompe-l'oeil-Effekt materialer Rau- und Einfachheit an jene Holzwände der «förenen Hütte», die sich auch in dem realiter als «Denkmal der Bescheidenheit» translozierten Objekt bis heute noch erahnen lassen. Die Adresse ist Niederen 33, 9043 Trogen. Den heutigen Besitzern, der Familie Unger, sei hier für die Möglichkeit einer Besichtigung im Februar 2009 zu danken.

27 Vgl. Steinmann 1980 (wie Anm.3), S.51–54, 106–108, 258.

tion, sein Denkmalcharakter wurde aber erkannt.[28] Johann Caspar Zellweger liess kurz vor dem Abbruch des ehemaligen Rathauses 1842 ein komplett zerlegbares Holzmodell durch den Schreiber Bartholomäus Schläpfer aus Herisau im Massstab von circa 1:34 anfertigen. Es existiert heute noch in Trogen. Über den genauen Zweck dieses Modells kann heute nur spekuliert werden, aber es dürfte sich wohl um eine Art Werbemodell gehandelt haben, das Johann Caspar Zellweger dazu benutzte, einen privaten Käufer für den zerlegten Strickbau zu finden, der tatsächlich das in seine Einzelteile zergliederte Rathaus ins circa 5 km entfernte Bühler (heute Hinterdorf Nr. 7) mitnahm und dort als Wohnhaus über einem neuen Steinfundament wiedererrichtete. **Abb. 7**

Translozierung als professionelle Zimmermannskunst: Die Firma Naef in Speicher

1891 eröffnete Heinrich Naef in Speicher eine Zimmereiwerkstatt. Aufgrund der fast ausschliesslichen Holzbauweise der Region Appenzell spezialisierte sich die Firma unter anderem auf das Heben von Dächern und im Weiteren auf das Drehen und Verschieben von ganzen Privathäusern. Dass die Firma Naef in der Folge nicht nur eine regionale, sondern schweizweite Bedeutung hatte, beweist ein vierseitiger Bericht *Heben und Verschieben von Häusern* in der *Schweizerischen Bauzeitung* von 1928, der 4 der bisher 30 durchgeführten Hebe- und Verschiebungsprojekte vorstellte. Der Bericht nennt ein 1774 erbautes Bauernhaus auf dem Reussbühl bei Emmenbrücke (Luzern), das von seinem Ursprungsort über einen 16 m hohen Niveauunterschied durch «Aufstapelung unter fünfmaligem Heben» zum 200 m weit entfernten Ziel neben eine neue Scheune verschoben wurde. **Abb. 8, 9** Dieses Projekt kostete 6500 Franken, dauerte 22 Arbeitstage, benötigte 15 Hebezeuge, 2 starke, doppelt übersetzte Winden, 35 Hartholzwalzen und etwa 40 m³ Bauholz und Dielen. Das sogenannte Mennerhaus (Haus Wyss) in Baar bei Zug wurde 1927 von 9 Arbeitskräften in 17 Tagen über 1 m angehoben, insgesamt 60 m verschoben und kam nach einer ‹Viertelwendung› über einem neu untergebauten Wohngeschoss zu stehen. **Abb. 10** Neben einem Projekt zur Dachhebung einer Schuhfabrik in Brüttisellen war die aufgrund der Anlage neuer Industriegleise notwendige 62 m weite Verschiebung eines zweistöckigen Dreifamilienhauses in Riegelkonstruktion der Papierfabrik Perlen bei Luzern die spektakulärste Aktion des Berichtes. **Abb. 11** Dieses Projekt benötigte insgesamt «130 Eisenbahnschienen und 1200 Schwellen, 68 Eisenwalzen, 35 Hebezeuge, sechs Winden und verschiedenes Bauholz. Mit sechs Zimmerleuten und zwei bis zehn Handlangern beanspruchte die gesamte Verschiebung [...] 36 Arbeitstage und [...] einen Kostenaufwand von rd. 12000 Fr.»

---

28 «Am 22. Wintermonat 1841 fand die letzte Zusammenkunft des Grossen Rates auf dem alten Rathause statt, also auf den Tag genau 244 Jahre nach dem Baubeschluss [...] Nach der Erledigung nahm der Rat von seiner alten Wirkungsstätte kühlen Abschied, indem er das Haus ohne jegliche Abschiedsfeier verliess. Ende 1841 wurde das Haus geräumt und am 3. Jänner 1842 einer Versteigerung übergeben. Alles war gespannt; allgemein war man der Erwartung, dass ein schöner Gasthof an dessen Stelle gebaut würde. Nachdem aber auf Grund früherer, noch bestandener Verträge die bisherige Gemarkung nicht überschritten werden durfte, musste auf die Abrundung des Platzes mit einem schönen Neubau verzichtet werden. Das Haus ging um den Preis von 5050 Gulden in den Besitz des Nachbars Dr. Johann Caspar Zellweger über. Dieser konnte sich durch den darauf erfolgten Abbruch Licht und Luft verschaffen und die Umgebung seines Hauses [des sogenannten Zellweger'schen Fünfeckpalastes als Sitz der heutigen Kantonsbibliothek] durch eine Gartenanlage verschönern. Nachdenkliche Leute konnten das Rathaus nicht ohne ernstliche und betrübende Gedanken verschwinden sehen. Es wurde an die Unzahl derjenigen gedacht, die in den schrecklichen Räumen einer sehr schweren Bestrafung entgegensahen oder gar ihre Hinrichtung zu erwarten hatten. [...] Die kulturelle Bedeutung dieser altehrwürdigen Stätte wurde trotz dem formlosen Abschied erkannt. Es wurde in aufmerksamer Weise der Nachwelt gedacht, der für alle Zeiten die Kunde davon erhalten bleiben sollte.» Vgl. Fitze, Arnold: Vom alten Rathaus auf dem Dorfplatz in Trogen, in: Appenzeller Kalender, Trogen 1943, S. 6–9, hier S. 6.

Interessant ist der abschliessende Kommentar zu den Rahmenbedingungen der Kostenrechnung zugunsten der Verschiebung anstelle eines Neubaus: «[...] der Aufwand für das Versetzen solcher Häuser [erscheint] durchaus wirtschaftlich, sofern eben ihr übriger Bauzustand den Bedürfnissen der Besitzer genügt und ihnen durch das blosse Versetzen wesentlich höhere Neubaukosten erspart werden können.»[29] Heinrich Naefs Söhne, Hans und Ernst Naef, führten die spezielle Zimmermannskunst der Hausverschiebung in der Nachkriegszeit weiter. Ein Bericht von 1949 berichtete von 50 solcher Spezialaufträge der Firma Naef in der ganzen Schweiz, darunter eine Hausverschiebung in Wassen an der Sustenstrasse.[30] Nach 1961 führte die Firma Naef AG diese Tradition der Verschiebung in der gesamten Deutschschweiz bis Ende der 1980er-Jahre mit Heinrich Naef, dem Enkel des Firmengründers, fort: «Seit 1990 führt die Firma Näf AG keine Hausverschiebungen mehr durch, da heute aus wirtschaftlichen Gründen ein Neubau einer Verschiebung vorgezogen wird.»[31]

«Platz schaffen»: Translozierung im Kontext von Strassenverbreiterungen vor 1990

In Appenzell wurden Teile ganzer Häuserreihen von Strickbauten bis Anfang der 1990er-Jahre verschoben. In dieser Zeit spielten nicht mehr erbrechtliche und landwirtschaftliche Überlegungen der jeweiligen Einzelbesitzer eine Rolle, sondern der Kanton selbst veranlasste Hausverschiebungen zugunsten des Ausbaus der Appenzeller Staatsstrasse. Standen diese Interventionen noch im Kontext eines ungetrübten Forschrittsoptimismus der 1960er-Jahre, der auch den alpinen Strassenausbau tangierte, so trat ab 1980, wie sich aus den folgenden Fallbeispielen folgern lässt, ein Wertschätzungswandel bezüglich der bisher angeblich im Wege stehenden Altbauten ein. Mussten diese bisher einem nach festgelegten Standards ausgeführten Strassenprojekt weichen, so war man jetzt bereit, die individuelle Bebauungs- und Strassenbildstruktur der jeweiligen Ortschaften höher einzustufen und die Strassenführung ihrerseits jenen liebgewonnenen Unregelmässigkeiten anzupassen. Als Fallbeispiele hierzu dienen Translozierungen entlang der neuen Staatsstrasse Appenzells, unter anderem in Speicher, Lutzenburg, Teufen, Brugg und Waldstatt.[32]

1979 erging von der Baudirektion von Appenzell Ausserrhoden in Herisau an die Bau- und Strassenkommission in Speicher die Nachricht des Baugesuchs für die Verschiebung des Hauses Hagmann. Darin wurde die Begründung prägnant zusammengefasst: «Das Bauvorhaben tangiert das Strassen-Korrektionsprojekt Nr. 672, Vorprojekt für die Korrektion der Staatsstrasse Nr. 48, Speicher–Speicherschwendi, Teilstück Brugg–Kohlhalde. Gemäss diesem muss das Wohnhaus des Herrn Hagmann verschoben und zu den Garagen und Parkplätzen des Restaurants Adler, Parzellen Nr. 254 und 250, eine neue Zufahrt erstellt werden».[33]

8 Ein Bauernhaus auf dem Reussbühl bei Emmenbrücke (Luzern) während der Verschiebung, um 1928

9 Das Bauernhaus auf dem Reussbühl nach der Verschiebung auf seinem neuen Sockelgeschoss, um 1928

---

29 Heben und Verschieben von Häusern, in: Schweizerische Bauzeitung 91 (1928), Nr. 8, S. 102–105, hier S. 103.

30 «Gebrüder H. und E. Naef, Speicher. Mech. Zimmerei und Treppenbau. Spezialität: Heben und Schieben von Bauten», vgl. Eugster, Arnold; Koller, Albert: Heimatgeschichte und Wirtschaft des Appenzellerlandes. Zürich 1949, S. 110.

31 Hermann 2004 (wie Anm. 3), S. 76.

32 Für die Aktendurchsicht im Bauamt Herisau und ein informatives Gespräch inklusive eines Lokalaugenscheins verschobener Häuser in Speicher bin ich Herrn Thomas Reich, stellvertretender Kantonsbaumeister für Appenzell Ausserrhoden, zu Dank verpflichtet, ebenso Herrn Heinrich Naef, dem Enkel des Gründers der Firma Naef in Speicher.

33 Schreiben der Baudirektion von Appenzell A.Rh. an die Gemeindekanzlei z.Hd. der Bau- und Strassenkommission Speicher vom 24. Juli 1979 (Archiv Baudirektion Appenzell A.Rh, Herisau).

10   Das Mennerhaus in Baar mit einem neuen Untergeschoss, um 1928

11   Dreifamilienhaus der Papierfabrik in Perlen während der Verschiebung, um 1928

Ausführender Architekt war die Gebrüder Naef AG (jetzt unter der Leitung von Hans Brunner) und Architekt Heinrich Naef aus Speicher. Für die gesamte Aktion wurden lediglich 3 Monate veranschlagt, für die circa 13 m weite, leicht hangaufwärts ausgeführte Parallelverschiebung des Holzbaus vom alten und später abgebrochenen zum neu errichteten Betonfundament selbst nur 5 Tage (15. bis 20. August 1980). Die Kosten des Gesamtprojekts wurden mit 270 000 Franken ausgewiesen, wovon 206 000 Franken auf den Kanton fielen – darunter die reinen Verschiebungskosten von 38 000 Franken.[34] Von der Verschiebung sind heute keinerlei Anzeichen zu sehen, da wie bei allen Translozierungen en bloc die Anschluss-Stellen zwischen dem alten Haus und dem neuen Fundament verputzt wurden.

Zwischen 1981 und 1982 folgte die Verschiebung des Restaurants Rebstock (erbaut 1790, später renoviert) wenige Meter entfernt. 1980 beauftragte das kantonale Bauamt für den «Gegenstand Staatsstrasse St. Gallen–Trogen; Korrektion Krone–Brugg, Speicher; Abschnitt Restaurant Rebstock» die Architekten Hohl/Cremer/Schlaf aus Herisau zu einer Abwägungsstudie der

---

34 Ein Bericht in der *Appenzeller Zeitung* vom 19. August 1980 lieferte eine Kurzbeschreibung und Fotos zum Hergang: Mit dicken Holzbalken wurde der Holzbau vom Fundament getrennt und eine Rollbahn auf einem Holzgerüst vorbereitet. Mit einem Traktor und einem Lastwagen wurde das Objekt schliesslich auf sein neues Fundament verschoben, die Frau des Besitzers blieb laut Zeitungsbericht während der rund 2-stündigen Verschiebungsaktion – «wie in einem Fahrstuhl» – im Hause wohnen. Vgl. ‹Wie in einem Fahrstuhl…› Speicher: Wenn Häuser durch die Gegend ziehen, in: Appenzeller Zeitung Herisau, 19. August 1980, Nr. 193, S. 3.

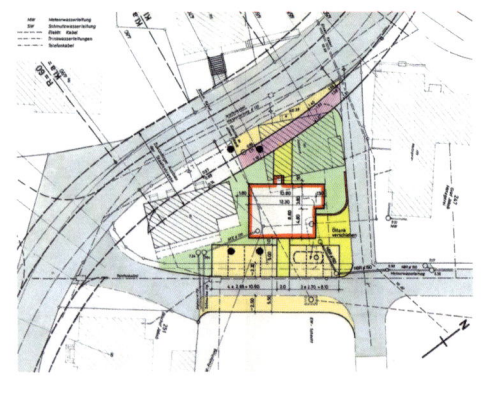

Wirtschaftlichkeit von Abriss, Ersatzbau oder Verschiebung des Restaurants Rebstock (Assek. Nr. 181) und des benachbarten Ladengeschäfts der Trogener Bahn. **Abb. 12** Die Studie sprach sich für die Verschiebung des ersteren und Abriss des zweiten Baus aus. Die Bauleitung für die 10 m weite Parallelverschiebung des Rebstocks vom 14. bis 19. September 1981, für die Umbau- und Renovationsarbeiten der historischen Fassade und schliesslich der neu gestalteten Innenräume der Gaststätte hatte wieder das Architekturbüro Heinrich Naef inne. In einer Kostenschätzung von Naef beliefen sich die Gesamtkosten für Verschiebung und Umbau auf 571 000 Franken, wobei für die Kosten des gesamten Verschiebungsprojekts von 292 000 Franken (die fünftägige Verschiebung selbst wurde mit lediglich 50 000 Franken ausgewiesen) fast gänzlich der Kanton aufkam. **Abb. 13** Die Lokalzeitung berichtete von der Aktion *Wieder eine Hausverschiebung in Speicher*[35] unter Beobachtung der breiten Öffentlichkeit. Die offizielle Wiedereröffnung des Rebstocks in Anwesenheit der Gemeinde- und Kantonalvertreter, des Architekten und der Lokalpresse fand am 15. Dezember 1981 in der erneuerten Dorfbeiz selbst statt.

An derselben geplanten Staatsstrasse zwischen Speicher und Trogen – zwischen Haus Hagmann und dem Restaurant Rebstock, jetzt auf der anderen Strassenseite – kam es zwischen 1988 und 1990 zu einer anderen Hausverschiebung. Es handelte sich um ein dreistöckiges historisches Fabrikantenhaus (Staatsstrasse 15) an der Strassenkorrektion Alte Post–Brugg. Es wurde aber nicht wie die anderen Fallbeispiele auf ein komplett neues Fundament geschoben, sondern es kam mit einer Verschiebungsdistanz von lediglich 7 m nach Südwesten je zu einer Hälfte auf dem alten beziehungsweise auf einem neuen Fundament zu stehen, wozu auch die Parzelle Nr. 225 um 70 m^2 vergrössert werden musste. Die Architekten Richle + Rüesch aus St. Gallen führten das Verschiebungsprojekt für insgesamt 510 000 Franken zusammen mit der Hebag AG aus, **Abb. 14** die sich auf das Heben und Verschieben von grossen Objekten wie Wasserbehälter, Häuser und Brücken spezialisiert hatte.

Wie an zwei abschliessenden Beispielen angedeutet werden soll, lässt sich Mitte der 1980er-Jahre eine Veränderung in der Argumentation ‹Pro und Kontra einer Hausverschiebung› im Kontext des Strassenbaus erkennen. Im Prozess der Planung des Staatsstrassenabschnittes zwischen Rheineck und Walzenhausen (ein Vorprojekt dazu begann tatsächlich schon in den 1960er-Jahren) wurde auch die Verschiebung des Hauses Egger-Ruoss in Brenden 383 (Sachgebiet Lutzenberg) diskutiert und wieder Architekt Naef zu verschiedenen Varianten beauftragt. Diesmal hätte die Verschiebung nicht parallel zum originalen Standort, sondern mit einer Drehung oberhalb des alten Fundaments vonstattengehen müssen. Aufgrund der schwierigen Topographie vor Ort, die unter anderem auch eine Bodenumlegung mit dem Nachbargrundstück landwirtschaftlicher Widmung bedeutet hätte, aber auch aufgrund des Denkmalschutzes des Hauses mit dem Baujahr 1659 wurde die Strassenführung aber in mehreren Planungsphasen korrigiert, angepasst und sogar stellenweise die Normbreite verringert. Wie die Korrespondenz der Baudirektion von Appenzell Ausserrhoden 1989 verdeutlicht, hatten sich die normfixierten «Auffassungen über den Strassenbau etwas verändert»,[36] wodurch auch Hausverschiebungen zu umgehen und jeweils individuelle Alternativen zu prüfen waren. Die Verschiebung wurde letztlich nicht ausgeführt, ebenso wenig wie jene Planung am Haus

12 Die Gastwirtschaft Rebstock in Speicher vor ihrer Verschiebung

13 Der Verschiebungsplan des Hauses Rebstock, durch Architekt Heinrich Naef aus Speicher im Jahre 1981 angefertigt

---

35 Vgl.: Wieder eine Hausverschiebung in Speicher, in: Appenzeller Zeitung Herisau, 17. September 1981; Nach Verschiebung und gelungenem Innenausbau: ‹Rebstock› wieder offen, in: Appenzeller Zeitung Herisau, 17. Dezember 1981, Nr. 295, S. 3.

36 Vgl. ein Schreiben der Baudirektion von Appenzell Ausserrhoden vom 31. Mai 1989 im Archiv Herisau.

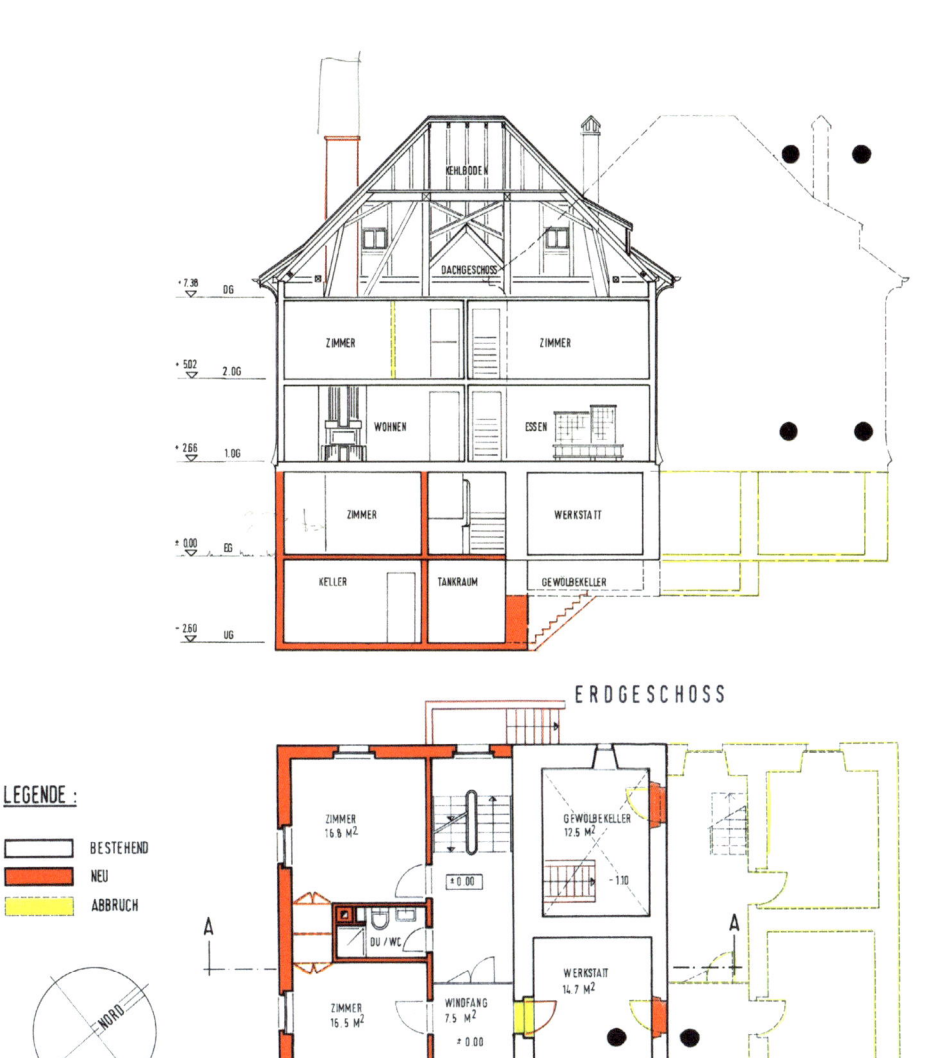

14 Der Verschiebungsplan des Fabrikantenhauses in Speicher, durch die Architekten Richle + Rüesch aus St. Gallen um 1989 angefertigt

Feller (Assek. Nr. 154) in Teufen, die infolge der Strassenkorrektur des Teilstücks Bahnhof–Linde zwischen 1983 und 1986 diskutiert wurde. Eine Linienführung der neuen Staatsstrasse aus dem Jahre 1967 und in weiteren Varianten der 1970er- und frühen 1980er-Jahre hatte auch hier das bestehende Grundstück zur Hälfte überplant. In diesem Fall wehrten sich die Eigentümer mit rechtlichem Beistand, einer Versetzung wäre nur bei einem vom Kanton getragenen Kauf eines Nachbargrundstücks inklusive Übernahme der Abbruchkosten des dort stehenden Landwirtschaftsbetriebs zugestimmt worden. In den Akten lässt sich eine erbitterte Verhandlung über den Zeit-, Boden- und Realwert inklusive Alterswertminderung (und nicht -steigerung) nachlesen. Aber auch der Widerstand des Heimat- und Ortsbildschutzes war kaum mehr zu überhören.[37] Schon 1984 hatte das Hochbauamt die Kosten zur Verschiebung als unverhältnismässig eingestuft: Das Haus Fellner wäre zwar kein Baudenkmal, aber für das Ortsbild von Bedeutung. Im Chor mit dem Heimatschutz sprach das Hochbauamt davon, dass die komplette Verschiebung einer «Verwässerung der orts-

---

37 So auch in einem Brief der Baudirektion 1985 an den Gemeinderat von Teufen: «Das Haus Feller hat heute eine sehr markante Position und bestimmt das Ortsbild aus dem Blickwinkel von der Linde her massgeblich. Es bewirkt eine städtebaulich an sich sehr erwünschte optische Staffelung in der Tiefe. Mit dem Entfernen dieses Hauses aus dem Gesichtsfeld wird die Strecke Linde – Bahnhof optisch geöffnet. Man muss sich bereits heute im klaren sein, dass diese Änderung des Ortsbildes nicht problemlos ist, und dass sich wahrscheinlich verschiedene Kreise stark für das Belassen des Hauses an seinem angestammten Platz einsetzen werden.» Vgl. Hochbauarchiv Herisau.

15   Kompromiss zwischen Hausbestand und neuer Strassenverbreiterung: Aufständerung des Obergeschosses mit Gehweg darunter, an der Strasse zwischen Herisau und Speicher

baulichen Situation und Substanzrettung»[38] gleichkäme. Ein Kompromiss kam zur Ausführung, indem das ortsbildrelevante Haus nicht verschoben und auf die beidseitige Gehsteigführung der neuen Strassenführung verzichtet wurde. Die baurechtlichen, aber vor allem auch zivilgesellschaftlichen Aushandlungsprozesse hatten sich ab der zweiten Hälfte der 1980er-Jahre stark verändert. Belange des Natur-, Ortsbild-, Heimat- und Denkmalschutzes waren zu einem dominanten Korrektiv rigoroser Stadt- und Strassenbauplanung geworden. Andere Lösungen, wie jene einer partiellen Aufständerung des strassennahen Altbaus zugunsten einer neuen Gehwegführung,   **Abb. 15**   konnten Verschiebungen oftmals vermeiden.

Von der Translozierung ländlicher Objekte zur Musealisierung: Das Schweizerische Freilichtmuseum Ballenberg und das Haus Brülisau (1983–1985)

1962 erschien der folgenreiche Artikel *Ein schweizerisches Freilichtmuseum?* des damaligen Leiters der Aktion Bauernhausforschung in der Schweiz, Max Gschwend.[39] Er berichtete von einem dramatischen «Umbruch» des ländlichen Bauwesens, von «Einbrüchen ins [traditionelle] Dorfbild», das nur noch äusserlich bestünde und davon, dass schweizweit die «älteren, wissenschaftlich wertvollen Bauten [...] immer seltener» würden.[40] Dabei griff Gschwend auf

---

38   Vgl. ein Schreiben vom Hochbauamt vom 14. November 1984 im Hochbauarchiv Herisau.

39   Vgl. Gschwend, Max: Ein schweizerisches Freilichtmuseum?, in: Heimatschutz 57 (1962), Nr. 3/4, S. 90–99., hier S. 90.

40   «Warum lassen wir uns von dieser Fassade täuschen? Haben Sie nicht schon selbst auf sonntäglichen Wanderungen gesehen, dass unsere Dörfer weitgehend keine Bauerndörfer mehr sind? [....] Für viele ist das Bauernhaus kein erhaltenswerter Bau mehr [...] Die noch vorhandenen Hausformen gehören einer abgeschlossenen Kulturepoche an. Viele von ihnen werden nicht mehr gebaut und sind damit rettungslos dem Verschwinden geweiht. [...] Viele Arbeitsgänge, die früher selbstverständlich waren, kennen heute nur noch wenige. Daher sollte als Ergänzung zur dokumentarischen, wissenschaftlichen Erfassung der bäuerlichen Bauten unbedingt eine Sammlung von wirklichen Hausbauten in ein Freilichtmuseum kommen. [...] Nur durch eine Zusammenfassung der typischen Bauten auf einem übersehbaren Raum kann man die Schönheit der Häuser in ihrem reinen Charakter, befreit von störendem Zubehör, wirklich geniessen. Der damit mögliche Vergleich der Hausformen lässt auch ihre Besonderheiten erkennen, wie es sonst dem Laien nie möglich wäre. [...] Die Errichtung eines Freilichtmuseums ist eine der dringlichsten kulturellen Aufgaben der Gegenwart [...] als notwendige Ergänzung neben den Bestrebungen von Heimatschutz und Denkmalpflege.» Ebd., S. 90, 91, 94, 96, 99.

16 Landschaftsskizze des «Schwyzerdeerfli» in Brienz, um 1963

dem Höhepunkt der Nachkriegskonjunktur nur ein Thema auf, das auch in der Schweiz bis in die Zeit vor 1900 zurückreichte.[41] Schon um die Jahrhundertwende war hinter dem Historischen Museum Bern ein Museumsdorf als quadratisch angelegtes Ensemble geplant gewesen. Fortdauernde Diskussionen, vor allem mit dem Schweizer Heimatschutz, verzögerten die Umsetzung eines Freilichtmuseums: Dieser favorisierte die Erhaltung und gegebenenfalls Musealisierung gefährdeter Holzbauten in situ und warnte vor dem denkmalpflegerischen Feigenblatt eines Freilichtmuseums, das über wenige aus der gesamten Schweiz translozierte und zu einem sonderlichen Ensemble kollagierten Objekte hinweg die Zerstörung vieler anderer ähnlicher Bauten vor Ort rechtfertigen könnte. Parallel zu diesen Diskussionen hatte die Gemeinde Brienz in den 1950er-Jahren die Musealisierung ihres real erhaltenen Ortsteil Aenderdorf vorangetrieben, 1963 zusammen mit Gschwend den Verein Miis Schwyzerdeerfli gegründet, eine Erweiterung des realen Ortsschutzes mit landschaftlich eingebundenen Museumszonen für translozierte Holzbauten konzipiert[42] **Abb. 16** und 1968 die Stiftung Freilichtmuseum Ballenberg ins Leben gerufen.

Das Schweizerische Freilichtmuseum für ländliche Bau- und Wohnkultur in Ballenberg (im Folgenden FLM) wurde im Jahre 1978 mit 16 translozierten Bauten in naturräumlich sensibel eingepassten Ensembles eröffnet und wuchs bis 1982 zu 32 Objekten aus 8 Kantonen auf einem Areal von 60 ha an.[43] Die Erfolgsgeschichte des Museums wurde seit jeher von der Kritik einer angeblich realitätsfernen, fortschrittsfeindlichen Musealisierung und massentouristischen Kommerzialisierung des Schweizer Bauernhausbestandes begleitet. **Abb. 17** Heute zählt das FLM über 100 Wohn- und Wirtschaftsbauten in 13 Baugruppen auf 66 ha aus nahezu allen Regionen der Schweiz.[44] Dazu gehörte seit 1985 auch ein transloziertes Vielzweckhaus aus Appenzell Innerrhoden: Der Hof Gross-Rossberg lag auf 1200 m Höhe oberhalb von Brülisau und kam, typisch für diese Art von Appenzeller Häusern, durch die nachträgli-

---

41 Vgl. Huwyler, Edwin: Kein Freibrief für den Abbruch. Kontroversen um ein Schweizerisches Freilichtmuseum, in: Bundi, Madlaina (Hg.): Erhalten und Gestalten. 100 Jahre Schweizer Heimatschutz, Baden 2005, S. 91–99.

42 Für die Einsicht in Akten und Fotos zur Translozierung des Hauses Brülisau und für ein sehr informatives Gespräch im März 2009 möchte sich der Autor bei dem Direktor des Museums, Edwin Huwyler, und bei dessen Kolleg(inn)en sehr herzlich bedanken.

43 Vgl. Führer durch das Schweizerische Freilichtmuseum Ballenberg. Brienz 1982.

44 Zur umfassenden Entstehung von Ballenberg mit relevanter Literatur vgl. Gschwend, Max: Geschichte und Geschichten, in: Jahrbuch / Schweizerisches Freilichtmuseum Ballenberg 2 (1998), S. 33–145. Vgl. dazu weiter: Huwyler, Edwin; Gschwend, Max; Hunziker, Rudolf: Ländliche Bau- und Wohnkultur der Schweiz, Ballenberg. Aarau 1994. Und: Führer durch das Schweizerische Freilichtmuseum Ballenberg. Brienz 2004 oder unter der Homepage von Ballenberg: http://www.ballenberg.ch (16. Februar 2011).

17 Karikatur zur Vision Freilichtmuseum Ballenberg, 1967

che Zusammenlegung von vormals freistehenden Bauten, dem Wohnteil, erbaut von dem Mitbegründer der Molkenkur Anton Josef Inauen im Jahre 1754, und dem Stall (im Kern 1621), zustande. **Abb. 18** Vor dem Bau der erschliessenden Meliorationsstrasse war der Hof sehr abgelegen und schwer zu bewirtschaften. Der letzte Besitzer, Emil Manser-Enzler, besass neben dem an der äussersten Grenze der Dauersiedlung stehenden Besitz am Rossberg einen zweiten, tiefer gelegenen Hof, den er bewirtschaftete und bewohnte. Vermittler des vorgesehenen Übernahmeobjekts war das Oberforstamt des Kantons Appenzell Innerrhoden, erste Kontakte des FLM mit dem Besitzer kamen schon 1980/81 zustande. Die Stiftung des FLM mit ihrem Präsidenten Hans Tschumi (ehemals Regierungsrat) schätzte die Gesamtkosten für Abbau, Transport und Wiederaufbau auf 780 000 Franken, von denen 30 % vom Eidgenössischen Amt für Kulturpflege (Bundessubvention), 500 000 Franken von der Ernst Göhner Stiftung und der Rest vom Kanton Appenzell Innerrhoden und durch private Spenden (Lotteriefonds, Kantonalbank etc.) übernommen werden sollten. 1983 stimmte auch die Eidgenössische Kommission für Denkmalpflege (EKD) am Bundesamt für Kulturpflege zu. Der Heimatschutz St. Gallen-Appenzell Innerrhoden wie auch die Kunstdenkmälerkommission des Kantons Appenzell bemerkten jedoch skeptisch, dass es sich bei dem Übernahmeobjekt nicht hundertprozentig um ein typisches Appenzeller Bauernhaus handelte und dass das Objekt auch vor Ort hätte erhalten werden können. 1983 verkaufte Manser den seit circa 30 Jahren nicht mehr bewohnten Hof – als Grund wird im Baubeschrieb das Interesse an dem ‹artentfremdenden› Umbau des Gutes zu einem Ferienhaus genannt – für 50 000 Franken an das FLM, das auch mit 10 000 Franken für die «Aufräum- und Planierungskosten» vor Ort aufkam. 1983 bis 1985 füllen sich die Lokalblätter mit der Nachricht über die Translozierung, mit Überschriften wie zum Beispiel *Ein altes Bauernhaus geht auf Reisen*[45] und *Ein Bauernhaus als Museumsstück*.[46] Das Baugesuch für den Wiederaufbau in Ballenberg wurde 1984 eingereicht und genehmigt, die Abbau- und Aufbauarbeiten wurden durch Ernst Anderegg aus Meiringen und den Unternehmer Arthur Ernst aus Hofstetten bei Brienz ausgeführt. **Abb. 19–21** Für den Wiederaufbau wurden fast alle traditionellen Berufsgruppen beauftragt, darunter Fachleute der Zimmerei, für Glaser-, Verschindelungs-, Hafner- und Malerarbeiten.[47] Interessant ist heute die ästhetische Erwartungshaltung gegenüber dem aussen teilerneuernden und innen purifizierenden beziehungsweise teilrekonstruierenden Wiederaufbau des translozierten Hauses Gross-Rossberg.[48] Mit der intendierten Rückführung der inneren Zimmerfunktionen ging auch die «neue Originalausstattung» der Schauräume einher: eindrücklich dazu eine Inventarliste aus dem Jahre 1986 von originalen Einrichtungsgegenständen, die dem Besitzer

---

45 Ein altes Bauernhaus geht auf Reisen. Innerrhoden wird das bekannte Freilichtmuseum auf dem Ballenberg demnächst bereichern, in: Appenzeller Volksfreund (AV), 12. November 1983, S. 3. Vgl. auch: Neues vom alten ‹Rosseberghaus›. Künder von der Intelligenz unserer früheren Bauleute und einer reichen Kultur, in: AV, 7. Juni 1984, S. 2.

46 Ein Bauernhaus als Museumsstück. ‹Verpflanzung› eines Appenzellerhauses ins Freilichtmuseum Ballenberg, in: St. Galler-Tagblatt (Ausgabe Fürstenland), 28. November 1983.

47 Vgl. bau 3/85, S. 145–148. Ein weiterer umfassender Bericht: Werthemann, A.: Vom Appenzellerland in den Kanton Bern. Umzug eines Bauernhauses aus Brülisau auf den Ballenberg, in: Die Blaue. Alpwirtschaftliche Monatsblätter (1988), Nr. 4, S. 133–137.

48 «1985 geschieht der Wiederaufbau im FLM, wobei die Bausubstanz fast vollständig wieder verwendet werden kann. Grosse Veränderungen und Rekonstruktionen müssen nicht vorgenommen werden. Schadhafte Teile werden ersetzt, der Schindelschirm der Fassaden und die Schindeldeckung des Daches durch eine Appenzeller Zimmerei neu angebracht (Abb. 11).» Diese Beschreibung unter dem Titel «911 – Mehrzweckhaus von Brülisau/AI» stammt aus dem Archiv des FLM. Dazu auch der über 50-seitige Bericht über die Besitzer-, Bau- und Nutzungsgeschichte des Objekts: Strub, Brigitta: Appenzeller Kreuzfirsthaus von Brülisau/Appenzell Innerrhoden. Ballenberg 1991, Archiv FLM.

18 Haus Brülisau an seinem originalen Standort, um 1980

19 Haus Brülisau während der Demontage, um 1984

20 Haus Brülisau während des Neuaufbaus in Ballenberg, um 1984

21 Haus Brülisau im heutigen Zustand

zu einem Pauschalpreis abgekauft, aus der Region hinzugekauft oder dem Museum von Interessenten geschenkt und im versetzten Haus nachinszeniert und möglichst «authentisch» komplettiert wurden.[49] Akten und Photographien bezüglich der Einweihungszeremonie am 6. Juli 1985 bestätigen den grossen Andrang der Öffentlichkeit: Landammann Carlo Schmid und der Direktor Adolf Messerli hielten Ansprachen, das Haus wurde durch den Pfarrer eingesegnet, eine appenzellische Delegation, Bezirkshauptleute und ein Männerchor aus Brülisau nahmen teil – die Presse sprach von 300 Repräsentanten aus Appenzell.[50] Der originale Baugrund des Hauses blieb unbebaut, wie ein Foto vor Ort eindrücklich bestätigt. **Abb. 22** 1985 nannte der Bericht *Ostschweiz am Wochenende* – diese «Ostschweiz» konnte jetzt mit dem ersten für die Baugruppe desselben Namens translozierten Bauernhaus aus Appenzell Innerrhoden im Freilichtmuseum Ballenberg besichtigt werden –, rekurrierend auf eine zeitgleiche Umfrage zum Thema «Was ist Heimat», die Motivation der musealisierenden Translozierung: «Heimat ist überall dort, wo man sich geborgen fühlt.»[51] **Abb. 23** Und dieses heimatliche Gefühl von Schutz und Geborgenheit wurde jetzt auch für jene vor der angeblich schweizweit ungebremsten Modernisierung geretteten Bauernhäuser in Anspruch genommen.

Nur das Bild? Translozierung von Fassaden als gewerbliche Imageträger und «denkmalpflegerische» Schauobjekte

Translozierungen ganzer Strickbauten sind auch in Appenzell heute äusserst selten geworden. Zum Ende der hier beispielhaft diskutierten Motivationsgeschichte von modernezeitlichen und zeitgenössischen Translozierungen muss man auch auf eine typisch ‹post-moderne› Entwicklung hinweisen, die eine integrale Erhaltung von Baudenkmälern infrage stellt. Es handelt sich um den sogar weltweit verortbaren Trend zu Fassaden historischer Bauten als Identitäts-, Werbe- und Imageträger, die entweder bei Komplettentkernungen stehen gelassen oder vor einem Totalabbruch abgelöst, transloziert und nutzungsfremd wieder eingebaut werden. Appenzeller Fallbeispiel der zweiten Variante ist die für 20 000 Franken translozierte Giebelfassade des 400-jährigen Strickbaus des Hauses Egger auf dem Flur Friedberg in Unterwolfhalden. **Abb. 24** Sie wurde 2007 vom später auf Antrag der Besitzer abgerissenen Gesamtbau abgetrennt, auf einem Tieflader abtransportiert und einer neuen Werkshalle der Schreinerei Nägeli in Gais vorgeblendet. **Abb. 25, 26** Unternommen wurde diese Rettungsaktion von der Kantonalen Denkmalpflege Appenzell Ausserrhoden, Fredi Altherr, Hans Nägeli, mit der Unterstützung des Berufsschullehrers Daniel Moosmann und von Lehrlingen der BBZ Herisau sowie des

22 Heutige Erinnerungstafel zum translozierten Haus Brülisau am originalen Standort

23 Zeitungsausschnitt zu translozierten Bauernhäusern in das Freilichtmuseum Ballenberg, 1985

49 Die Liste reichte von einem Brunnenhaus mit Läden, bemalten Fenstergläsern, einem ‹Misthüsli› bis zu Gegenständen der Tenn (Stalltüren, Glocken, Lederzeug, Kinderschaukel [‹Säälriiti›]), der Küche (Fliegenfänger, Armenseelchen-Lichtlein [‹Aalichtli›]), der Wohnstube (Hundehalsband, Gilet, Hut mit Blumenkranz, Wallfahrts- und Heiligenbilder, Herrgottswinkel), der Schlafkammer (originale Möbelmalerei, Hosenträger der Sennen, Werktagsgewand, Violine, Säbel) und des Dachgeschosses (Schneeschuhe, Schwingerkranz, Bienenkörbe). Diese Beschreibung ging aus dem 1986 verfassten Schlussbericht *Das Appenzellerhaus Brülisau im Freilichtmuseum Ballenberg* von August Inauen hervor (Archiv FLM).

50 Vgl. Fröhliche Appenzeller, in: Ballenberg-Bote. Mitteilungsblatt des Schweizerischen Freilichtmuseums Ballenberg 3 (1985).

51 «‹Heimat ist überall dort, wo man sich geborgen fühlt.› Eben: Beheimatet, da-heim, zu Hause. Häuser, wohl gebaute, auf die Bedürfnisse des Menschen einhergehende, ihnen dienende, sie schützende Häuser, können daher recht eigentlich zum Inbegriff von Heimat werden. Vor allem behäbige, warme, wohlgestaltete alte Bauernhäuser. Aus über dreissig solchen besteht das Schweizerische Freilichtmuseum für ländliche Bau- und Wohnkultur auf dem Ballenberg oberhalb von Brienz. Es ist für sie, die als gefährdetes Erbe Heimat versinnbildlichen, selbst Heimat und Zuflucht geworden.» Vgl. Ostschweiz am Wochenende, 3. August 1985. Zum Appenzellerhaus eine ähnliche Seite in der Ausgabe vom 13. Juli 1985 (Archiv Freilichtmuseum Ballenberg).

Zimmermeisters und ehemaligen Berufsschullehrers Werner Zellweger aus Waldstatt. Planung und Bauausführung unterlagen Walter Enz aus Gais.[52] Als «Anschauungsobjekt» soll laut Zeitungsbericht die angestellte Strickfassade jetzt für Kenner der Materie ein «Eldorado» für den «Einblick in die damalige Arbeitsweise der Zimmerleute»[53] sein.

Die jüngere Entwicklung hin zu einer eher bild- und zitathaft motivierten Erhaltungspraxis bestätigt die fast 100-jährige Befürchtung des Heimatschutzes, dass Translozierungen seit dem 20. Jahrhundert in den wenigsten Fällen – und wenn überhaupt, dann nur sehr punktuell – einen substanziellen Beitrag zum grossmassstäblichen Problem integraler Erhaltung (hier von Strickbauten) leisten. Eine effektive Erhaltung kann in der Tat nur am originalen Entstehungsort der Bauten selbst erfolgen und muss sich, wenn es sich denn um die langfristige und flächendeckende Sicherung des breiten, historischen Gebäudebestandes handeln soll, mehr mit den sozialen und wirtschaftlichen Implikationen breitenwirksamer ‹Denkmal-Pflege› beschäftigen als mit der ästhetischen Oberfläche. Diese Einwände heissen aber nicht, dass Translozierungen in Ausnahmefällen bis heute nicht zu spannenden Resultaten führen können.

Michael S. Falser

24 Haus Egger in Unterwolfheiden vor dem Abriss

25 Demontage des Hauses Egger in Unterwolfheiden und Translozierung der Bauteile zur Werkhalle des Holzbetriebes Nägeli nach Gais

26 Wiederaufbau der Fassade des Hauses Egger aus Unterwolfheiden an der Werkhalle des Holzbetriebes Nägeli in Gais

---

52 Fredi Altherr muss hier ganz besonders für die reichen Informationen zu Appenzeller Strickbauten gedankt werden. Herr Enz hat ebenso wie Herr Moosmann dankenswerterweise Pläne und reiches Bildmaterial zur Fassadenversetzung beigetragen.

53 Vgl. ‹Lopf emol e chlii aa›. Die vierhundertjährige Giebelfassade des Hauses Egger in Wolfhalden wurde diese Woche nach Gais transportiert, in: Appenzeller Zeitung, 31. März 2007.

Zur Konstruktion und Konstruktionspflege eines Appenzeller Strickbaus – Heiden (Appenzell Ausserrhoden): Bischofsberg 418

Der Kanton Appenzell Ausserrhoden verfügt über einen hohen Bestand an Gebäuden, die in der tradierten Technik des Strickbaus errichtet wurden. Viele davon weisen Webkeller im Souterrain auf und sind Zeugnisse einer frühindustriell organisierten Wirtschaftsstruktur, die Textilwirtschaft mit landwirtschaftlicher Nutzung verband. Das Überleben des oftmals mehrere Jahrhunderte alten und qualitätvollen Bestands wurde in den letzten Generationen durch unterschiedliche Nach- und Weiternutzungen ermöglicht. Dennoch zeigen sich in den vergangenen Jahren immer wieder Verluste auch von inventarisierten Objekten.

Anfang August 2009 wurde das um 1600 erbaute bäuerliche Anwesen Bischofsberg 418 abgerissen.[1] **Abb. 1** Verschiedene Gutachten zeigen, dass das Gebäude durch Schädlingsbefall und starke Verformungen der tragenden Holzkonstruktion einsturzgefährdet war und nur mit unangebracht grossem Aufwand zu erhalten sei.

Die Untersuchung des Instituts für Denkmalpflege und Bauforschung der ETH Zürich hatte die Dokumentation des Baus und seiner Konstruktionen im Vorzustand sowie im Verlauf der Abrissmassnahme zum Ziel, weiterhin suchten wir nach Antworten auf die Frage, welche Bauabfolgen zum letzten Erscheinungsbild geführt und welche Mängel letztlich den Abriss des Gebäudes bewirkt haben. Ursachen von Verformungen und Bauschäden wurden während der Abbrucharbeiten untersucht.[2]

Das Anwesen Heiden-Bischofsberg

Hinterhaus Das am Bischofsberg in Heiden gelegene Anwesen wies einen viergeteilten Grundriss **Abb. 5, 6** mit nach Südosten ausgerichteter Stube und Nebenstube im Vorderhaus sowie Küche und Nebenkammer im Hinterhaus auf.[3] Unterteilt wurden diese Bereiche durch eine senkrecht zum Vorderhaus durchgehende Wand, die um circa 40 cm aus der Mittelachse nach Westen verschoben war, sodass die Stube und Küche etwas grösser waren. Man betrat das

---

1 Dendrochronologische Datierung: Erdgeschoss Fälldatum Herbst/Winter 1589/90, Firstpfette Herbst Winter 1590/91. Aus dem dendrochronologischen Gutachten des Laboratoire Romand de Dendrochronologie, Jean-Pierre Hurni, Jean Tercier, Ref.LRD08/R6077.

2 Der Abriss des Hauses war für unsere Untersuchungen wichtig, da wir dadurch die Bau- und Konstruktionsgeschichte besser klären konnten. Für das Zustandekommen dieser Bauuntersuchung danken wir dem Kantonalen Denkmalpfleger Herrn Fredi Altherr sowie den Besitzern des Gebäudes, die unsere Untersuchungen unterstützten.

3 Allgemein zum Appenzeller Bauernhaus und seiner Entwicklung siehe: Hermann, Isabell: Die Bauernhäuser beider Appenzell. Basel 2004 (Die Bauernhäuser der Schweiz 31). Schlatter, Salomon: Das Appenzellerhaus und seine Schönheiten. 3. Auflage, Neudruck, Trogen 1944.

1 Heiden, Bischofsberg 418 nach Abnahme der Täferverkleidung

mit 9 × 8,9 m fast quadratische Wohngebäude über einen Hausgang mit Abort zwischen Wohnhaus und der östlich angebauten Scheune. Die Küche, die auch als Eingangsraum diente, hatte eine zentrale Herdstelle, von der auch der Ofen der angrenzenden Stube befeuert wurde. **Abb. 2** Der Rauchabzug war bis über das Dach gemauert, doch die russgeschwärzten Strickwände im Nebenraum und Obergeschoss zeigten, dass der Raum ehemals bis unter das Dach offen war. Auch belegen einzelne Reihen von Bohrlöchern in der Strickwand hinter dem Kamin im Obergeschoss, dass hier früher der Korb eines Rutenkamins angebracht war. Die Rückwand der Herdstelle war vor die Strickwand gemauert. Die Seitenwände bestanden auf der einen Seite aus einer reliefierten Sandsteinplatte mit der Jahreszahl 1877, welche möglicherweise sekundär eingebaut wurde, auf der anderen Seite aus einer gemauerten Wand in Verlängerung der Strickwand, welche im Vorderhaus Stube und Nebenstube trennte. Das russgeschwärzte Stirnholz der Vorhölzer an dieser Stelle zeigte, dass die Wand einst neben der Herdstelle endete. Dies bedeutet, dass die Küche ehemals grösser war und die Trennwand zur Nebenkammer entweder weiter nach Südwesten verschoben oder das Hinterhaus ganz offen war. Ein Befund am Türstock zwischen Nebenkammer und Nebenstube deutet darauf hin, dass an dieser Stelle eine Wand anschloss, welche sich nach Nordwesten fortgesetzt hat. **Abb. 3** In der Schwelle, in welche das Türgewände eingezapft war, haben sich Reste einer in diese eingekämmten, senkrecht dazu verlaufenden Schwelle erhalten. Diese war im Bereich der heutigen Nebenkammer abgesägt worden, als man die Wand entfernte. Dieser Befund konnte an der im Nordosten gelegenen Rückwand des Hauses nicht überprüft werden, da diese, wie auch Teile der südwestlichen Aussenwand, in der zweiten Hälfte des 20. Jahrhunderts

2   Herdstelle im Hinterhaus mit Durchblick zur Stube

3   Abgearbeitete Mantelpfosten der Nebenstube im Erdgeschoss mit den Resten der abgearbeiteten Schwelle

4   Trennwand zur Nebenkammer im Obergeschoss mit Nuten für die Decken-Boden-Bohlen

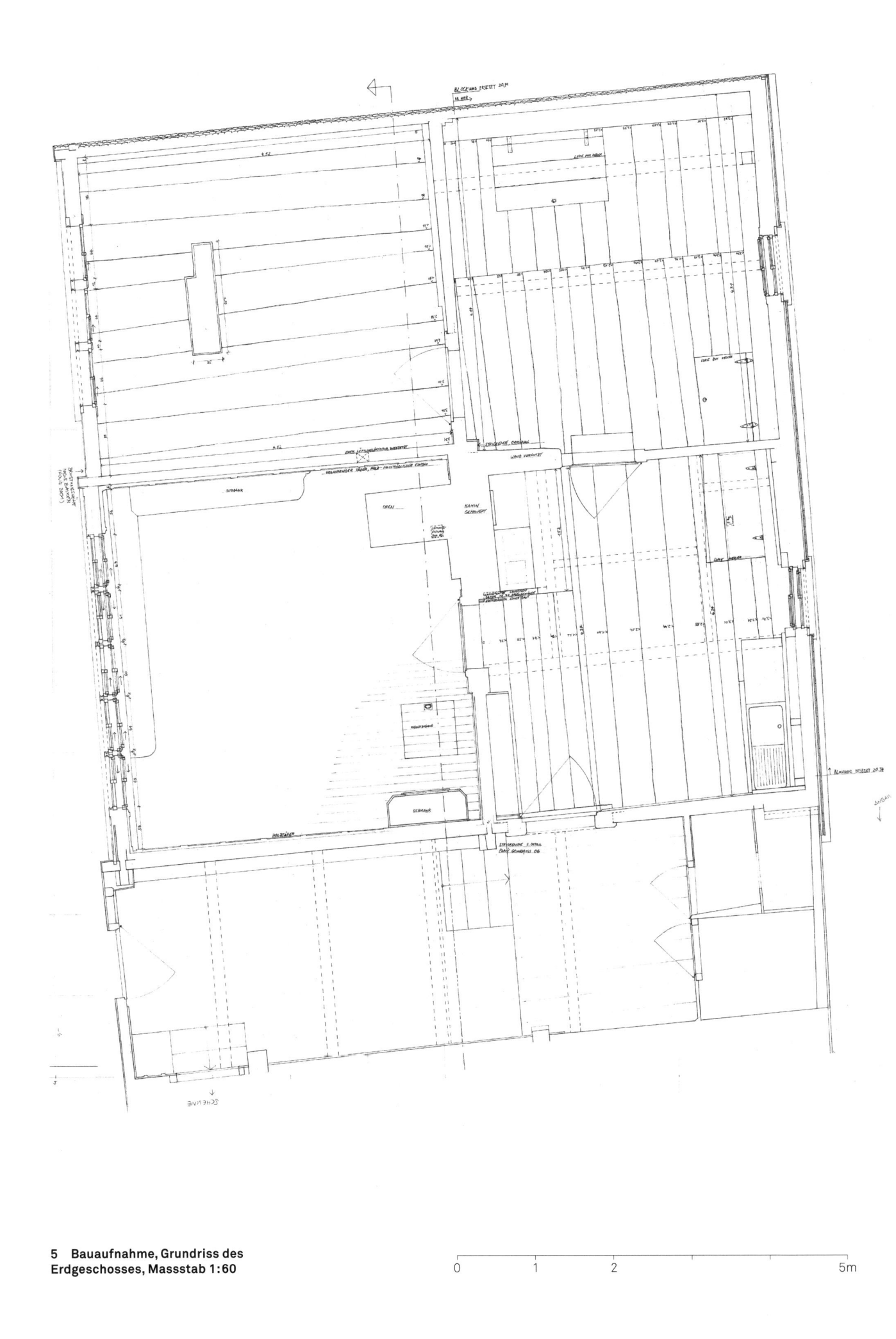

5 Bauaufnahme, Grundriss des
Erdgeschosses, Massstab 1:60

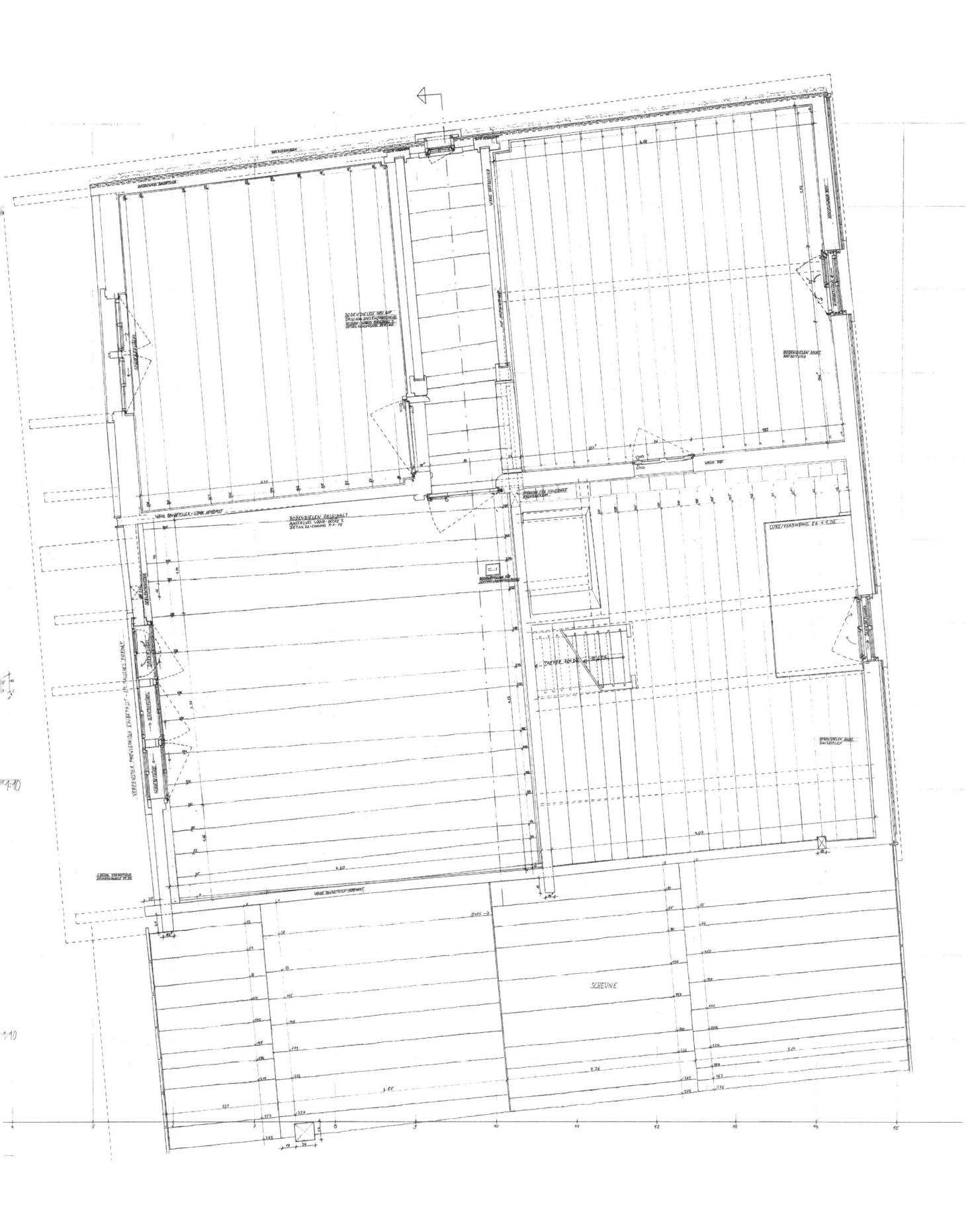

6 Bauaufnahme, Grundriss des
Obergeschosses, Massstab 1:60

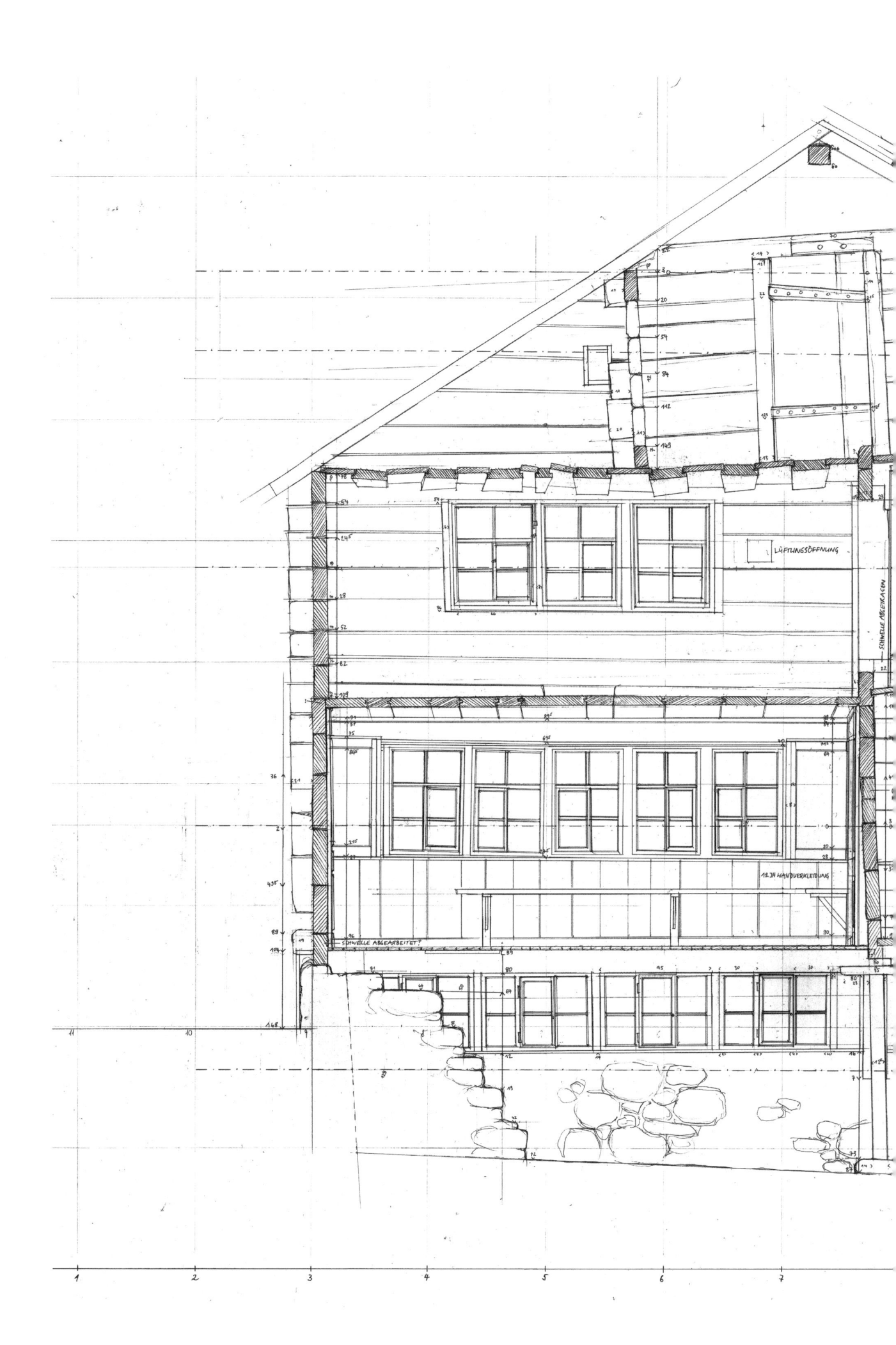

7 Bauaufnahme, Querschnitt durch das Vorderhaus, Massstab 1:40

DACHAUFBAU:
SCHWARTBRETT
HOLZSCHINDELN
KONTERLATTUNG
LATTUNG
DACHZIEGEL

ERNEUERTE BRETTLAGE

FUGEN TEILWEISE MIT LEHM +? VERFÜLLT

ZUSETZUNG/SEC. VERW. BALKEN

EHEMALIGE SCHWELLE

REPARATUR 20. JH

BETONPLATTE

OG

EG

UG

erneuert worden ist. Dass aber fast die ganze Bausubstanz des Hinterhauses ersetzt wurde, zeigte sich auch in den Böden und Decken der Nebenkammern. Beide waren während der grossen Erneuerungsphase des letzten Jahrhunderts ausgewechselt worden, doch haben sich in der Trennwand zur Nebenstube die Ausnehmungen für die Deckenbohlen erhalten. **Abb. 4** Diese waren nur im Bereich südwestlich des Durchgangs vorhanden, was abermals zeigt, dass dort früher in beiden Geschossen kleine Nebenkammern angelegt waren, welche von dem über zwei Geschosse reichenden Küchenraum abgetrennt waren.

Vorderhaus Das Vorderhaus mit Stube und Nebenstube besass noch in weiten Teilen die Strickwände der Erbauungszeit. **Abb. 8** In der Nebenstube wurden die Balken unterhalb des Fensters in der zweiten Hälfte des 20. Jahrhunderts ausgewechselt. Dabei war aber keine kraftschlüssige Verbindung mit den anderen Wandteilen hergestellt worden. Die Fussbodendielen steckten noch in der ursprünglichen Nut der im Vergleich zur restlichen Wand etwas breiteren Bodenschwellen. Lediglich im Bereich vor der Fensterfront war eine abdeckbare Bodenöffnung, die eine Verbindung zum darunterliegenden Webkeller darstellte. Möglicherweise wurde dieser Schlitz im Boden eingebracht, um eine Stickmaschine im Keller unterzubringen, die höher war als der für den alten Webstuhl benötigte Raum.[4] Bei der 8 cm starken Holzdecke, die gleichzeitig der Boden der darüberliegenden Kammer war, handelte es sich um eine Positiv-Negativ-Konstruktion. Dabei wurden abwechselnd rechteckige 4 cm hohe Dielen und 8 cm starke Dielen verlegt, welche an den Seiten Falze haben, um dort oben bündig die einfachen Dielen einzulassen. In der Untersicht sah man die abwechselnd dickeren und dünneren Dielen, die an den Stirnseiten mit einer Doppelnut in die Strickwände eingelassen wurden.

Decke und auch Wände waren mit einer vermutlich noch aus dem 19. Jahrhundert stammenden blauen Papiertapete überzogen, auf der noch Reste von Papierbordüren klebten. In der Zwischenwand zur Hauptstube verschloss ein 15 × 15 cm grosser herausnehmbarer Holzklotz eine Öffnung neben dem Ofen, durch die auch die Nebenstube beheizt werden konnte.

Die Hauptstube, welche von der Küche aus betreten und von dort auch über den Ofen als einziger Raum beheizt wurde, war an den Wänden mit Täfer des 19. Jahrhunderts verkleidet. **Abb. 9** Um diese Wandverkleidung anbringen zu können, wurden die ehemals etwas breiteren Grundschwellen wandbündig abgearbeitet. Dabei wurde wohl auch die dort einst für den Boden eingeschlagene Nut abgearbeitet, sodass der ebenfalls neue Boden nicht mehr in die Wände eingespannt werden konnte, sondern auf einer eigenen Unterkonstruktion im Keller auflag. Durch den Boden des 19. Jahrhunderts wurde auch eine rechteckige Aussparung in der Aussenwand überflüssig, die einst zum Nachschlagen der Bodendielen diente. Die fast die ganze Raumbreite einnehmende fünfteilige Fensterfront stammt, schon nach den Beschlägen des 19. Jahrhunderts zu urteilen, typologisch nicht aus der Erbauungszeit des 17. Jahrhunderts. An der Aussenwand war dies an einem Balken zu sehen, der beim Einsetzen der Fenster in der ganzen Breite neu eingelassen wurde. Hier wurde nicht, wie an den anderen Fensteröffnungen, einfach die Strickwand mit einer grösseren Öffnung versehen und ein einfacher Fensterrahmen eingestellt, sondern auch die Brüstung durch einen neuen Balken verstärkt. Diese neue Fensteröffnung war immerhin 3,9 m breit und kam ohne zusätzliche Unterstützung aus.

8 Nebenstube mit den Tapetenresten des 19. Jahrhunderts

9 Hauptstube mit Fensterband und Täferverkleidung

---

4 Nach dem Niedergang der Baumwoll- und Seidenweberei wurden Keller manchmal zu Sticklokalen umgerüstet. Dabei wurde für den weit ausschwenkenden Arm des Panthographen oft ein Schlitz in den Boden gesägt. Hermann 2004 (wie Anm. 3), S. 235.

APPENZELLERHAUS

Bestellnummer 504

8. Auflage 1979
Gesetzlich geschützt
Verfasser: Heinrich Pfenninger

Ein währschaftes Bauernhaus liegt vor dir! Es stammt aus der Nordostecke unseres Landes. Dort liegt am Fusse der Säntisgruppe das hügelige Appenzellerland. Hingestreut auf die grünen Matten scheinen dem Wanderer die braunen Häuser. Das ist nämlich eine der Eigentümlichkeiten der appenzellischen Wohnweise: Fast jedes Bauernhaus steht allein für sich. Der Bauer wohnt gleichsam mitten in seinem Eigentum. Sein «Hämetli» (kleine Heimat) beginnt draussen bei den äussersten Zäunen und gipfelt im schmucken Bauernhaus. Der Besitzer darf darauf tatsächlich stolz sein; denn es ist eine Art Schmuckkästchen für sich. Die Vorderseite des Gebäudes ist reich gegliedert. Die Fenster blinken in langen Zeilen zu Gruppen angeordnet und werden von mächtigen Täferplatten unterbrochen. Hinter solchen verbergen sich auch die Zugladen, mit denen nötigenfalls die ganzen Fensteröffnungen abgeschlossen werden können. Beachte, wie die Zwischenwände des Hauses sich teilweise an der Hausfront abzeichnen. Das Wohnhaus ruht auf einem steinernen Unterbau. In diesem treffen wir (beachte die niederen, langgezogenen Fenster!) den Webkeller. Hier wurde bei kargem Lohn einst von jung und alt der feine Leinenstoff gewoben, in den kunstgeübte Appenzellerinnen-Hände die vielbegehrten Stickereien stichelten.

Das Appenzellerland ist niederschlagsreich. Viel Regen und Schnee zwingt zu besonderer Bauweise. Aus diesem Grunde hat der Appenzeller z. B. die grosse Scheune ganz ans Wohnhaus herangezogen. Der Stall steht rechtwinklig zum Hause, berührt dieses also nur mit einer Schmalseite. Der Besitzer kann jederzeit «unter Dach» von einem zum andern Teil gelangen. Vor der Wetterseite der Scheune stehen meist einige Eschen als deren Schutz. Neben dem Doppeltor dagegen sonnt sich ein Fruchtbäumchen (Trüeter). Auf der Rückseite trifft man überdies häufig einen «Holderbaum» (Holunder), dessen weisse Blütendolden wirkungsvoll vom silbergrauen Schindelgewände abstechen.

Unser Gebäude ist für zwei Familien bestimmt. Jede hat einen Wohnteil mit gesondertem Zugang und eigener Treppe. Dagegen besitzt dieses Haus nur eine einzige Küche, die von beiden Familien gemeinsam benutzt wird und von der aus man die Öfen beider Stuben heizen kann.

Das blitzsaubere und oft sorgfältig bemalte Appenzellerhaus hat bei allen Nachbarn ringsum viel Beifall und manchen Nacheiferer gefunden. Wir treffen heute gleiche Bauten im nachbarlichen St. Gallergebiet, im Rheintal, im Toggenburg, ja sogar im Kanton Zürich östlich der Töss (bei Wila, Steg und Sternenberg).

PÄDAGOGISCHER VERLAG
Modellbogen
DES LEHRERVEREINS ZÜRICH

In unserem Verlag sind weitere Modellbogen erschienen, mit denen Bauten aus den verschiedensten Landesteilen nachgebildet werden können:
Berner Bauernhaus (aus Brienz), Bündner Bauernhaus (Engadin), Walliser Haus, Walliser Stadel, Zürcher Bauernhaus (Riegelhaus), Tessiner Kirche, Schloss Chillon, Kyburg (bei Winterthur), Schloss Rapperswil, Schloss Sargans, Jugendburg Rotberg (im Jura), Hardturm Zürich, Ritterhaus Bubikon, Wasserkirche und Helmhaus (Zürich), Zürcher Zunfthaus («Rüden»), Römerhaus Augst, Spalentor Basel, Rathaus Sursee.

PÄDAGOGISCHER VERLAG
Modellbogen
DES LEHRERVEREINS ZÜRICH
Druck: J.C. Müller AG, Zürich 8

APPENZELLERHAUS

Arbeitsanleitung: Betrachte zuerst alle Teile dieses Modellbogens gründlich und vergleiche sie mit der Ansicht unseres Appenzellerhauses auf diesem Blatte. Dann trenne dieses vorsichtig weg und schneide mit einer Schere alle Stücke des Modellbogens genau den Umrisslinien nach aus. Ritze, falte und loche die Einzelteile so, wie es die nebenstehende Anleitung verlangt. Schiebe alle kleinen Stücke vorläufig in einen Briefumschlag, damit sie nicht verloren gehen.

Nun setzen wir unser Appenzellerhaus aus den einzelnen Teilen zusammen und zwar in der Reihenfolge der untenstehenden Bildtafel. Zuerst werden die Hauswände aus 5 verschiedenen Stücken zusammengeklebt. Reihenfolge: Skizze A, B, C, D. Man kann dabei auch auf die Klebestellen-Nummern achten: Es folgen sich: 1, 2, 2a, 3, 3a. Beachte: Die Scheune steht quer zur Richtung des Hauses und ist etwas breiter als das Haus tief; sie steht vorn und hinten darum etwas vor. Wer ein besonders zähes Hausmodell wünscht, schneidet sich jetzt aus leichtem Karton eine Zwischenwand zwischen Haus und Scheune (so gross wie die andere Giebelwand der Scheune) und klebt diese fest. Jetzt stecken wir in die Vorderseite des Hauses bei den Zahlen 6 die beiden Treppen E ein. Auf der Hinterseite dagegen wird der kleine Anbau F mit den Lappen 7–9 in die Schlitze (gleiche Zahlen) eingehängt. (Erst hineinschieben, dann nach unten ziehen!) Der Lappen des Dächleins wird nach dem Einstecken beidseitig aufgebogen. Bild G zeigt, wie an dem Anbau F und an die Scheunenrückwand ein doppelter Deckel 10 (der Mistgrube) eingesteckt wird. In die Scheunenvorderwand hängen wir eine Türe und einen Fensterladen ein. Jetzt stecken wir die beiden Dachhälften H zusammen. Das Scheunendach trägt 5 hakenförmige Lappen und wird mit diesen am Hausdach festgehängt. Im Scheunendach wiederum hängen drei gleiche Luken mit ihren Schleppdächlein. Auf dem Hausdach endlich steckt ein Kamin.

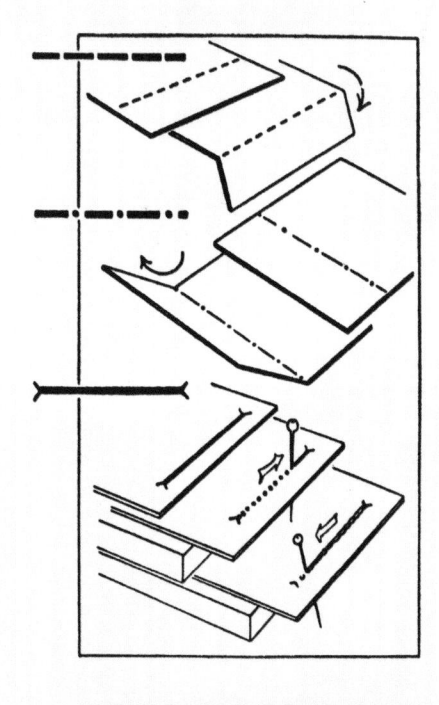

Farbige Seite leicht ritzen, Teile nach rückwärts umbiegen!

Rückseite an dieser Stelle leicht ritzen. Teile nach vorn biegen!

Mit Messer oder Nadel einen Schlitz öffnen!

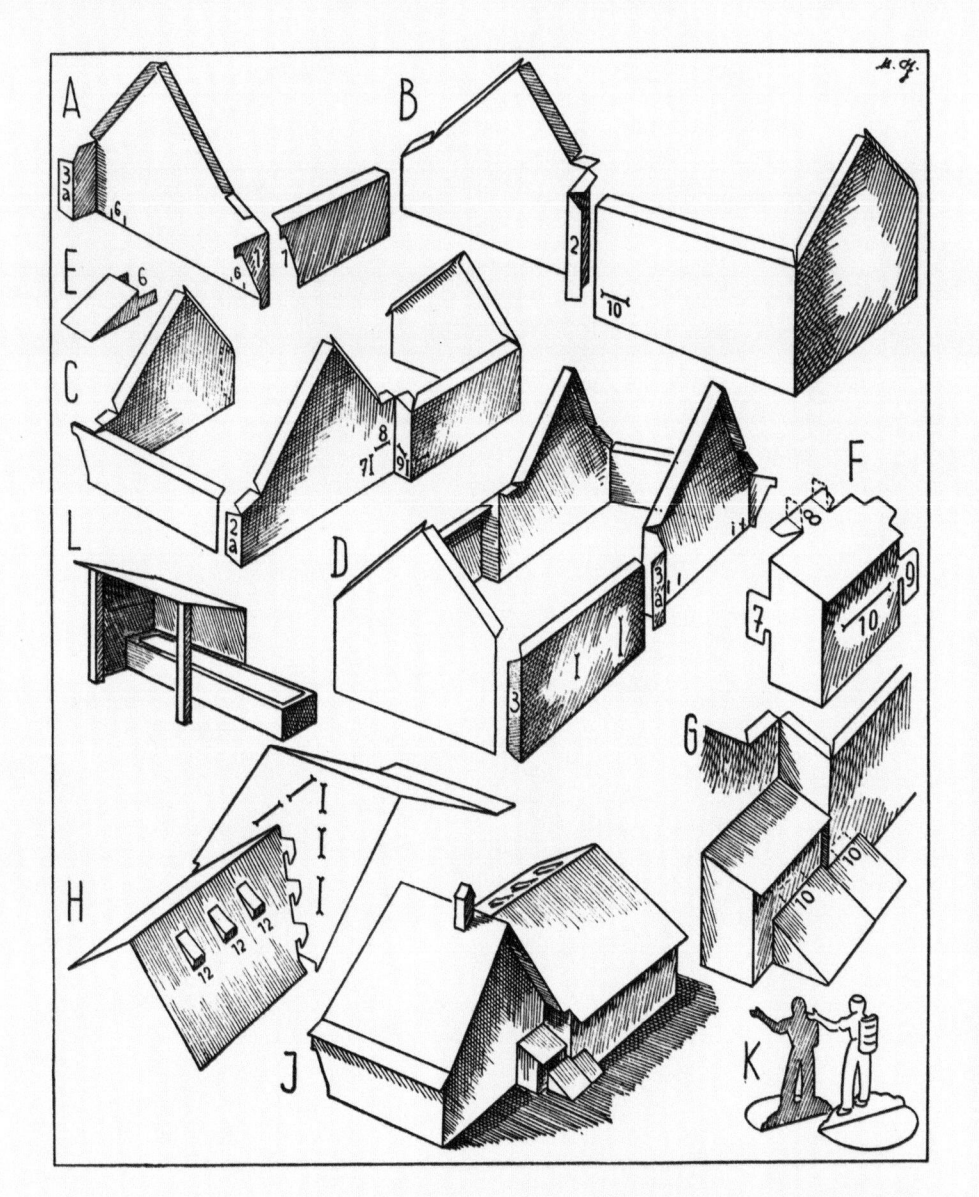

Als weiteren Zubehör enthält dieser Bogen einen überdachten Brunnen L, der nahe beim Stall aufgestellt werden soll und dem man mit Vorteil zwei Holzstützen (Streichhölzer) anleimt. Die Zaunstücke, die begabte Zeichner noch vermehren werden, biegt man in der Mitte rechtwinklig um, damit sie aufgestellt werden können. Wie man gleiche Figuren-Paare zusammenkleben und falten muss, damit sie stehen, verrät Abbildung K.

Arbeite von Anfang an genau und sorgfältig! Lass jede Leimstelle gepresst so lange ruhen, bis sie ganz trocken geworden ist! Haste nicht! Wenn du eine saubere und fehlerlose Arbeit fertigbringst, freut dies nicht nur dich, sondern auch deine Eltern und Lehrer.

Obergeschoss Während im Erdgeschoss die grossen Fensteröffnungen keine Schäden mit sich brachten, führte die Vergrösserung der Fensteröffnungen im Obergeschoss zu starken Verformungen. So senkte sich die Raumdecke um bis zu 30 cm. Zu erklären ist dies dadurch, dass das Fenster der grossen Kammer unter einer der Wände der Firstkammer lag. Auf dieser Wand lag auch die Mittelpfette des Daches auf, sodass auch ein Teil der Dachlast vom Fenstersturz aufgenommen werden musste. Diese Verformung durch die Belastung ist in unserer Bauaufnahme zu sehen. **Abb. 7** Die ehemals horizontalen Lagen der Blockwand senkten sich im Bereich über dem Fenster und stiegen zur Aussenwand hin wieder an. Im 17. und 18. Jahrhundert müssen die Fenster erheblich kleiner gewesen sein und besassen noch keine beweglichen Elemente zum Öffnen.[5] Die Lüftung des Raumes erfolgte über ein verschliessbares Loch in der Aussenfassade («Seelenfenster»), welches noch vorhanden war.

Der Boden und die Positiv-Negativ-Decke der grossen Kammer im Obergeschoss stammten vermutlich noch aus der Erbauungszeit. **Abb. 10** Boden wie auch Decke steckten noch in den originalen Nuten der Wände, allerdings hatte die Decke nur eine einfache Nut und nicht, wie die Decke der Nebenstube im Erdgeschoss, eine doppelte Ausnehmung. Dadurch waren die Dielen weniger stark in die Wand eingespannt, was hier auch zu starken Verdrehungen der einzelnen Dielen führte. Für die Dielen des Bodens war noch das Schlagloch vorhanden, allerdings nicht in der Aussenwand, sondern in der Innenwand zum ehemals offenen Küchenraum hin. Diese Öffnung war durch den gemauerten Kamin und auch die später eingezogene Wand kaum mehr zugänglich. So wurden die Dielen auch nicht mehr nachgeschlagen, was sich an den klaffenden Fugen zeigte.

Im Obergeschoss befand sich ein aus der Erbauungszeit stammender Gang, der zu einer zugesetzten Öffnung in der südwestlichen Aussenwand führte. Nach der Abnahme der Schindelverkleidung auf der Aussenseite zeigte sich, dass die Schwellbalken der den Gang begleitenden Strickwände früher über die Aussenwand auskragten und so ein kleines Podest bildeten, was für einen

10 Stube im Obergeschos

5 Beispiele, auch mit Schiebevorrichtungen siehe: Descoeudres, Georges: Herrenhäuser aus Holz. Eine mittelalterliche Wohnbaugruppe in der Innerschweiz. Basel 2007 (Schweizer Beiträge zur Kulturgeschichte des Mittelalters 34, hg. v. Schweizerischen Burgenverein), S. 29.

11 Fassade mit ehemaligen Zugang zum Obergeschoss

12 Firstkammer unter dem Dachwerk

eigenen Zugang zum Obergeschoss spricht. **Abb. 11** Somit wurde offenbar im Obergeschoss eine Art ‹Einliegerwohnung› mit separatem Zugang geschaffen, was darauf schliessen lässt, dass das Gebäude ursprünglich von mehreren Parteien bewohnt war. Vorstellbar ist, dass das Anwesen von einem Heubauern genutzt wurde, der im Sommer Heu machte, welches dann im Winter von einem dort eingezogenen Almbauern an das mitgebrachte Vieh verfüttert wurde.[6] Dieser Zugang und somit wohl auch die Zweiparteiennutzung wurden spätestens im 19. Jahrhundert aufgegeben, als die neue Fassadenverkleidung aufgebracht wurde.

Unter dem Dach befand sich im Bereich des Vorderhauses eine Firstkammer, deren oberer Wandabschluss gleichzeitig die Mittelpfette des Dachwerkes war. **Abb. 12** Die südwestliche Schwelle muss ursprünglich bis zur Nordfassade durchgegangen sein und war somit auch der obere Abschluss der Wand, welche die Nebenkammern vom offenen Küchenraum abtrennte. Dadurch wurde eine bessere Lastverteilung der vom Dach einwirkenden Kräfte erreicht. Durch das Absägen der Schwelle und das Versetzen der daruntergelegenen Wand fand nun die Lastabtragung des Daches allein über die Aussenseiten und die mittige Querwand statt. Das Dach mit einer Neigung von 30° bestand aus auf den Pfetten aufliegenden Rafen, welche im First verblattet und mit einem Holznagel gesichert waren. Darauf lag die Dachhaut, wobei sich hier eine ältere Schindeldeckung noch unter der neueren Ziegeleindeckung erhalten hatte. Auf die alte Holzschindeldeckung, welche auf Schwartenbretter genagelt war, wurde eine Lattung und Konterlattung aufgenagelt und mit Herzfalzziegeln eingedeckt.

6 Hermann 2004 (wie Anm. 3), S. 29.

Bauabfolge

Das Anwesen hat in den letzten 200 Jahren zwei grosse Um- und Ausbauwellen über sich ergehen lassen müssen. Im 19. Jahrhundert wurde die südöstliche Giebelseite bis in die Höhe des Obergeschosses mit Täfer versehen, um unter anderem die Fallläden für die vergrösserten Fensteröffnungen des Unter- und Erdgeschosses dahinter verbergen zu können. Dabei wurden die ehemals über 20 cm vorstehenden Eckverbindungen der Strickwände in manchen Bereichen auf 5 cm verkürzt, was die statische Verbindung der Ecke beeinträchtigte. Dadurch, dass man nun die konstruktiven Mängel hinter dem Täfer verbarg, konnte der schleichende Verfall durch Schädlinge und Verwitterung unbeobachtet vonstattengehen. **Abb. 13** Verkleidungen wie Täfer oder Schindeln stellen auf den ersten Blick einen guten konstruktiven Holzschutz dar. Doch sind die Hohlräume auch ideale Nistplätze für Schädlinge und diese breiten sich ungehindert aus, wenn keine Massnahmen dagegen ergriffen werden. Ähnliches ist auch im Inneren des Hauses zu beobachten. Die einst sichtbaren Blockwände wurden früher in regelmässigen Abständen gepflegt, indem sie gewaschen oder mit natürlichen Holzschutzmitteln eingelassen wurden.[7] Durch das ‹Verstecken› des Blockbaus hinter dem Täfer ist die Wand von den Pflegezyklen ausgenommen, was sich auch zeigte, denn alle offen gelassenen Wände waren in einem besseren Zustand.

Das Vergrössern der Fensterfront brachte wesentlich mehr Luft und Licht in das Gebäude und schuf dadurch bessere Wohn- und Arbeitsbedingungen. Doch stellte dies auch eine Schwächung des statischen Gefüges dar, vor allem, wenn die Öffnungen nicht zusätzlich unterstützt wurden. Im gleichen Masse diente der Einbau eines Ofens mit Kamin einer Verbesserung der Lebensqualität. Während früher der Rauch der offenen Feuerstelle fast durch das ganze Haus zog, wurde dieser nun durch den verbesserten Kamin zentral abgeführt. Doch hatte der Rauch auch Vorteile, denn er imprägnierte das Holz und vertrieb Schädlinge.

Eine weitere Erleichterung dürfte das bereits beim Einbau des Täfers erfolgte Heraussägen der Schwelle im Türbereich der Stube gewesen sein. Durch diese Massnahme wurde ein ebenerdiger Zugang möglich und durch das Absägen des Türsturzes die lichte Höhe des Durchgang von ursprünglich 1,35 cm auf 1,78 cm erhöht. Die Vergrösserung der Türöffnung bedeutete eine Schwächung der Queraussteifung des Gebäudes. Die baulichen Änderungen des 19. Jahrhunderts waren alle von hoher handwerklicher Qualität und vermittelten den Eindruck, dass mit Wissen und Respekt am Bestand gearbeitet wurde, wenngleich Massnahmen zur Erhöhung der Lebensqualität fast immer auch eine Beeinträchtigung der vorgegebenen Bausubstanz mit sich brachten.

Im 20. Jahrhundert wurde beinahe das gesamte Hinterhaus erneuert. Es ist nicht bekannt, welche Schäden an der Nordwestwand und dem nördlichen Teil der Südwestwand dazu geführt haben, dass diese, ebenfalls in Blockbauweise, erneuert wurden. Es könnte sein, dass sich damals schon die heutigen Schadensbilder der Südseite auf der sonnenabgewandten Seite zeigten. Der konstruktive Übergang vom alten zum neuen Strickbau wurde so gelöst, dass in die bestehende Wand eine Nut eingeschlagen wurde. Darin wurde ein Mantelständer mit Feder eingesetzt, der zum neuen Strickbau abermals eine Nut hat, sodass dort die Wand eingelassen werden konnte. Dies erinnert an die mit einer Nut versehenen Türgewände, in welchen die Wände des Strickbaus aufgenommen sind, was ein Schwinden der nass verbauten Hölzer, ohne

13 Eckverbindung mit verwittertem Vorholz

---

[7] Ebd., S. 219, siehe den Beitrag von Harald Garrecht, Wilhelm Glaser und Simone Reeb in diesem Band.

14 Webkeller unter dem Vorderhaus

15 Schwellenschloss auf der Südwestseite, masshaltige Isometrie

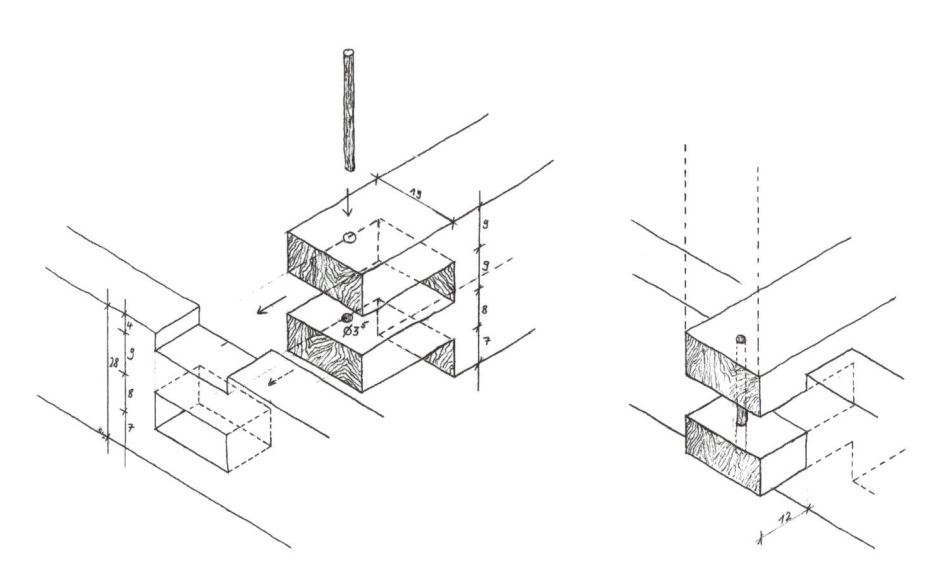

Spannungen und Verformungen, ermöglichte. Durch die eingestellten Ständer wurden die Setzungen des Neubaus nicht auf den Altbau übertragen. Allerdings wurde auch keine kraftschlüssige Verbindung geschaffen. Lediglich durch später eingebrachte eiserne Zugstangen in der Nordecke wurde ein Abgleiten der beiden Bauteile verhindert. Ebenso gravierend sind die Eingriffe im Inneren des Hinterhauses. Dort wurden die Trennwände zwischen offenem Küchenraum und Nebenkammern im Erdgeschoss und Obergeschoss in die Flucht der Trennwand des Vorderhauses versetzt. Dabei wurden die konstruktiven Verbindungen von Vorderhaus und Hinterhaus in Form von ehemals durchgehenden Schwellen und Balken auch im Inneren durchtrennt. Die neu geschaffenen Räume, wie auch die Nebenkammer im Obergeschoss des Vorderhauses, wurden mit Nut und Federbrettern verkleidet. Dafür wurden die Türgewände dieser Räume abgearbeitet, sodass die Blockwände nur noch durch wenige Zentimeter gehalten wurden. In dem Bestreben, den Komfort eines Neubaus zu erreichen, sind nun auch in den Nebenräumen alle Schwellen tiefer gelegt und die Türstürze erhöht worden, was zur Folge hatte, dass die Querverbindungen um über 50 % geschwächt wurden.

Konstruktion und Konstruktionspflege

Holzbauten können eine sehr lange Lebensdauer haben, wenn die statischen und konstruktiven Anforderungen an den Baustoff Holz beachtet und Massnahmen zur Pflege und Instandhaltung durchgeführt werden. Im Blockbau ist die Raumhülle auch die tragende Wand, welche wasser- und winddicht sein soll und vor Witterungseinflüssen und Schädlingsbefall zu schützen ist, damit die Standsicherheit möglichst lange gewährt bleibt.

Um das Holz unter anderem vor Spritzwasser und aufsteigender Feuchtigkeit zu schützen, wurden die Grundschwellen auf einen gemauerten Sockel oder auf den Mauerkronen der Kellerwände aufgelegt. Das Anwesen Heiden-Bischofsberg war komplett unterkellert, doch konnte nicht abschliessend geklärt werden, aus welcher Phase der Entwicklung die jeweiligen Kellerteile stammten. Sicher ist lediglich, dass der nordwestliche rückwärtige Keller erst bei der Erneuerung der Rückwand im 20. Jahrhundert eingebaut wurde. Der grosse Webkeller unter dem Vorderhaus hat bei den Umbauten im 19. Jahrhundert ein Fensterband erhalten. **Abb. 14**

Die Grundschwelle war an den Gebäudeecken und an den Anschlüssen der Zwischenwände mit einem Schwellenschloss verbunden. **Abb. 15** Dabei wurden in die Schwelle zwei Ausnehmungen eingestemmt, in die Zapfen der senkrecht dazu verlaufenden Schwelle eingeführt wurden. Der Überstand war mit einem Holzzapfen oder Nagel versehen, der ein Herausgleiten verhinderte. Der Grund für diese Art der Verbindung im Schwellenbereich liegt darin, dass beide Balken in einer Ebene auf der Mauerkrone aufliegen und bei der sonst angewendeten Verbindungsart der Verkämmung eine einseitige Schwächung erfolgt wäre. Die Regelverbindung an den Ecken und Zwischenwänden war das Verkämmen der Balkenenden, wobei im Erdgeschoss die Verbindung noch leicht gehalst war, was ein Verdrehen verhinderte und die Verbindung winddichter machte.[8] Über die Fassadenflucht hinaus standen die Balkenenden um circa 20 cm über. **Abb. 16** Dieses Vorholz, welches nicht nur der besseren Lastverteilung an den Eckverbindungen diente, war auch ein konstruktiver Holzschutz des an dieser Stelle frei liegenden Hirnholzes. Das Hirnholz nimmt wesentlich leichter Wasser auf als die gebeilten Seiten des Kantholzes und ist dadurch anfälliger für Verwitterungen. Durch das Vorholz wird diese Schwächung von der Holzverbindung ein Stück abgerückt, sodass diese geschützt wird. Um Schindel und Täfer an der Aussenseite anbringen zu können, wurde das Vorholz in Heiden-Bischofsberg bis auf wenige Zentimeter abgesägt, was zur Folge hatte, dass die durch die Verkämmung geschwächten Balken stark der Verwitterung ausgesetzt waren und sich dadurch verformten.

Die Blockwand selbst bestand aus übereinandergeschichteten Kanthölzern mit horizontalen Lagerfugen, die zur zusätzlichen Abdichtung mit Werg ausgefüllt waren. Die einzelnen Balkenlagen waren durch Holzdübel miteinander verbunden, wodurch ein Abscheren und Verdrehen verhindert wurde. Die Lage der einzelnen Dübel war an der Blockwand durch vertikale Ritzungen über die Lagerfuge hinweg angerissen. **Abb. 17** Dies bedeutet, dass der Balken erst, nachdem die Verkämmung der Eckverbindung ausgearbeitet war, eingesetzt und die Lage der Dübel eingeritzt wurde. Dann wurde der Balken nochmals abgehoben und die Löcher für die Dübel gebohrt, um anschliessend mit den Dübeln endgültig versetzt zu werden.[9]

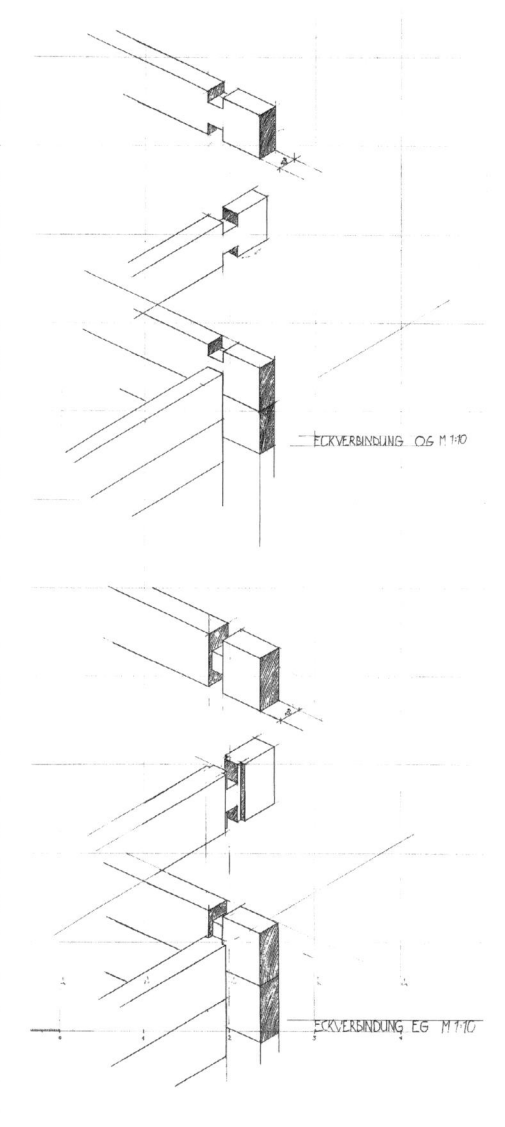

16 Eckverbindung des Erd- und Obergeschosses

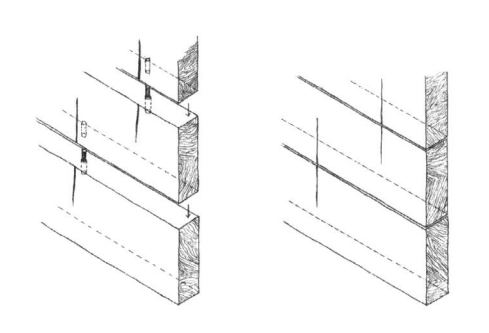

17 Blockwand mit Ritzungen zum Setzen der Dübel, masshaltige Isometrie

---

8 Verbindungen allgemein siehe: Phleps, Hermann: Holzbaukunst, der Blockbau. Karlsruhe 1942, S. 56–65.
9 Descoeudres 2007 (wie Anm. 5), S. 22.

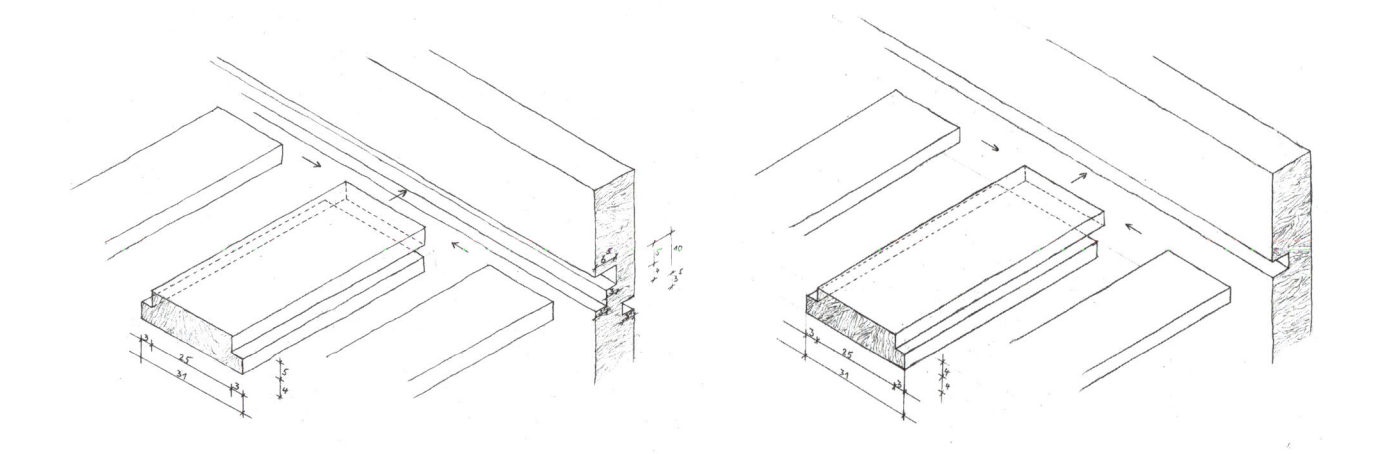

18 Decken-Boden-Bohlen mit einfacher und mit doppelter Nut, masshaltige Isometrie

19 Schlagloch für die Bodenbohlen der Stube auf der Giebelseite

In Höhe der Fussböden, die auch die Decken zu den Obergeschossen sind, war jeweils in die Blockwand eine Nut eingeschlagen, in welche die Bohlen eingelassen wurden. Die Höhe der Böden variierte von Raum zu Raum um circa 10 cm, da dadurch die von beiden Seiten in die Trennwand eingeschlagenen Nuten den Balken nicht in derselben Höhe schwächten, womit sonst eine Art ‹Sollbruchstelle› entstanden wäre. **Abb. 18** In Heiden-Bischofsberg wurde für die Positiv-Negativ-Decke der Nebenstube eine Doppelnut eingeschlagen, welche den Bohlenenden zusätzlichen Halt gab und ein Verdrehen erschwerte. Die ähnlich gefügte Decke der grossen Schlafkammer des Obergeschosses war dagegen nur in eine einfache Nut eingelegt, was hier zu stärkeren Verwerfungen der Bohlen geführt hat. Die Bohlen wurden in der Raummitte von oben mittels einer besonderen Einlassung in die Nut eingeführt und dann zu beiden Seiten verschoben. Dazu wurde auf einer Raumseite über der Nut eine Ausnehmung in die Balken geschlagen, um die Bohlen einlegen zu können. Die Einschubstelle wurde, nachdem der Boden verlegt war, mit einem Holznagel versehen, damit die zuletzt eingelegte Bohle von oben gesichert war. Dieses Verfahren wurde an den Decken der Nebenstube und der danebenliegenden Kammer angewendet. In diesen Räumen wurde auch kein Schlagloch in den Wänden gefunden, durch das die letzte Bohle (Schubdiele) hätte eingeführt werden können, um dann durch das Nachschlagen die Fugen zu schliessen.

Schlaglöcher gab es hingegen an der Aussenseite der Hauptstube und der Rückseite der grossen Kammer im Obergeschoss. **Abb. 19** Allerdings wurden diese nicht mehr genutzt, da sie durch den Täfer verbaut oder im Obergeschoss durch den neuen Kamin nicht mehr frei zugänglich waren. Das Nachschlagen der Bohlen ist Teil der Pflege eines Blockbaus, denn dadurch werden die einzelnen Fugen von Neuem zusammengepresst und abgedichtet. Dass dies in Heiden-Bischofsberg lange nicht mehr durchgeführt wurde, zeigt sich an den behelfsmässig mit Zeitungen und Dichtungsgummi verstopften Fugen der einzelnen Decken und Böden.

Türen und Fenster sind sensible Bereiche im Blockbau, da an diesen Stellen die Wand geschwächt wird. Dort treffen die stehenden Hölzer der Türpfosten und die liegenden der Blockwand aufeinander, was aufgrund des unterschiedlichen Schwundverhaltens zu Spannungen führen kann. Dieses unterschiedliche Schwinden von 2–4 % plant der Zimmermann beim Erstellen der Türpfosten ein

20 Verwitterter Schindelschirm der Nordostseite

und lässt am oberen Plattzapfen einen Freiraum, der sich erst mit dem Schwinden der Blockwandhölzer schliesst. Um die Blockwand trotz der Schwächung in der Senkrechten zu halten, sind Türpfosten als Mantelpfosten mit Nuten ausgebildet, welche die Enden der einzelnen Blockwandhölzer aufnehmen. Die Türpfosten sind dadurch breiter als die Blockwände und stehen vor der Wandflucht, was beim späteren Einbau einer Wandverkleidung als störend empfunden wurde und zur Abarbeitung der Überstände führte. Dadurch fehlte aber der Halt der Blockwand an dieser Stelle.

Während Vergrösserungen von Fenstern und Türen unmittelbare Eingriffe in das statische System des Blockbaus darstellen, bringt das Anbringen von Fassadenverkleidungen eine schleichende Schwächung des Systems mit sich. Eine Verkleidung des Blockbaus mit Schindeln oder Täfer dient als eine zusätzliche Isolierung und Wetterschutz, sie muss als Verschleissschicht angesehen werden und bedarf in bestimmten Zeitabschnitten einer Erneuerung. Schindeln haben je nach Holzart eine unterschiedliche Lebensdauer. So können Eichenschindeln bis zu 100 Jahre überdauern, solche aus Tannenholz dagegen lediglich circa 25 Jahre.[10] Diese Angaben beziehen sich auf gespaltete Schindeln und nicht auf gesägte, was die Haltbarkeit verkürzen würde. In Heiden-Bischofsberg stammten Teile der Holzschindelverkleidung noch aus dem 19. Jahrhundert und hatten ihre vorgesehene Lebensdauer bereits überschritten. **Abb. 20** Dies zeigte sich in der starken Verwitterung und Verwerfung der Schindeln, die dadurch die eigentliche Aufgabe, den Blockbau zu schützen, nicht mehr erfüllten und vielmehr durch die entstandenen Öffnungen verschiedenen Schädlingen ideale Brut- und Nistplätze direkt an der Blockwand boten. **Abb. 21**

10 Phleps 1942 (wie Anm. 8), S. 95.

21   Schädlingsbefall der Blockwand, nach Abnahme des Schindelschirms

Ausblick

Die Untersuchung des Anwesens in Heiden-Bischofsberg hat gezeigt, dass es den wachsenden Anforderungen an Wohnen und Arbeiten und den damit verbundenen Umbauten bis zu einem gewissen Grad gewachsen war. Im 19. Jahrhundert stand die Öffnung der Giebelfront durch Fenster im Vordergrund, um genügend Licht zum Weben und Sticken im Gebäude zu haben. Im 20. Jahrhundert ist versucht worden die Wohnqualität zu steigern, ohne statische Gegebenheiten zu berücksichtigen und vor allem ohne die notwendigen Reparatur- und Pflegezyklen einzuhalten. Die Entscheidungen, welche zur Verschlechterung der Bausubstanz geführt haben, wurden in der Vergangenheit getroffen, ihre Auswirkungen kamen aber erst heute zur Geltung und führten im Fall des Anwesens Heiden-Bischofsberg zum Abbruch. Der von uns dokumentierte und untersuchte Baubestand stellt keinen Einzelfall dar, wie der fortschreitende Verlust von Appenzellern Strickbauten verdeutlicht. Der Kanton Appenzell verfügt über einen Gebäudebestand, in dem mehr als 50 % der Gebäude älter als 100 Jahre sind. Der Bestand ist im Vergleich zu anderen Kantonen dadurch überdurchschnittlich alt,[11] somit besteht eine hohe Fürsorgepflicht, da die Wahrscheinlichkeit sehr gross ist, dass in den nächsten Jahren weitere Strickbauten abgerissen werden. Dies zeigt, wie wichtig künftig eine prospektive Bauzustandserfassung und die frühzeitige Planung sachgemässer Reparaturen bei dem bedeutenden Bestand der ländlichen Strickbauten sein wird.

Bernhard Irmler

11 Siehe den Beitrag von Martin Behnisch in diesem Band.

Methoden zur Veranschaulichung der Konstruktion – Handaufmass und dreidimensionales Modell

Die verformungsgerechte Aufnahme und Bauuntersuchung des als Fallstudie für Appenzeller Strickbautechniken ausgewählten Bauernhauses in Heiden hat massgeblich zum Verständnis seiner Bauphasen, Baugeschichte und besonderen konstruktiven Details beigetragen. Um die dauerhafte Dokumentation des wenige Monate später abgebrochenen Objektes sicherzustellen, wurden mit Bleistift auf säurefreien Karton gezeichnete Grund- und Aufrisse im Massstab 1:20 angefertigt. Isometrien und Handskizzen verschiedener Details wie auch zahlreiche analoge und digitale Photographien ergänzen die Dokumentation. Zur Veranschaulichung der Fügeprinzipien und ihres Ablaufs erschienen ausserdem dreidimensionale dynamische Darstellungen im Rechner hilfreich, welche unter Zuhilfenahme digitaler Messtechniken und Zeichenprogramme entstanden sind.

Die Vor- und Nachteile der unterschiedlichen Vermessungstechniken und Darstellungsmethoden sollen an dieser Stelle beispielhaft aufgezeigt, die Problematik ihrer Schnittstellen – auch im Kontext mit weiterführenden Datenverarbeitungsmedien – soll diskutiert werden.

Handaufmass

Für die Vermessung und Erstellung massstäblicher Zeichnungen des Untersuchungsobjektes am Bischofsberg in Heiden[1] wurde mithilfe des Tachymeters[2] ein Messnetz gelegt, dessen Koordinatenursprung 0/0/0 ausserhalb des Gebäudes im Bereich der Südostecke angelegt war. Während der Übertragung des Koordinatennetzes im Massstab 1:20 mit Bleistift auf Karton wurden im Innenraum unter Verwendung eines Rotationslasers die Ebenen für Grundrisse und Schnitt im Erd- und Obergeschoss festgelegt.[3] Die wichtigsten Punkte und Raumkanten wurden anschliessend per Tachymeter gemessen, als Koordinatenliste ausgedruckt und auf Karton übertragen; alle kleinteiligen Bauteile wie

---

1 Es handelte sich um ein «ehemaliges bäuerliches Wohnhaus mit angebautem Stadel», Parzelle Nr. 1071, Bischofsberg 418, 9410 Heiden (Appenzell Ausserrhoden). (Nach Begutachtung von Arnold Flammer.) Dendrochronologische Untersuchungen ergaben für die Strickbalken des Erdgeschosses das Fälldatum Herbst/Winter 1589/90, für die Strickbalken des Obergeschosses das Fälldatum Herbst/Winter 1590/91. Nach dem dendrochronologischem Gutachten des Laboratoire Romand de Dendrochronologie, Jean-Pierre Hurni, Jean Tercier, Réf. LRD08/R6077. Beide Gutachten zur Verfügung gestellt von der Kantonalen Denkmalpflege Appenzell Ausserrhoden.

2 In diesem Fall wurde mit einem Tachymeter TCRA 1205+ der Firma Leica-Geosystems gearbeitet. Es wurde reflektorlos gemessen.

3 Das Niveau wurde für den Grundriss des Erd- und Obergeschosses auf circa 1 m über der Oberkante des fertigen Fussbodens gelegt, sodass alle Fenster dargestellt werden konnten. Die Schnittebene wurde von Ost nach West verlaufend in circa 4 m Abstand parallel zur Südfassade gelegt. Als Blickrichtung wurde Süden gewählt.

beispielsweise Fenster, Türen oder Täfer sind von Hand aufgenommen, in vermassten Skizzen festgehalten und in einem weiteren Schritt massstäblich in den Plan gezeichnet worden. Dieses Vorgehen ermöglichte es, das Grundgerüst beziehungsweise die Geometrie des Objektes zügig zu erfassen und gleichzeitig mit Grundriss und Schnitt zu beginnen.

Konstruktiv aufwendige Bauteile, Details und Verbindungen waren für das Projekt von besonderem Interesse und wurden in separaten Zeichnungen genauer dargestellt – je nach Bauteil entweder in Grundriss, Ansicht und Schnitt im Massstab 1:5[4] oder als isometrische (Explosions-)Zeichnung im Massstab 1:10[5] (siehe Abb. 15, 18 im Beitrag von Bernhard Irmler in diesem Band). Aufgrund nachträglicher Innenausstattungen und Einbauten waren zahlreiche Details nicht direkt einsehbar, der Leerstand und unmittelbar bevorstehende Abbruch des Objektes ermöglichte es aber, bereits während der Bauaufnahme Verkleidungen ab- und einige Öffnungen an interessanten Punkten vorzunehmen.[6] Durch die

---

4   Die sehr aufwendige Konstruktion eines Kastenfensters mit Öffnungsflügeln, Schiebeelementen und Holzjalousien wurde beispielsweise im Massstab 1:5 aufgenommen.

5   Die von wichtigen und vor allem mehrfach am Gebäude auftretenden Konstruktionspunkten angefertigten Explosionszeichnungen geben das grundsätzliche Konstruktionsprinzip eines Details wieder. Es handelt sich um schematische Darstellungen (im ungefähren Massstab 1:10) und nicht um die Darstellung eines klar definierten Punktes am Objekt mit seinen exakten Massen.

6   Dies betraf in erster Linie leicht zu entfernende Verbretterungen im Innenbereich, nachträglich eingebaute Türrahmen, die Isolierung einer Innenwand sowie die abgehängte Decke in einem Raum des Obergeschosses.

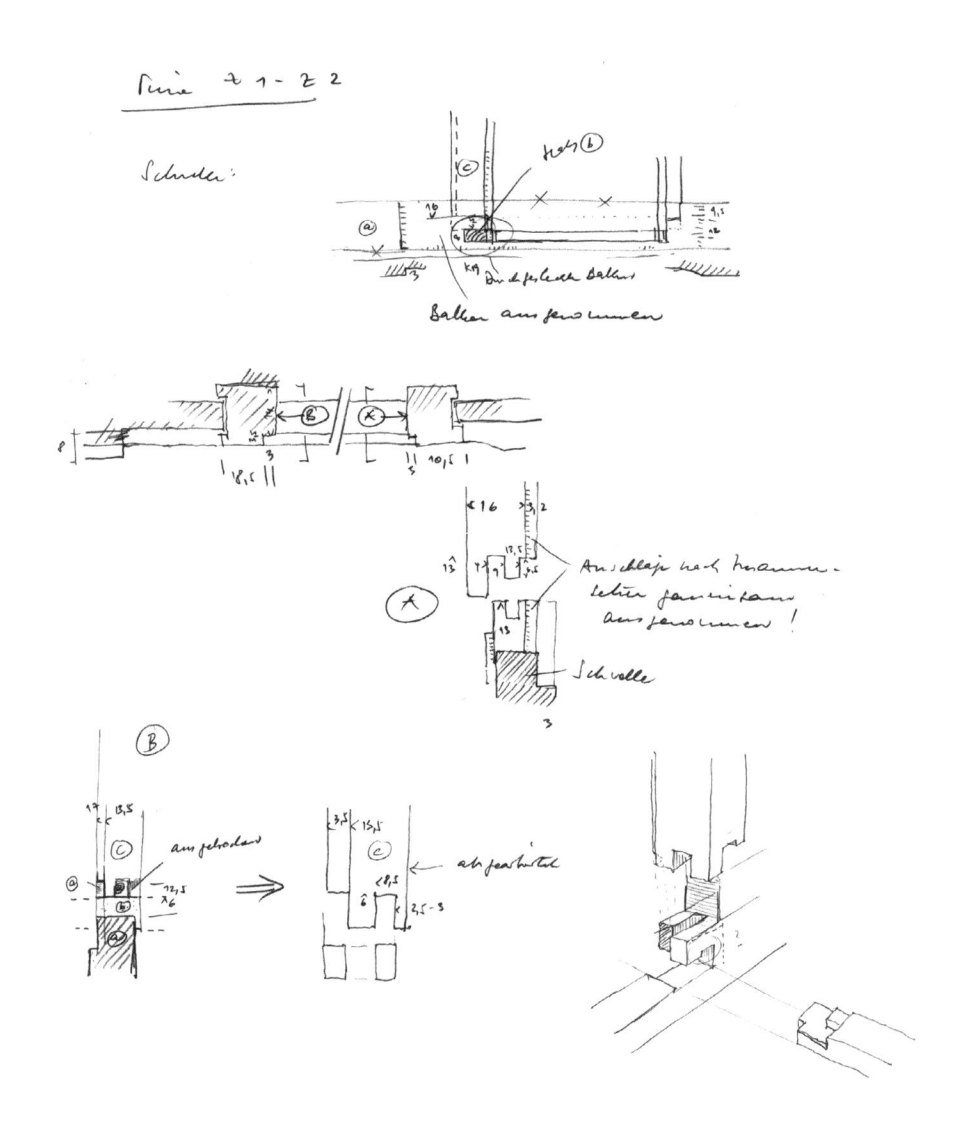

1   Heiden, Bischofsberg 418, Freihandskizzen des Anschlussdetails Türstock–Schwelle

Begleitung des Abbruches konnten schliesslich auch zahlreiche, dann erst sichtbar werdende Details im Schnellverfahren in Handskizzen und Photographien erfasst und in den bereits erstellten Plänen ergänzt werden.[7] **Abb. 1**

Die Möglichkeit, nicht direkt einsehbare Konstruktionspunkte ‹öffnen› zu dürfen, hat erste Beobachtungen und Vermutungen zur Bautechnik und Veränderungsgeschichte des Hauses bestätigt: Details wie beispielsweise Schublöcher, nicht mehr genutzte Boden-, Wand- oder Türanschlüsse wurden erst nach der Abnahme neuerer Bauteile und Verkleidungen am Gebäude sichtbar oder verständlich; hinter Verbretterungen verborgene Verrussungen, abgesägte Türschwellen und nicht mehr genutzte Verzapfungen liessen frühere Raumnutzungen, -verbindungen und Umbauten erkennen. **Abb. 2–4** Einige Befunde waren nur mit Wissen um Vergleichsbauten und -konstruktionen interpretierbar.[8] Kenntnisse über historische Lebensweisen und im Gebäude ausgeübte Handwerkstechniken waren hierbei unverzichtbar.[9]

2 Kammer im Vorzustand

3 Kammer kurz vor Abbruch des Objektes nach Entfernung der Innenwände und der Decke zum Obergeschoss

4 Detail, Abarbeitung zur Einbringung der Boden-/Deckenbohlen

Digitales Modell

Aufgrund seiner Komplexität, aber auch um verschiedene Darstellungsmethoden zu prüfen, wurden zwei unterschiedliche digitale Modelle des Untersuchungsobjektes am Bischofsberg erstellt.

Im Rahmen der Bauaufnahme wurde direkt vor Ort ein dreidimensionales ‹Kantenmodell› des Gesamtobjektes erzeugt, wofür sich die Nutzung des Tachymeters in Kombination mit einem CAD-Programm[10] als sinnvoll und arbeitserleichternd erwies: Jeder Raum wurde in seiner Grundstruktur drei-

---

7 Aufgrund des sehr zügigen Abbruches des Hauses in nur einem Tag konnten keine massstäblichen Detailzeichnungen angefertigt werden. Wichtige Detailpunkte wurden per Hand als Skizze aufgenommen und die Masse, sofern relevant, notiert. Darüber hinaus sind alle skizzierten Detailpunkte auch photographisch dokumentiert worden.

8 Schlaglöcher und Einkerbungen zur Verlegung von Fussbodenbrettern, Lüftungsöffnungen oder Fensterkonstruktionen erklärten sich aufgrund der Kenntnis von Vergleichsbauten. Die ursprüngliche Treppenlage und -konstruktion liess sich hingegen am Objekt selbst nicht mehr eindeutig nachvollziehen, aufgrund des Vergleichs mit anderen zeitgenössischen Grundrisslösungen jedoch zumindest vermuten.

9 Anschauliche Beschreibungen zur Wohnkultur, aber auch zu den wirtschaftlichen Verhältnissen, finden sich in: Hermann, Isabell: Die Bauernhäuser beider Appenzell. Basel 2004 (Die Bauernhäuser der Schweiz 31).

10 Es wurde mit dem Programm TachyCAD® der Kubit GmbH gearbeitet. TachyCAD® ist eine Applikation für das Zeichenprogramm AutoCAD® der Firma Autodesk®. http://www.kubit.de/ (14. Juli 2009); http://www.autodesk.de (14. Juli 2009).

5 Schematisches 3-D-Kantenmodell

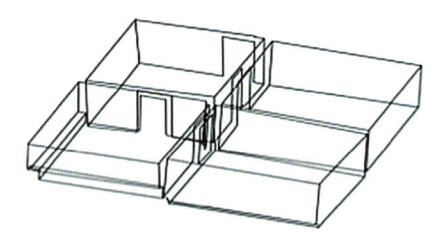

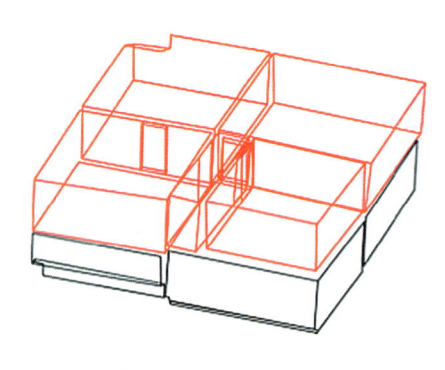

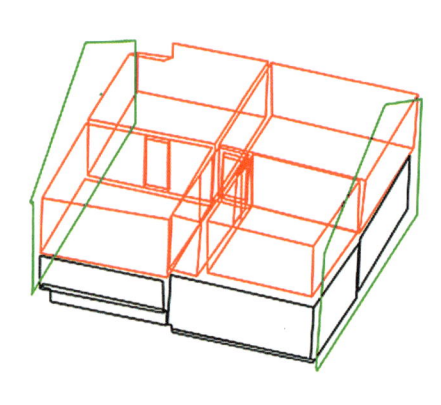

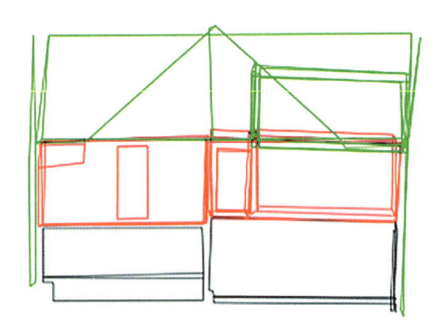

dimensional erfasst und im Rechner abgebildet, indem alle Raumecken gemessen und die Raumkanten im Programm TachyCAD® miteinander verbunden wurden. Eine Kontrolle der Masse konnte unmittelbar erfolgen. Das auf diese Weise sehr zügig entstandene Kantenmodell enthält keine Bauteilverbindungen oder Details, gibt aber einen ersten Eindruck von den grösseren Verformungen des Objektes. **Abb. 5**

Für das Verständnis von Konstruktion und Bauablauf des Objektes erschien die Erstellung eines abstrakten, nicht verformungsgerechten dreidimensionalen Modells sinnvoll. Es wurde am Rechner ‹nachkonstruiert› und enthält die am Objekt skizzenhaft aufgenommenen konstruktiven Details. Bauteile wie auch ihre Fügeprinzipien werden auf diese Weise veranschaulicht. Durch das ‹Ausschalten› einzelner Bauteile oder Bereiche im Rechner sind in diesem Modell auch Details sichtbar, die am bestehenden, noch intakten Objekt nicht direkt erkennbar waren, wie beispielsweise Knotenpunkte von Wand, Türrahmen und -schwelle. Das vollständige dreidimensionale Modell lässt sich am Rechner in einzelne Bauteile zerlegen und wieder zusammensetzen, sodass anhand isometrischer Darstellungen verschiedener Bauabschnitte der ursprüngliche Bauprozess Schritt für Schritt nachvollzogen werden kann. **Abb. 6**

Das als Datensatz im Rechner vorliegende dreidimensionale Modell bietet auch die Möglichkeit, mithilfe computergesteuerter Geräte (wie beispielsweise Fräse oder 3-D-Gipsdrucker) ein ‹reales› Modell zu materialisieren. Sinnvoll erscheint das vor allem für dokumentarische, didaktische oder museale Zwecke. Als Grundlage für Reparaturmassnahmen oder die massstäbliche Herstellung eines Ersatzbauteils ist grundsätzlich ein präziseres, gegebenenfalls mithilfe des Laserscanverfahrens entstandenes Modell notwendig.

Ein ‹reales› Modell, welches das Objekt im vollständigen Endzustand zeigt, dient in erster Linie der Veranschaulichung von dessen Geometrie und des äusseren Erscheinungsbildes. Das aus Einzelteilen zusammengesetzte Bauteil-Modell kann dagegen auch der Dokumentation des Bauablaufes und der Darstellung der Konstruktionsweise dienen, sofern es wie das Modell im Rechner zerlegbar gestaltet ist.

Das ‹reale› Modell dient meist der Illustration eines geplanten oder bereits verlorenen Objektes oder Zustandes, darüber hinaus können an ihm verschiedene Situationen simuliert oder in einer Reihe von Modellen unterschiedliche Entwicklungsstadien dargestellt werden.[11] Das Gleiche gilt für das digitale Modell, auch wenn dabei andere Präsentationsmedien verwendet werden.[12] Das im Rechner erzeugte dreidimensionale Modell bietet weitere Anwendungsmöglichkeiten, wie beispielsweise die Darstellung am Original nicht unmittelbar sichtbarer Konstruktionen, Bauteile oder Verformungen. Darüber hinaus kann das digitale Modell als Grundlage für die Erstellung eines Raumbuches, zur Ermittlung von Massen oder Anhängung einer Bauteildatenbank genutzt werden und es können verschiedene Grundrisse, Schnitte und Ansichten mithilfe von CAD-Programmen relativ schnell gelegt werden.

---

11 Diese Art der Darstellung wird in der musealen Praxis, beispielsweise bei Stadtentwicklungsmodellen, sehr häufig genutzt. Modelle verschiedener Epochen werden nebeneinander ausgestellt, um die baulichen Veränderungen eines Raumes oder Objektes zu veranschaulichen.

12 Die Präsentation eines digitalen Modells erfolgt in der Regel in Form stehender oder bewegter Bilder. Das reale Modell ist dagegen auch haptisch erfahrbar.

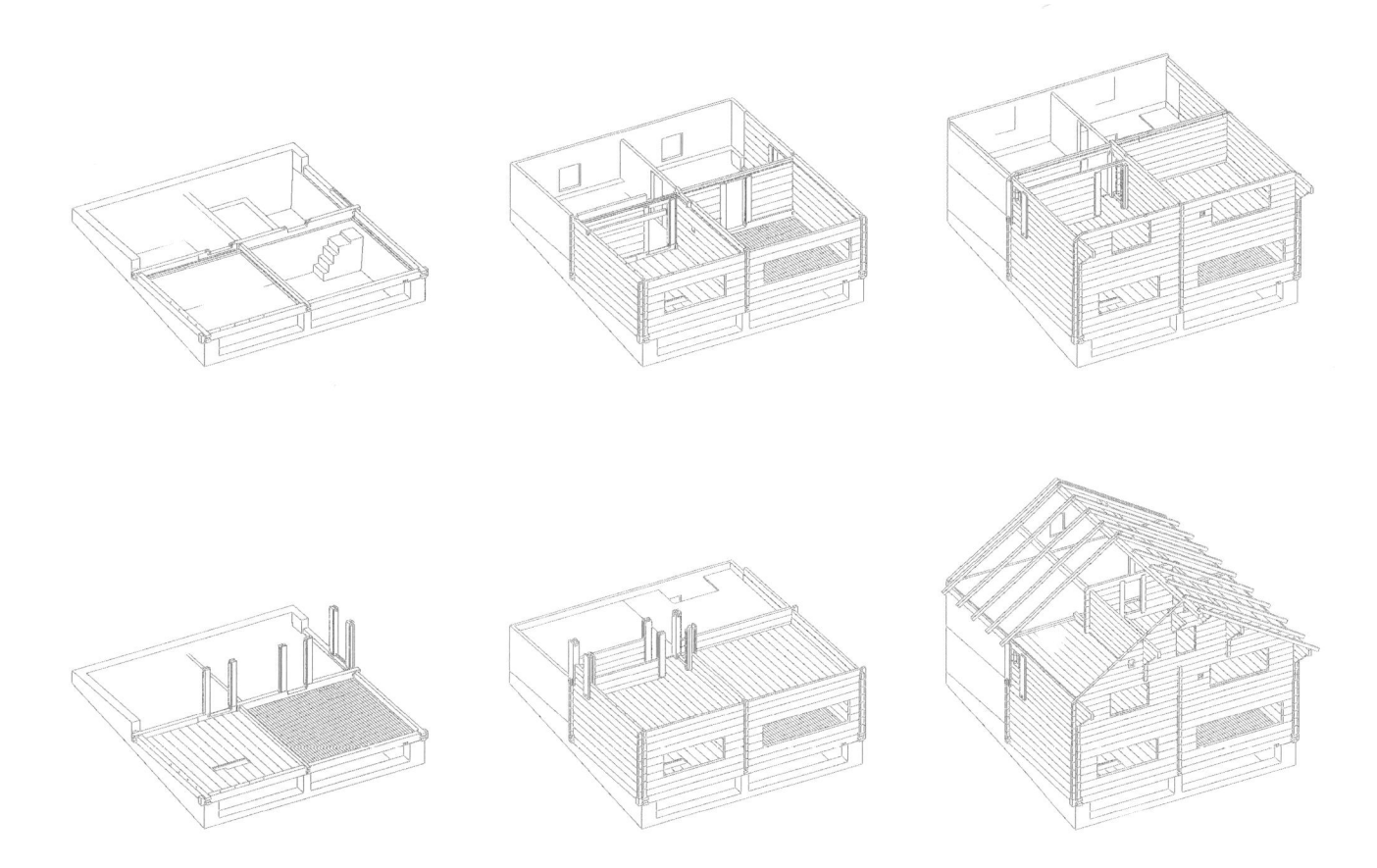

Vor- und Nachteile der digitalen Bauaufnahme

Zur Erzeugung eines dreidimensionalen Modells ist die rechnergestützte Bauaufnahme mit Tachymeter sinnvoll, sowohl für die Konstruktion eines digitalen als auch die Herstellung eines ‹realen› Modells. Die erfassten Messpunkte können dabei gleichzeitig als Grundlage für die Erstellung von Planunterlagen dienen: Für einen handgezeichneten Plan müssen sie entweder massstäblich geplottet oder als Codeliste ausgedruckt und von Hand übertragen werden, am Rechner kann der Plan in der Regel direkt vervollständigt werden.

Die digitale Bauaufnahme erweist sich als vorteilhaft, wenn die erfassten Daten oder Pläne später auch in digitaler Form verwendet oder weiterbearbeitet werden sollen – sei es als Grundlage für Reparatur-, Umbau- oder Erweiterungsplanungen, Mengenermittlungen für Ausschreibungen[13] oder für eine Materialisierung.[14] Tachymeter, Rechner und 3-D-Scanner sind allerdings genau wie Meterstab, Schlauchwaage und Lot nur als Hilfsmittel bei der Bauaufnahme zu verstehen. Die genaue Untersuchung und Beschreibung des Objektes durch den Bauforscher, jede von ihm im Plan verzeichnete Beobachtung oder Anmerkung kann nicht ersetzt werden. Bei der Arbeit mit Tachymeter und Rechner, vor allem aber Kamera und 3-D-Scanner kann die Arbeitszeit am Objekt oft deutlich verkürzt, die Distanz des Bauforschers zum Objekt aber unter Um-

6   Dreidimensionales Rechnermodell. Anhand des nachträglich konstruierten digitalen Modells sollen Füge-Prinzipien und Aufbau des in Appenzeller Strickbautechnik erstellten Untersuchungsobjektes am Bischofsberg in Heiden veranschaulicht werden. Es ist nicht verformungsgerecht und gibt die grundsätzliche Konstruktion im letzten Zustand vor Abbruch des Objektes wieder, das heisst Fensteröffnungen, Böden, Raumeinteilung und Erschliessung entsprechen nur teilweise dem ursprünglichen Zustand.

13 Mithilfe des Programmes MonuMap® (Kubit GmbH) beispielsweise können in einem digitalen Plan Bestand, Schäden und auch geplante Massnahmen kartiert werden. Verschiedene Exportmöglichkeiten erlauben auch die Erstellung von Stücklisten und Mengenermittlungen für Ausschreibungen. Ähnliche Möglichkeiten bietet auch die Software KALIV® (c.Soft Berlin) oder der AutoCAD®-Aufsatz SKART.

14 Für die Materialisierung müssen die Daten in dem vom ausführenden Gerät verlangten Format vorliegen, für Lasercutter beispielsweise als Windows PC (*.prn)-Datei, für Schneidplotter als dxf-Datei, für Gipsdrucke im stl- oder ply-Format. Für CNC-Fräsen sind verschiedene 3-D-Daten erkennbar. Zahlreiche Informationen, auch zu möglichen Materialien, finden sich auf der Internetseite des Rapid Architectural Prototyping Laboratory (RAPLAB) des Departements Architektur der ETH Zürich. http://www.raplab.arch.ethz.ch (28. September 2009).

ständen deutlich vergrössert werden. In beiden Fällen besteht die Gefahr, dass wichtige Details nicht erkannt und erfasst werden.

Bei der rechnergestützen Bauaufnahme ist grundsätzlich zu bedenken, dass es bislang keine Erfahrungen bezüglich der Dauerhaftigkeit digitaler Daten gibt. Zur Sicherung eines im Rechner erstellten Plans scheint momentan noch immer der Bleistiftplot auf säurefreiem Karton oder alternativ die Herstellung einer Druckplatte[15] die risikoärmste Möglichkeit. Darüber hinaus ist die Kompatibilität der unterschiedlichen Vermessungsgeräte, genutzten Software und ihrer ‹Schnittstellen› zu berücksichtigen. Die Übertragung und Weiterbearbeitung digitaler Daten ist in vielen Fällen noch nicht abschliessend gelöst. Viele Geräte sind allein mit herstellerspezifischer Software zu bedienen.

Schnittstellen – die ‹(umgekehrte) digitale Kette›

Im Gegensatz zur Konstruktion eines Objektes,[16] welches mittlerweile meist am Rechner entworfen, weiterentwickelt und dann in Form eines kleineren Modells oder Prototypen hergestellt wird, um anschliessend im tatsächlichen Massstab realisiert werden zu können, ist das Verfahren bei der Bauaufnahme genau umgekehrt: Das Objekt existiert bereits, muss ganzheitlich digital erfasst und im Rechner als dreidimensionales Objekt mit allen konstruktiven Verbindungen korrekt abgebildet werden. Dabei bereiten, genau wie bei der Neuerstellung eines Objektes, die Schnittstellen zwischen den verschiedenen Programmen und Werkzeugen – die ‹digitale Kette› (bei der rechnergestützten Bauaufnahme eigentlich die ‹umgekehrte digitale Kette›)[17] – die grössten Probleme. Die meisten Verfahren zur digitalen Bauaufnahme sind nur bildgebend. Konstruktive Details können weder von der photogrammetrischen Aufnahme noch vom 3-D-Laserscanner erfasst und damit auch nicht wiedergegeben werden. Darüber hinaus sind die zu verarbeitenden Datenmengen in der Regel sehr gross und ihre Aufbereitung geschieht bislang meist noch von Hand.

Die verschiedenen digitalen Aufnahmeverfahren sollen mit ihren Einsatzmöglichkeiten, Vor- und Nachteilen sowie in Bezug auf die Schnittstellenproblematik kurz beschrieben werden:

Tachymetrie

Als Tachymetrie wird die rasche[18] Vermessung aus Richtung, Vertikalwinkel und Distanz bezeichnet. Mithilfe elektronischer Tachymeter (Totalstationen), welche in der Regel aus elektronischem Theodolit,[19] elektrooptischem Entfernungs-

---

15 Eine Druckplatte kann mithilfe computergesteuerter Geräte wie beispielsweise einem Schneidplotter oder einer Fräse je nach Trägermaterial mittlerweile relativ kostengünstig hergestellt werden.

16 Es kann sich bei dem Objekt um ein Gebäude, aber ebenso auch einen Nutzgegenstand, ein Kleidungsstück, ein Kunstobjekt etc. handeln.

17 Bei der Bauaufnahme sprechen wir von der ‹umgekehrten digitalen Kette›, da das fertige Objekt/Bauwerk bereits existiert und mit allen den Bau bestimmenden Parametern im Rechner erfasst werden soll. Die ‹digitale Kette› bezeichnet dagegen den Prozess von der vollständigen Planung eines Objektes am Rechner über verschiedene Herstellungsverfahren hin zum fertigen Objekt/Projekt.

18 Griech. tachýs, ταχύς = schnell, nach: http://www.worldlingo.com/en/products_services/worldlingo_translator.html (28. Oktober 2009).

19 «Instrument zum Messen von Horizontalrichtungen und Vertikalwinkeln. Hauptbestandteile sind ein Horizontalkreis und ein Vertikalkreis, ein um eine Stehachse und eine Kippachse drehbares Fernrohr sowie Einrichtungen zum Ablesen der Kreisteilungen und zum Vertikalstellen der Stehachse.» Nach: Normen und Regelwerke hg. v. Deutschen Institut für Normung. Berlin 2000.

messer, Ein- und Ausgabeeinheiten, Speicher sowie einem alle Komponenten steuernden Mikroprozessor bestehen, können dreidimensionale Koordinaten von Punkten berechnet werden. Weitere mögliche Bestandteile der Totalstation sind Horizontal- und Vertikalantrieb, Fernsteuerung, Sensoren zur automatischen Zielerfassung oder Verfolgung eines Reflektors.[20] Die reflektorlose Messung mit Tachymeter erlaubt es, nicht direkt zugängliche oder sichtbare Punkte auch auf grosse Distanzen oder Höhen präzise und schnell zu erfassen.

Je nach Hersteller[21] oder Gerät können die mittels Tachymeter gemessenen Punkte und Masse über eine Speicherkarte,[22] Kabelverbindung oder Bluetooth direkt auf andere Auswertungsmedien übertragen werden. Ein direktes Ablesen der Koordinaten oder Distanzen und anschliessend händisches Übertragen in einen massstäblichen Plan ist ebenfalls möglich.[23] Darüber hinaus finden sich in den letzten Jahren vermehrt Softwarelösungen, welche eine direkte Übertragung der mithilfe des Tachymeters gemessenen Punkte in CAD-Programme erlauben.[24] Diese verringern das Schnittstellenproblem zwischen Vermessungsgerät und nachfolgendem Auswertungs- oder Weiterverarbeitungsmedium erheblich und erlauben die zügige digitale Erfassung eines Objektes in Grundrissen, Ansichten und Schnitten oder auch als dreidimensionales Modell.

Photogrammetrie

Die Photogrammetrie ermöglicht die Rekonstruktion der Lage und Form eines Objektes aus konventionell, digital oder seit einigen Jahren auch mithilfe des Laserscanverfahrens aufgenommenen Bildern. Ergebnisse können beispielsweise Messzahlen, analoge Zeichnungen, Karten und Pläne, digitale geometrische Modelle mit oder ohne Texturen sowie Orthophotos (entzerrte Bilder) sein. Je nach Aufnahme- und Auswertungsverfahren unterscheidet man analoge, analytische und digitale Photogrammetrie.[25] Eines der Hauptanwendungsgebiete der Photogrammetrie ist die Erstellung topographischer Karten. Im Bereich der Bauaufnahme kommt eher die Nahbereichsphotogrammetrie zum Einsatz,[26] welche sich von der Luftbildphotogrammetrie in erster Linie durch

---

20 Nach: Peter, Norbert K.: Lexikon der Bautechnik. 10000 Begriffsbestimmungen, Erläuterungen und Abkürzungen. Heidelberg 2001.

21 Die marktführenden Hersteller von Vermessungsgeräten sind Bosch, Hilti, Leica, LeicaDISTO, Nicon, Topcon und Trimble.

22 In der Regel Compact-Flash-Karten (CF-Karten).

23 Dieses Verfahren wurde beispielsweise bei der verformungsgerechten Bauaufnahme des als Fallstudie für Appenzeller Strickbautechnik ausgewählten Objektes am Bischofsberg in Heiden gewählt.

24 Entsprechende Softwarelösungen sind beispielsweise: casop (aadiplan München), MOBI (IngenieurTeam2, Rheinbach), SiteMASTER (Graebert GmbH Berlin), TachyCAD® (Kubit GmbH Dresden), TheoCAD (C-Techniken M. Möbius), Vitas (VITRUVIUS GmbH Weimar). Sämtliche Hersteller, Softwarelösungen und Geräte finden sich auch unter: http://www.architektur-vermessung.de (28. Oktober 2009), IngenieurTeam2 GmbH (Hg.), VDV – Verband Deutscher Vermessungsingenieure e.V. (Ideeller Träger).

25 Die analoge und die analytische Photogrammetrie sind in den letzten Jahren verstärkt von der digitalen Photogrammetrie ersetzt worden und kommen mittlerweile kaum noch zur Anwendung. Von der digitalen Photogrammetrie unterscheiden sie sich im Wesentlichen durch die Arbeit mit photochemischen Aufnahmen. Der Unterschied zwischen analoger und analytischer Photogrammetrie besteht im Auswertungsprozess. Während die analoge Photogrammetrie mit optisch-mechanischen Geräten arbeitet, erfolgt die Auswertung bei der analytischen Photogrammetrie mithilfe des Computers. Nach: Photogrammetrie. Geometrische Informationen aus Photographien und Laserscanneraufnahmen. Bd. 1, 7. Aufl. Berlin/New York 2004, S. 1–4.

26 Ebenso in der Architekturbildmessung, der Bauüberwachung, Schadensdokumentation, Vermessung von Modellen, Deformationen, Vorgängen oder der Rekonstruktion von Abläufen. Fachgebiete, in denen die Nahbereichsphotogrammetrie zum Einsatz kommt, sind dementsprechend neben Architektur, Denkmalpflege und Archäologie der Ingenieur- und Maschinenbau, die Luft- und Raumfahrtindustrie, Naturwissenschaften, Medizin, Informationstechnik und Kriminalistik. Nach: Luhmann, Thomas: Nahbereichsphotogrammetrie. Grundlagen, Methoden und Anwendungen. Heidelberg 2000, S. 15–17.

die geringere Entfernung von Aufnahmegerät und Objekt sowie die Aufnahmemethode[27] unterscheidet.

Für die Vermessung und Dokumentation eines Gebäudes ist die (Nahbereichs-)Photogrammetrie vor allem dann von Vorteil, wenn für die Bauaufnahme am Ort nur sehr wenig Zeit zur Verfügung steht, in unwegsamem Gelände beziehungsweise schwierigen räumlichen Situationen gearbeitet werden muss oder wenn sehr komplexe Geometrien dreidimensional aufzunehmen sind. Der Informationsgehalt beziehungsweise das Potenzial photogrammetrischer Aufnahmen ist grundsätzlich sehr hoch. Die Bilder enthalten zahlreiche Informationen, die vielleicht erst bei einer späteren Auswertung benötigt werden; darüber hinaus sind auch Aussagen über Oberflächenbeschaffenheiten und Farbigkeiten möglich.

Ein Nachteil der Photogrammetrie liegt sicher in der Masstoleranz. Zwar können ebenso exakte Messwerte erreicht werden wie beispielsweise durch die Tachymetermessung, der dafür benötigte zeitliche Aufwand bei der Nachbearbeitung der Daten macht jedoch den Vorteil der zuvor durch die zügige Aufnahme gewonnenen Zeit wieder zunichte. Ebenso wirken sich sämtliche Details, die auf den Bildern nicht klar erkennbar sind und am Objekt nachträglich recherchiert werden müssen, negativ auf die Nachbearbeitungszeiten aus.[28]

Die Übergabe photogrammetrisch aufgenommener Daten erfolgt in der Regel in Form eines digitalen Modells, gegebenenfalls mit Texturen. Verwendet werden hierbei alle üblichen 3-D-Formate.[29] Verknüpfungsmöglichkeiten der Photogrammetrie bestehen über klar definierte Fixpunkte mit allen digitalen Messverfahren, wie beispielsweise Laserscanning oder Tachymetermessungen, gegebenenfalls auch mit Handaufmassplänen.[30]

Laserabtastung (Laserscanning)

Mithilfe eines Laserscanners können Objekte durch regelmässiges Abtasten der Oberfläche dreidimensional erfasst werden. Wie in der Tachymetrie werden dabei die Koordinaten jedes angemessenen Punktes über Winkel und Entfernung zum Vermessungsgerät ermittelt.[31] Aufgrund der grossen, in relativ kurzer Zeit vom Laserscanner erfassten Menge von Abtastpunkten spricht man von einer Punktwolke.

Die Zahl der auf dem Markt verfügbaren Laserscanner und -verfahren hat in den letzten Jahren deutlich zugenommen. Das Potenzial zum Einsatz der Systeme scheint gross.[32] Im Bereich der Bauforschung herrscht jedoch noch immer ein deutliches Missverhältnis zwischen der Art und vor allem Menge mittels Laserscan gewonnener Daten, ihrer Aussagekraft beziehungsweise ihrem tat-

---

27 Während in der Photogrammetrie in erster Linie mit parallel aufgenommenen Bildern gearbeitet wird, nutzt die Nahbereichsphotogrammetrie aus beliebigen Winkeln aufgenommene Bilder eines Objektes, die sich nur genügend überlappen müssen (in der Regel mindestens 60 %).

28 Dieser Nachteil besteht selbstverständlich bei allen Aufnahmeverfahren, bei denen die Daten erst nachträglich und damit in grösserer Distanz zum Objekt weiterbearbeitet oder ausgewertet werden.

29 Übliche 3-D-Formate sind VRML, DXF (Drawing Interchange Format), 3D-PDF (Portable Document Format), OBJ (Object-File) oder KML (Keyhole Markup Language, verwendet beispielsweise von Google-Earth).

30 Diese müssen jedoch als digitales Bild vorliegen, sodass sie eingelesen werden können.

31 Nach: Wiedemann, Albert: Handbuch Bauwerksvermessung. Geodäsie – Photogrammetrie – Laserscanning. Basel/Boston/Berlin 2004, S. 248.

32 Einen Überblick über die verschiedenen optischen Scanverfahren und die Weiterverarbeitung gewonnener 3-D-Daten/Punktwolken findet sich beispielsweise in: Teutsch, Christian: Model-based Analysis and Evaluation of Point Sets from Optical 3D Laser Scanners. Maastricht/Herzogenrath 2007 (Magdeburger Schriften zur Visualisierung).

sächlichen Nutzen für den am Objekt tätigen Bauforscher. Denn die mithilfe des Laserscanners gewonnenen Daten liegen in der Regel als Punktwolke oder bestenfalls als vermaschte Dreiecke vor – Formen, die sich deutlich von den in der Bauforschung bisher üblichen Darstellungsarten (Grundriss, Aufriss, Schnitt im 2-D-Bereich; Isometrie, Perspektive, Explosionszeichnung im 3-D-Bereich) unterscheiden.

Der Einsatz des Laserscanverfahrens ist von Vorteil, wenn sehr komplexe Geometrien oder Freiformen exakt zu erfassen sind, vor allem in Kombination mit Photogrammetrie und Tachymetrie: Oberflächenbeschaffenheiten, Texturen, Risse, Vertiefungen und je nach Gerät auch Farbigkeiten können wiedergegeben werden.[33] Ein grundsätzliches Problem ist auch hier die noch immer hohe Nachbearbeitungszeit mittels Laserscan gewonnener Daten. Sie übersteigen die reine Aufnahmezeit deutlich.[34] Zur sinnvollen Nutzung müssen die Daten bereinigt und reduziert, zur Weiterverarbeitung in der Regel modelliert und in geometrische Formen übertragen werden. Im Fall einfacher geometrischer Formen kann mit Ebenen, Kugeln, Zylindern etc. gearbeitet werden, bei der Modellierung komplexer Objekte hilft die Dreiecksvermaschung. Untereinander können Punktwolken relativ einfach über vordefinierte Passpunkte verbunden werden, ebenso mit photogrammetrischen Aufnahmen oder per Tachymetrie gewonnenen Daten. Schwierig stellt sich dagegen die Verknüpfung über Punktwolken dar.[35] Mittlerweile gibt es aber auch hier verschiedene Lösungsansätze zur Automatisierung.[36]

Gearbeitet wird beim Laserscanning in der Regel mit herstellerspezifischen Datenformaten, welche später in allgemein übliche 3-D-Formate konvertiert werden können, wie beispielsweise DXF, OBJ oder VRML.

Eine Gegenüberstellung der zeitlichen Aufwände und erzeugten Datenmengen verschiedener digitaler Aufnahmeverfahren hat gezeigt, dass die sinnvolle Kombination der unterschiedlichen Methoden und Techniken zu besseren Ergebnissen führen kann als die Beschränkung auf nur ein Aufnahmeverfahren.[37] Bezüglich der Schnelligkeit bei der Datenerfassung erweisen sich Laserscanverfahren und Photogrammetrie zwar zunächst als eindeutig zügigste Methoden, die Nachbearbeitungszeiten zur Reduzierung der sehr grossen Datenmengen relativieren aber den ersten zeitlichen Vorteil im Vergleich mit Tachymetrie und auch Handaufmass. Die händische Bauaufnahme wie auch

---

33 Die Kombination von Laserscandaten und photogrammetrischen Bildern ermöglicht die Erstellung digitaler Orthophotos. Beispiele finden sich hierzu in: Wiedemann 2004 (wie Anm. 31), Erfassung von Oberflächen, S. 257–260.

34 Die Nachbearbeitungszeiten der Daten hängen stark von der Komplexität des aufgenommenen Objektes sowie der Anzahl der Scanvorgänge ab.

35 «Die Orientierung der einzelnen Laserscanner-Punktwolken ist momentan ein semiautomatischer Vorgang, da es noch keine zufriedenstellenden vollautomatischen Logarithmen gibt. [...] Der Vorteil gegenüber der Verknüpfung mittels Passpunkten besteht in der wesentlich höheren Redundanz.» Zitate: Wunderlich, Thomas; Ingensand, Hilmar: Von der Punktwolke zum CAD. 14th International Conference on Engineering Surveying. Zürich, 15.–19. März 2004, in: http://www.iv2004.ethz.ch/programm/Tutorial3/Schaefer_Laserscanning.pdf (16. Februar 2011).

36 An der ETH Zürich wurde zum Beispiel ein Verfahren entwickelt, mit welchem man nach manueller Messung von nur zwei Punkten Oberflächen automatisch registrieren kann. Siehe hierzu: Akca, Devrim: Least Squares 3D Surface Matching. Diss. ETH Zürich 2007. Eine Alternative wären verschiedene ICP (Interactive Closest Point)-Verfahren, die ähnlich funktionieren.

37 Für ein im Herbst 2009 in Zusammenarbeit mit dem Deutschen Archäologischen Institut, Abteilung Athen durchgeführtes Projekt in Kalapodi (Griechenland), welches die dreidimensionale Dokumentation und Modellierung eines Giebelversturzes als Grundlage für Restaurierungsvorschläge vorsah, sind die zeitlichen Aufwände für Handaufmass, Tachymetrie, Photogrammetrie und Laserscanning gegenübergestellt gestellt worden. Die Ergebnisse sind in verschiedenen, kommentierten Graphiken veranschaulicht und publiziert. Vgl.: Langenberg, Silke; Irmler, Bernhard; Sauerbier, Martin: Angemessen Messen – «Best Demonstrated Practice», in: Heine, Katja; Rheidt, Klaus; Henze, Frank u.a. (Hg.): Von Handaufmaß bis Hightech III. 3D in der historischen Bauforschung, Darmstadt 2011, S. 142–150.

der Einsatz des Tachymeters erlauben eine kontinuierliche und sehr präzise Erfassung des Objektes, erfordern aber meist grosszügigere zeitliche, räumliche und auch personelle Rahmenbedingungen.

Wie auch die Vermessung des als Fallstudie für Appenzeller Strickbautechniken ausgewählten Objektes am Bischofsberg in Heiden gezeigt hat, scheint in der Kombination des Bewährten und Erprobten der einzelnen Aufnahmeverfahren Potenzial zu liegen.[38] Die angemessene Nutzung alter und neuer Methoden und ihre sinnvolle Verknüpfung (gegebenenfalls auch nur in Teilbereichen) erlauben es, Fragestellungen zielgerichtet zu beantworten und Aufgaben im Bereich der Bauforschung den äusseren Rahmenbedingungen entsprechend optimal zu lösen. Der Bauforscher stellt dabei weiterhin die wichtigste Schnittstelle dar.

―――

Silke Langenberg

---

38 Die Gegenüberstellung der verschiedenen Verfahren hat gezeigt, dass beispielsweise die Kombination von Tachymetrie und Photogrammetrie zeitliche und damit auch finanzielle Einsparungen mit sich bringen kann. Siehe ebd., Abb. 12: «Projekt Kalapodi: Versuch einer Grafik zu den Aufnahme-/Auswertungszeiten verschiedener Messverfahren – mit kombiniertem Verfahren aus Tachymetrie und Photogrammetrie.»

Naturwissenschaftliche Untersuchungen als Grundlage der Entwicklung eines Konservierungskonzeptes für die Fassadenbemalung an der Nordfassade des Strickbaus im Spiessenrüti in Teufen (Appenzell Ausserrhoden)

Der Strickbau im Spiessenrüti weist auf Teilflächen der Nordfassade eine qualitätvolle hellrote Quaderfassung mit Licht- und Schattenfugen auf sowie ein in diesem Umfeld sehr ungewöhnliches Wandbild mit einer Hafenszene, welches als Grisaillemalerei ausgeführt und durch eine Inschrift in das Jahr 1673 datiert ist. **Abb. 1, 2**

Hierbei handelt es sich – wie maltechnische Untersuchungen in der FTIR (Fourier-Transform-Infrarot-Spektroskopie) belegen – um eine Kalk-Kasein-Temperamalerei, die aufgrund der schnellen Trocknung pastose Farbaufträge erlaubte und so eine rasche Malweise des Künstlers ermöglichte. **Abb. 3** Der heutige Erhaltungszustand der Fassadenmalerei ist bemerkenswert gut, was sicherlich auf die Lage an der Nordfassade zurückzuführen ist, wahrscheinlich aber auch dem Umstand geschuldet ist, dass dort über sehr lange Zeit eine Holzverschalung angebracht war, welche die bemalten Oberflächen überdeckte, aber auch sehr gut schützte.

Die im Zuge der jetzigen Instandsetzung und Restaurierung des Gebäudes wieder freigelegte Bemalung ist nun wieder dem Aussenklima ausgesetzt. Allerdings wird der wesentliche Teil der Malerei durch die Rekonstruktion eines früher dort angebrachten Pultdaches über der östlichen Hälfte der Nordfassade vor Meteorwasser geschützt. **Abb. 4**

Durch die Freilegung der bemalten Blockbohlen (sogenannte Stricke) an der Nordfassade (hier wurde entschieden, eine früher angebrachte kleinteilige Verschindelung nicht zu rekonstruieren und die Malerei sichtbar zu belassen) und eine im Inneren geplante Dämmung der nur 15 cm dicken Aussenwand wird die bisherige bauphysikalische Situation verändert. Ebenso werden zukünftig die Nutzung und Beheizung der Räume neuen Anforderungen entsprechen. Es war zu befürchten, dass bezüglich der hygrothermischen Beanspruchung der bemalten Oberflächen eine völlig veränderte Situation entstehen würde, die sich unter Umständen negativ auf die Malerei auswirken könnte.

Die möglichen Auswirkungen dieser Veränderungen wurden in einem Projekt durch ein aufwendiges Klimamonitoring erfasst.[1] Aufgezeichnet wurden die Oberflächentemperaturen und die Luftfeuchtigkeiten in den zur Simulation unterschiedlich gedämmten und ungedämmten Bereichen. Temperatur- und Feuchte-Werte wurden im Innenraum, in den unterschiedlichen Dämmschichten, auf der Dämmung und in den Lufthohlräumen sowie an der ungedämmten Wand und analog dazu im Aussenbereich an verschiedenen Stellen der Wandmalerei gemessen. **Abb. 5** Zur Simulation der zukünftigen

---

1 Kooperationsprojekt des Kompetenzverbundes Konservierung am Institut für Denkmalpflege und Bauforschung der ETH Zürich mit dem Institut für Massivbau an der Technischen Universität Darmstadt.

1   Ausschnitt der Wandmalerei
an der Nordfassade

2   Datierung von 1673 an der
Inschrift unter dem Wandbild

3   Pastoser Farbauftrag mit
typischem Craquelé

4 Quaderfassung an der
Nordfassade, Untersicht des
neuen Pultdaches

5 Anbringung der Messsonden an der Aussenseite der Nordwand

Dämmung wurden auf der Innenseite der Nordwand eine 10 cm dicke Holzfaserplatte, darauf eine Dampfbremse und eine Holzschalung angebracht, welche bei diesem Modell mit einer OSB-Platte ausgeführt wurde. Im mittleren Bereich dieser Konstruktion wurde die Holzfaserplatte weggelassen, hier ist stattdessen ein 10 cm tiefer Lufthohlraum vorhanden, der zum Innenraum hin mit der Dampfbremse und der OSB-Platte abschliesst. **Abb. 6**

Die thermisch-hygrischen Simulationsberechnungen zur Beurteilung der Auswirkung der Dämmung erfolgten mit dem Simulationsprogramm DELPHIN der Technischen Universität Dresden. Zugrundegelegt wurden Materialkenngrössen aus der in diesem Programm zur Verfügung gestellten Materialdatenbank. Die raumseitigen Klimarandbedingungen wurden aus den erfassten Daten des Klimamonitorings generiert. In Bezug auf die im Messzeitraum erfassten Aussenklimadaten erfolgte ein Abgleich mit den Daten des Wetterdienstes; aus diesen Daten wurde wiederum ein sogenanntes 10-Jahres-Testreferenzjahr generiert. Die Validierung des zu modellierenden Wandaufbaus erfolgte für den Messzeitraum mithilfe der vor Ort erfassten Messdaten; so ist es dann pragmatisch möglich, nahezu realitätsgetreu den übrigen Jahresgang zu simulieren und eine Bewertung der Simulationsberechnungen hinsichtlich möglicher klimatisch bedingter Beanspruchungen mit genügend genauen Ergebnissen vorzunehmen. In diesem Kontext erweist sich die Erstellung eines Modells im Ist-Zustand (Modell 1) und eines des betrachteten Messfeldes (Modell 2) sinnvoll. Diese Vorgehensweise ermöglicht eine Bewertung der durch eventuelle Innendämmungsmassnahmen entstehenden thermisch-hygrischen Änderungen in der zu untersuchenden Aussenwand.[2] **Abb. 7, 8**

Das Klimamonitoring vor Ort wurde im Zeitraum vom 12. Januar 2009 bis 5. Mai 2009 durchgeführt, wobei die Messdaten im Abstand von einer Minute mit einem 1-Wire-Netzwerk aufgezeichnet wurden. Die Auswertung der Daten

2 Reeb, Simone: Erfassung und Bewertung der klimatischen Verhältnisse an der Nordwand des Strickbaus im Spiessenrüti in Teufen. Technische Universität Darmstadt, Institut für Massivbau, Fachgebiet Werkstoffe im Bauwesen, 12/2009.

6 Simulation der Innendämmung, Installation der Messanlage

7 Versuchsaufbau zur Erfassung der Oberflächentemperaturen und Nahfeldklimata im Innenraum

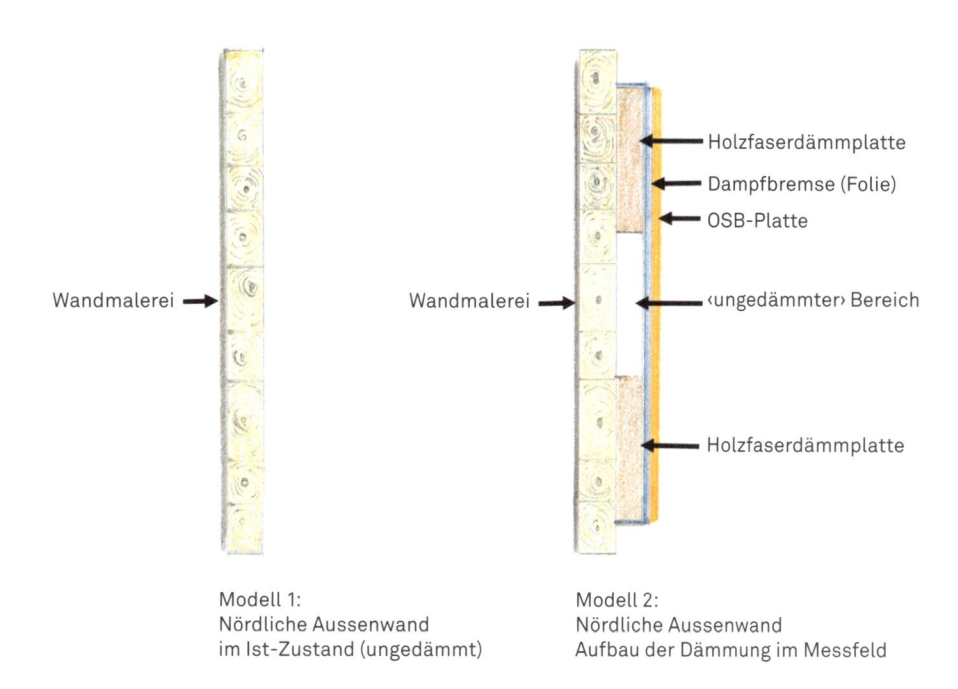

Wandmalerei →

Modell 1:
Nördliche Aussenwand
im Ist-Zustand (ungedämmt)

Wandmalerei →

← Holzfaserdämmplatte
← Dampfbremse (Folie)
← OSB-Platte
← ‹ungedämmter› Bereich
← Holzfaserdämmplatte

Modell 2:
Nördliche Aussenwand
Aufbau der Dämmung im Messfeld

des Nahfeldklimas und der Oberflächentemperaturen im Bereich der Grisaillemalerei an der Nordfassade zeigt, dass diese einem stetigen Wechsel der relativen Luftfeuchtigkeit zwischen Werten von 35 % und 100 % ausgesetzt ist. Die relative Luffeuchtigkeit in der Dämmkonstruktion ist annähernd konstant und liegt in dem betrachteten Zeitraum stets unter 85 %. **Abb. 9**

Das Diagramm der Oberflächentemperaturen belegt, dass die Oberflächentemperatur im ungedämmten Bereich schneller ansteigen kann und folglich die gedämmte Wand in Bezug auf Temperaturänderungen träger reagiert als die ungedämmte. Die Dämmung wirkt sich in diesem Fall positiv auf die thermische Belastung der Malerei aus. **Abb. 10** Bezüglich der relativen Feuchte im Wandaufbau und der Materialfeuchtegehalte treten im Vergleich der gedämmten zur ungedämmten Aussenwand deutliche Unterschiede auf. Sowohl die relative

8 Diskretisiertes Wandmodell, links: Ist-Zustand, rechts: gedämmt und ‹ungedämmt›

9   Relative Luftfeuchten im angelegten Messfeld

10 Nahfeldklima und Oberflächentemperaturen im Bereich der Malerei an der Nordfassade

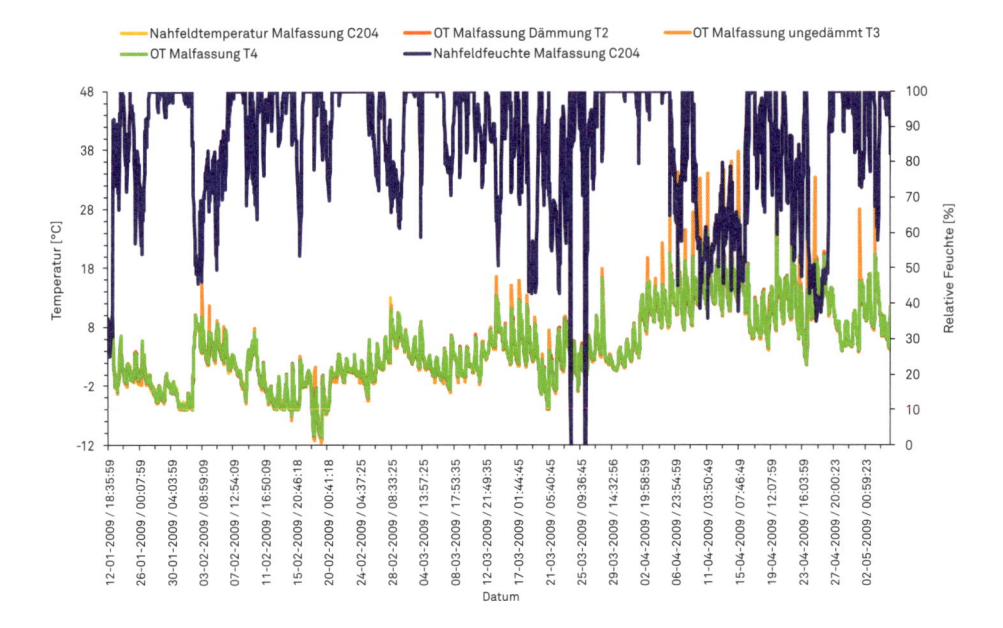

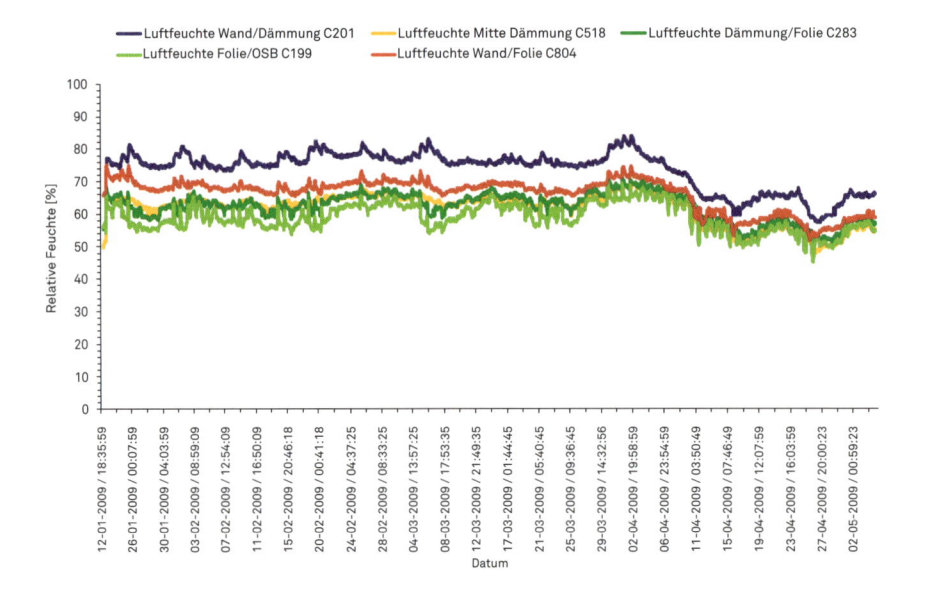

Feuchtigkeit als auch die Materialfeuchtegehalte im gedämmten Wandaufbau liegen höher als im ungedämmten Wandaufbau, erreichen jedoch nie kritische Werte, welche ein Pilzwachstum begünstigen könnten. Zudem ist das gesamte System diffusionsoffen, wodurch sich Feuchtegehalte schneller verringern können. Eine Optimierung des Wandaufbaus in Bezug auf die Erhaltung der Wandmalerei liesse sich allerdings wiederum durch eine vorgeblendete Holzverschalung erzielen: So würden die starken Schwankungen des Aussenklimas besser gepuffert. Der Wunsch des Eigentümers, die einzigartige Malerei künftig sichtbar zu lassen, ist verständlich, aus konservatorischer Sicht ist diese Lösung allerdings nicht ganz so glücklich wie eine erneute Verschalung (oder eine bewegliche Abdeckung).

Die Abbildungen 12 und 14 zeigen die sich in Abhängigkeit der Jahreszeit einstellenden relativen Luftfeuchten des Messfeldes. **Abb. 12, 14** Die Aussenoberflächen spiegeln die entsprechend den Witterungsbedingungen vorherrschenden relativen Luftfeuchten wider. Hierbei zeigen sich im Ist-Zustand **Abb. 11, 13** geringere Feuchten als im gedämmten Zustand. Analog hierzu entstehen auch im Inneren der mit einer Innendämmung versehe-

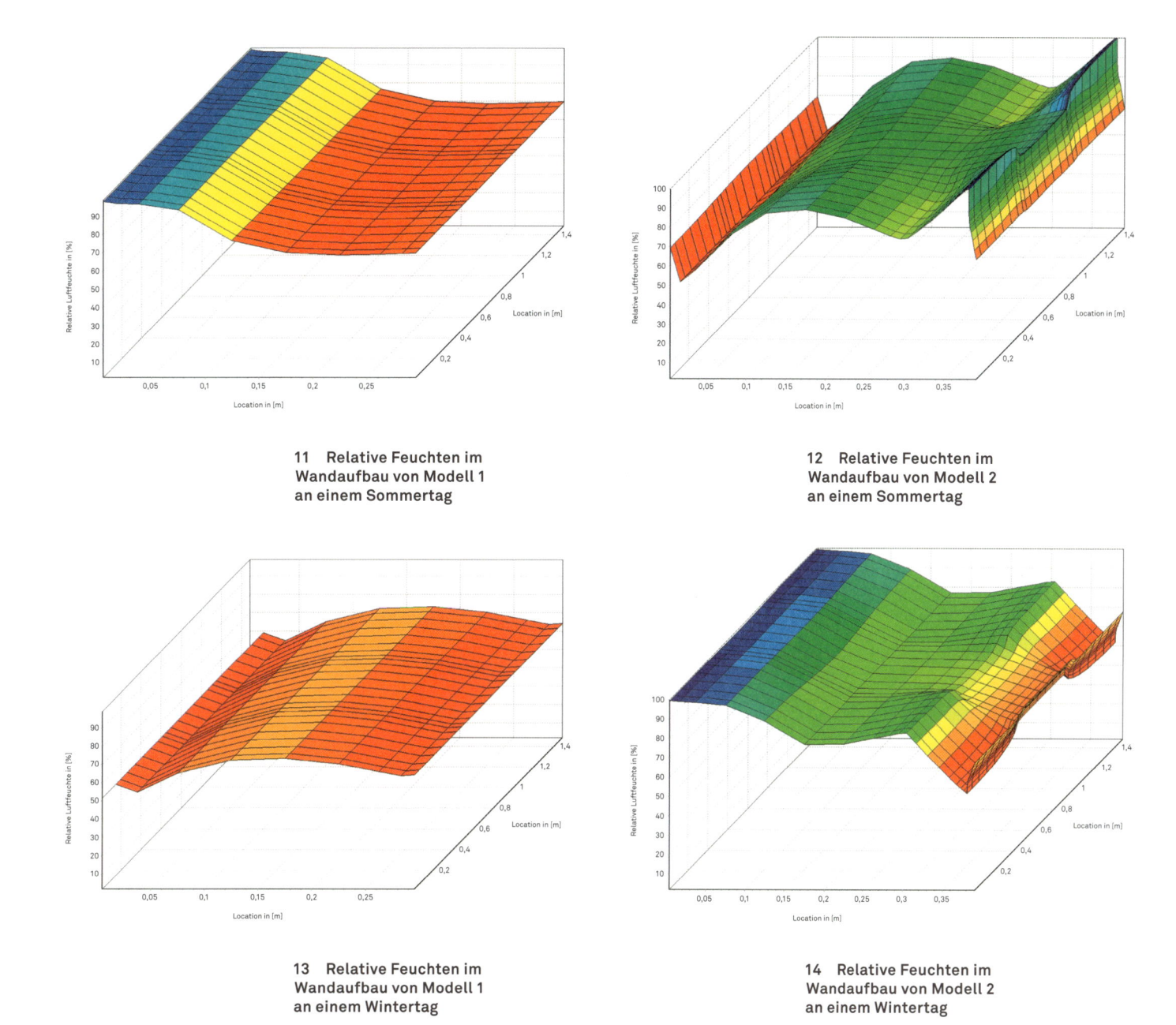

11 Relative Feuchten im
Wandaufbau von Modell 1
an einem Sommertag

12 Relative Feuchten im
Wandaufbau von Modell 2
an einem Sommertag

13 Relative Feuchten im
Wandaufbau von Modell 1
an einem Wintertag

14 Relative Feuchten im
Wandaufbau von Modell 2
an einem Wintertag

nen Holzwand höhere relative Feuchten. Jedoch werden relative Luftfeuchten > 99 % zu keinem Zeitpunkt überschritten.

Analog zu den relativen Feuchten verhalten sich erwartungsgemäss auch die Materialfeuchtegehalte. Hier stellen sich im Messfeld in den äusseren oberflächennahen Materialbereichen witterungsbedingt im Winter zwar kurzzeitig Feuchten ≈ 40 % ein. Diese reduzieren sich jedoch im Bereich der Holzwand auf eine Materialfeuchte von 10 %. **Abb. 16, 18**

Zweiter Schwerpunkt der naturwissenschaftlichen Untersuchungen war daher die Untersuchung des Sorptionsverhaltens der mit einer Kaseintempera gebundenen Malschicht und des aus Weichholz bestehenden Trägers. Hierzu wurden kleinste Holzpartikel mit Malschicht entnommen und im Labor des Instituts für Massivbau der Technischen Universität Darmstadt einer videogestützten dynamischen Wassersorptionsanalyse unterzogen (DVS). Die in Abbildung 19 dargestellten Sorptionsisothermen zeigen, dass die Malschicht ein geringeres Feuchtespeicherungsvermögen hat als das darunterliegende Holz. **Abb. 19** Das Holz weist eine höhere Formveränderung auf als die Malschicht. Bei den stetigen Feuchtigkeits- und Temperaturschwankungen bilden

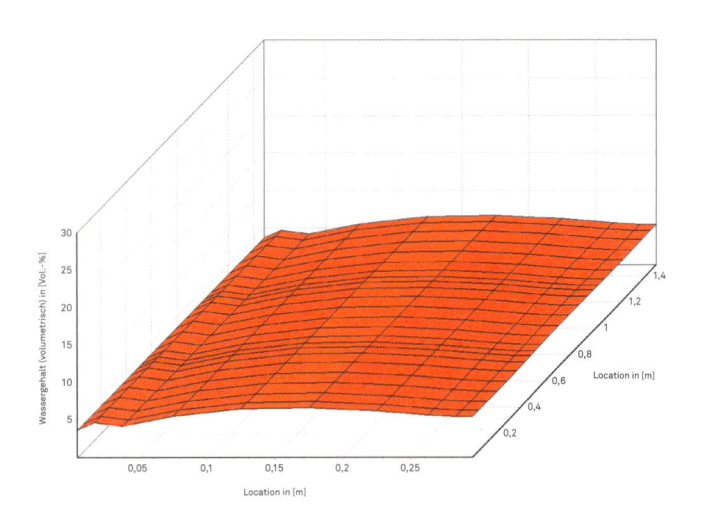

15 Feuchtegehalt Modell 1
an einem Sommertag

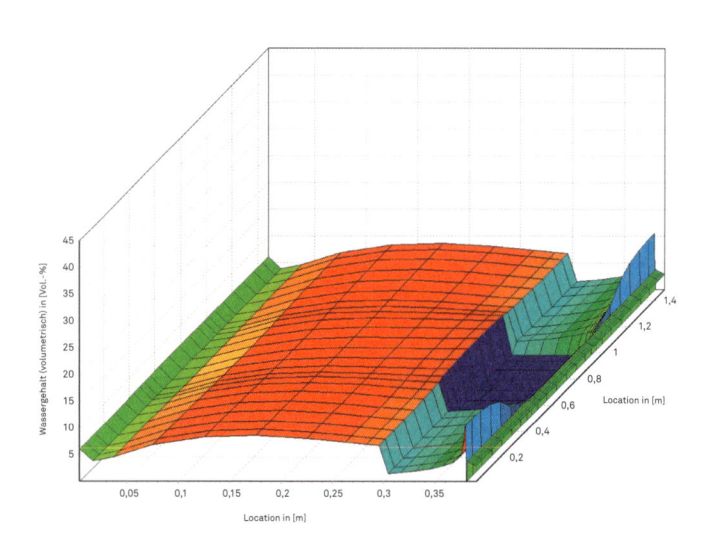

16 Feuchtegehalt Modell 2
an einem Sommertag

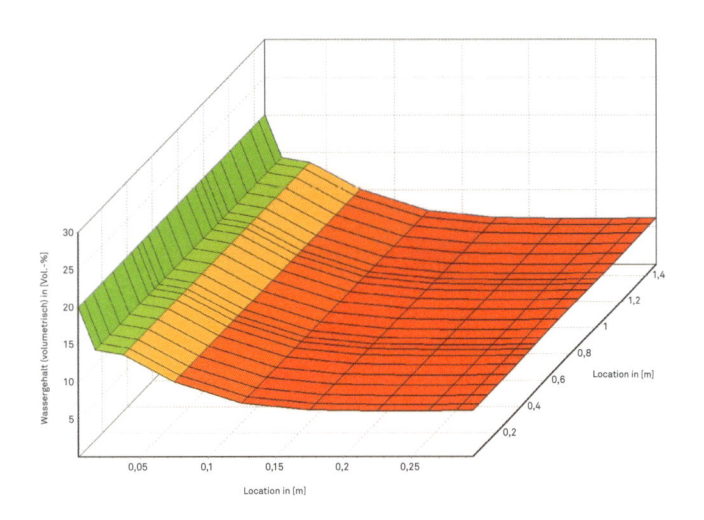

17 Feuchtegehalt Modell 1
an einem Wintertag

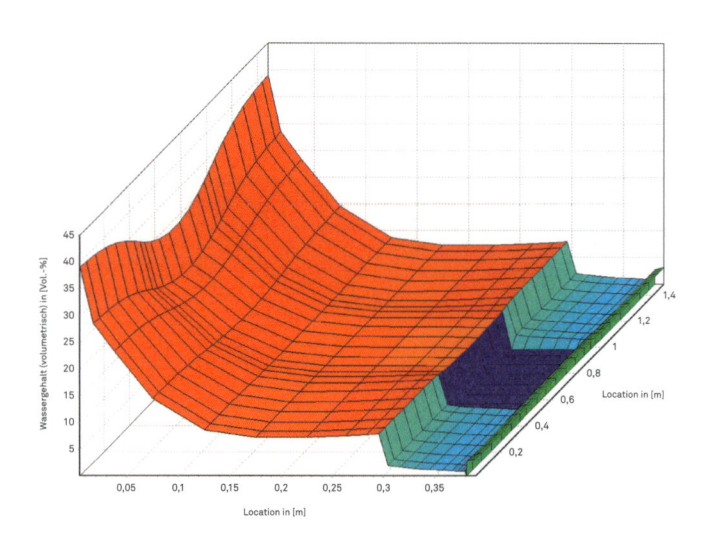

18 Feuchtegehalt Modell 2
an einem Wintertag

sich in der Malschicht, da sie die Formveränderungen des Trägers nicht vollständig nachvollziehen kann, kleine Deformationen, Mikrorisse und Ablösungen. **Abb. 20, 21, 22**

Die erneut frei sichtbare Malerei weist einige Schäden und lose Malschichten auf, sie bedarf in einzelnen labilen Bereichen konservatorischer Eingriffe, um Substanzverluste zu vermeiden. Die Schadensbereiche, in denen sich die Malschicht ablöst, liegen vorwiegend in der unteren Wandzone. Sie sind einerseits auf stärkere mechanische Belastung durch früheren Besucherverkehr und andererseits auf eine zeitweise stärkere Belastung durch Meteorwasser zurückzuführen. **Abb. 23**

Die Möglichkeiten der Beobachtung und Dokumentation der klimabedingten Verformungsprozesse im Holz und in der Malschicht durch digitale 3-D-Mikroskope und die Beobachtungen in der Feuchtekammer sollten in der zweiten Phase des Projekts für die Erprobung geeigneter Konservierungsmaterialien eingesetzt werden. **Abb. 24**

Der Auswahl eines geeigneten Klebemittels zur Konservierung der Kaseintemperamalerei diente deshalb neben den Kriterien Alterungsbeständigkeit,

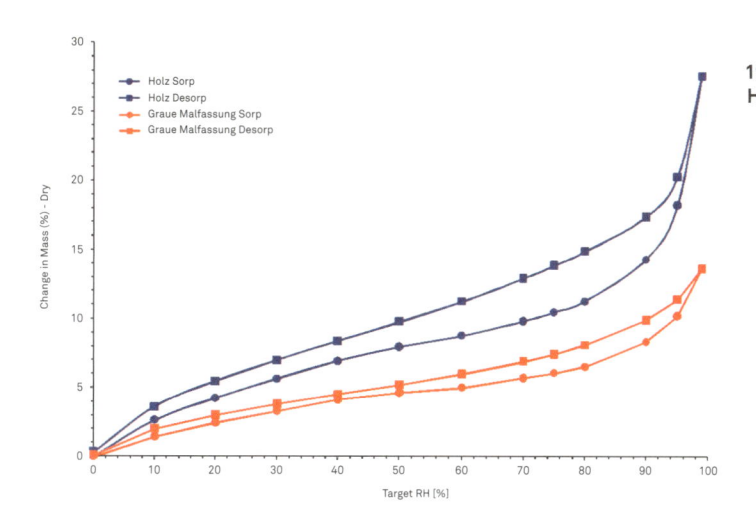

19 Sorptionsisothermen von Holz und grauer Malfassung

20 Aufnahme der grauen Malschicht bei 150-facher Vergrösserung

21 Formänderungen im Bereich der Malfassung, graue Fassung mit Holz bei 40 % r. F.

22 Graue Fassung mit Holz bei 99 % r. F.

23   Malschichtablösungen in Randzonen von Fehlstellen

Reversibilität, Klebekraft, Verarbeitung, Kondenswasserbeständigkeit und Resistenz gegenüber Mikroorganismen in besonderem Masse das Verhalten der konservierten Malschicht unter den gegebenen klimatischen Bedingungen. Der Einsatz von Kunstharzen wurde aufgrund der problematischen Langfriststabilität und der geringen beziehungsweise fehlenden Hygroskopie aufgrund filmbildender Eigenschaften ausgeschlossen.

Als mögliche Klebemittel wurden tierische und pflanzliche Leime wie Hausenblasen-Leim, Jun-Funori-Leim und Tylose MH 300 ausgewählt. Hausenblasen- oder auch Störleim ist ein Leim, der aus der inneren Membrane der Luftblase des Störs (Zuchtstör) hergestellt wird und hervorragende Klebeeigenschaften, Hygroskopizität und Elastizität besitzt. Dieser Leim wird seit über 2000 Jahren für handwerkliche und künstlerische Zwecke verwendet und zählt mit zu den meistverwendeten Klebemitteln in der Konservierung.[3] Bei der Prüfung der Langzeitstabilität zeigte sich, dass Störleim im Vergleich zu Gelatine, Celluloseleim und Algenleim sich optisch und in Bezug auf die mechanischen Eigenschaften am wenigsten verändert.[4] Als zweite Option wurde ein Versuch mit Tylose MH 300 durchgeführt, hierbei handelt es sich um eine Methyl-Hydroxyethyl-Cellulose, welche in Bezug auf die mikrobiologische Resistenz bessere Werte aufweist als Störleim.[5] Methylcellulose weist eine sehr gute Klebekraft auf, ist hygroskopisch und zeigt im Vergleich zur in jüngerer Zeit häufig verwendeten Hydroxypropylcellulose (Klucel) nur geringe optische Veränderungen und eine bessere Alterungsbeständigkeit. Methylcelluloselei-

3   Przybylo, Maria: Langzeitlöslichkeit von Störleim, in: VDR Beiträge zur Erhaltung von Kunst- und Kulturgut (2006), H. 1, S. 117–123.

4   Michel, Françoise; Geiger, Thomas; Reichlin, Anita u. a.: Funori, ein japanisches Festigungsmittel für matte Malerei, in: Zeitschrift für Kunsttechnologie und Konservierung 16 (2002), S. 274.

5   Maushardt, Kathrin: Methylcellulose als Klebemittel für die Malschichtfestigung auf Leinwandbildern, Diplomarbeit, Institut für Museumskunde, Staatliche Akademie der Bildenden Künste Stuttgart, 2004. Die von Wilhelm Glaser mit Tylose MH 300 behandelten Oberflächen im Kreuzgang des Klosters Maulbronn zeigten bei den jüngsten mikrobiologischen Untersuchungen nach 16 Jahren keinen erhöhten Befall von Mikroorganismen im Vergleich zu den unbehandelten Oberflächen.

24 3-D-Mikroskop (20- bis 5000-fache Vergrösserung) mit Feuchtekammer

me werden sowohl in der Konservierung von Tafelgemälden und Skulpturen als auch in der Konservierung von Wandmalereien seit den 1920er-Jahren erfolgreich eingesetzt.[6]

Als dritte Option wurde Funori-Leim, ein japanischer Algenleim, getestet. Dieser wird durch Reinigungsprozesse aufbereitet und seit 2002 als Jun-Funori-Leim[7] in der Konservierung eingesetzt. Vor allem bei matten Malschichten wird der Leim aufgrund der geringen optischen Veränderung der behandelten Oberflächen bevorzugt eingesetzt. Die Untersuchungen der EMPA im Rahmen der ‹Interdisziplinären Grundlagenforschung zur Konsolidierung matter Malerei› zeigten, dass die Elastizität dieses Klebemittels auch während der Alterung erhalten bleibt, ebenso dessen Wasserlöslichkeit, sodass auch Jun-Funori-Leim wesentliche Voraussetzungen für die Konservierung der Kaseintemperamalerei erfüllt.

Wie zunächst die unbehandelten Proben wurden nun die mit den unterschiedlichen Klebemitteln konservierten Holzpartikel mit originaler Malschicht einer videogestützten dynamischen Wassersorptionsanalyse unterzogen. Dabei wird das Verhalten von Malschicht und Holz bei unterschiedlichen Temperaturen und Luftfeuchtigkeitswerten aufgezeichnet und kann anhand des eingesetzten 3-D-Mikroskops mit einer Vergrösserung von 20- bis 5000-fach sowohl messtechnisch als auch visuell beurteilt werden. Die Bewertung erfolgt mithilfe eines modifizierten Bildanalyseprogramms, das Aussagen über mögliche hygrische Formänderungen, insbesondere reversible und irreversible Veränderungen des Probenmaterials erlaubt.

Die Abbildungen 25 und 26 zeigen das unterschiedliche Verhalten einzelner Malschichtschollen, hier im Bereich einer mit Tylose MH 300 konservierten Probe der grauen Malschicht. **Abb. 25, 26** Die beiden Risse (blau und pink) zeigen ein gleichzeitig mit der Adsorption einhergehendes Quellen der Malschicht,

---

6 Horie, C.V.: Materials for Conservation: Organic Consolidants, Adhesives and Coatings, in: Butterworths Series in Conservation and Museology (1987), S. 183.

7 Michel; Geiger; Reichlin 2002 (wie Anm. 4), S. 257–275.

25 Vermessung der Form-
veränderung der Malschicht

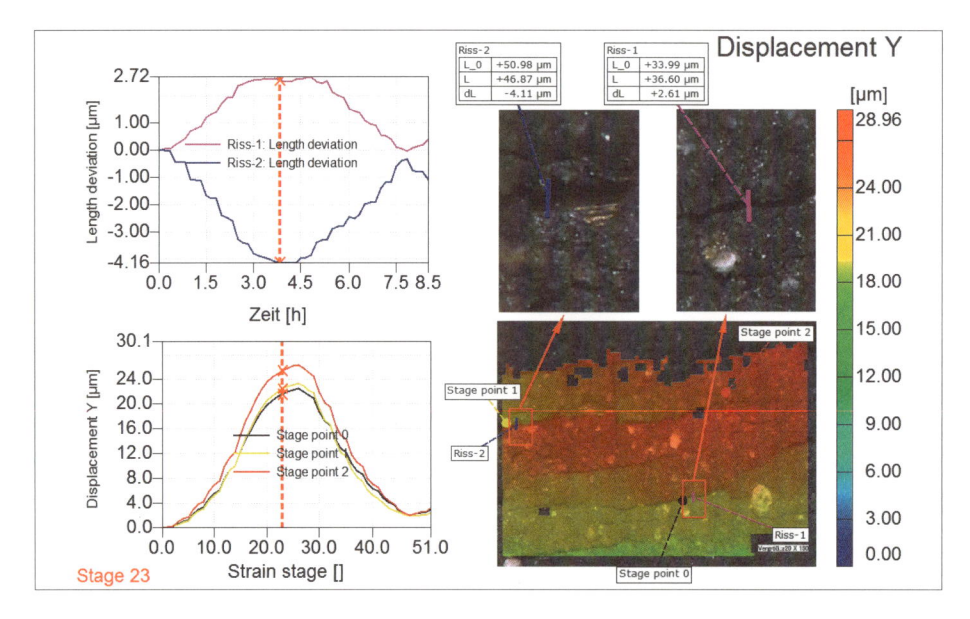

26 Darstellung der unter-
schiedlichen Verformung
der Malschicht

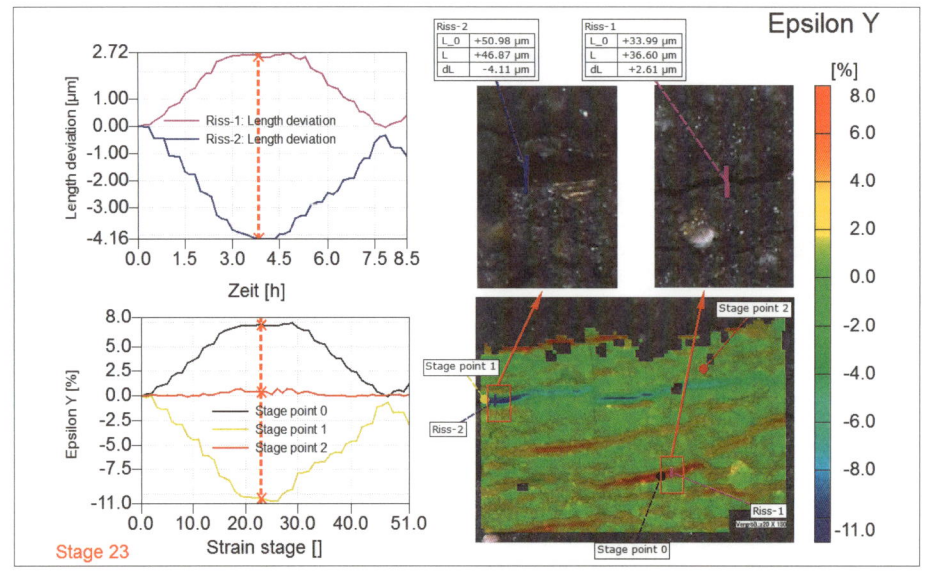

27 Rote Malschicht mit Störleim
gefestigt: vor Belastung

28 Rote Malschicht mit Störleim
gefestigt: nach 15 Belastungszyklen (30–99 % r. F.)

welches am blauen Riss zur Rissverengung und am pinkfarbenen Riss zur Rissverbreiterung führt. Abbildung 26 veranschaulicht die unterschiedliche Deformation der Malschicht in der Y-Achse und verdeutlicht die Anforderungen an die Elastizität eines Klebemittels zur Konservierung der Malschicht.

Die ersten 15 Belastungszyklen von 30–99 % r.F. zeigen, dass alle ausgewählten Klebemittel die hygrisch bedingten Formveränderungen von Holz und Malschicht nachvollziehen können, im Rahmen der Tests wurden bisher keine irreversiblen Veränderungen oder Substanzverluste beobachtet.
Abb. 27, 28 Derzeit erfolgen weitere Tests unter realen Klimabedingungen, das heisst im Gegensatz zu den bisherigen Belastungszyklen werden zusätzliche, zum Teil kurzfristige Veränderungen der relativen Luftfeuchtigkeit und Temperatur entsprechend den am Objekt aufgezeichneten Klimadaten simuliert. Nach der Auswertung dieser Tests wird das am besten geeignete Klebemittel am Objekt erprobt, bevor dieses dann für eine Malschichtverklebung im Bereich der gesamten Malerei eingesetzt werden kann.

―――

Harald Garrecht, Wilhelm Glaser, Simone Reeb

Kann die Entwicklung des Appenzeller Bestands vorausgesagt werden?

Die Erfassung aktueller Baubestände, der Versuch der Nachzeichnung ihrer historischen Entwicklung und das Verständnis ihrer Genese führen in diesem Beitrag zur Einschätzung eines rezenten und künftigen Bestandszustandes.[1] Die Analyse ist langfristig orientiert, die Schritte eignen sich auch als Grundgerüst für künftige Analysen. Zunächst muss die Bestandsentwicklung erfasst, beschrieben und bewertet werden: Die Erfassung soll dabei möglichst räumlich kontinuierlich sein, sie soll qualitativ wie quantitativ erfolgen und nachvollziehbar dokumentiert werden. Aus der Vergangenheit des Bestandes können in einem zweiten Schritt Kenntnisse über die inhärente Dynamik gewonnen werden und es kann ein Lernen für die Entwicklung in der Zukunft entstehen: Die historischen Muster bestimmen in unterschiedlicher Weise die Entwicklungen für die Zukunft.

Sichtung von Struktur und Dynamik einer Hauslandschaft

Im Appenzellerland führen die ältesten Spuren menschlicher Besiedlung in das Paläolithikum (Altsteinzeit) zurück (Wildkirchli).[2] Abgesehen von diesen für den Prähistoriker wichtigen, für die Bestandsforschung aber kaum bedeutenden Spuren, gilt das ganze Appenzellerland als ein, verglichen mit seiner Umgebung, relativ spät besiedeltes Gebiet, was nicht zuletzt auf Lage und Relief zurückzuführen ist. Es gab wohl während Jahrhunderten keinen Anlass, in dieses topographisch abwechslungsreiche, von tiefen Bachtobeln durchzogene, stark zerfurchte (kupierte) Gebiet einzudringen oder es gar dauerhaft zu besiedeln. Im 9. Jahrhundert ist die erste sichere alemannische Besiedelung auf Appenzeller Boden nachweisbar (im Nordwesten und Süden des Hinterlandes).[3] Im 12. Jahrhundert (1167) wird mit Trogen die erste Hofsiedlung gebaut.[4] In der zweiten Hälfte des 13. Jahrhunderts erfolgte ein massiver Weiterausbau im Hinterland. Gleichzeitig entstehen im Mittelland umfangreiche Hofsiedlungen und auch im Vorderland können im Südwesten die ersten sicheren Siedlungen nachgewiesen werden. Mit der Besiedelung begann im Appenzellerland der Wandel von der

---

1 Mein Dank gilt Herrn Raphael Forny für die zahlreichen Gespräche im Vorfeld der Entstehung dieses Beitrages. Weiterhin danke ich ihm für die gemeinsame Sichtung des theoretisch denkbaren Daten- und Archivmaterials.

2 Bächler, Emil: Das alpine Paläolithikum der Schweiz im Wildkirchli, Drachenloch und Wildenmannlisloch. Basel 1940.

3 Fuchs, Thomas; Witschi, Peter: Der Herisauer Schwänberg: Menschen, Geschichte, Häuser. Herisau 1995.

4 Im später besiedelten Mittelland wird urkundlich um 1175 Trogen (de Trugin) genannt. Deutlich später, gegen Ende des hochmittelalterlichen Landesausbaus, sind 1268 Schwellbrunn sowie Schönengrund belegt, kurz danach Teufen und Gais, erst 1309 Speicher. Gemeinden wie Rehetobel, Wald oder Wolfhalden deuten auf urwaldähnlichen Ursprung. Vgl. Sonderegger, Stefan: Grundlegung einer Siedlungsgeschichte des Landes Appenzell anhand der Orts- und Flurnamen, in: Appenzellische Jahrbücher 85 (1957), S. 3–68.

Natur- zur Kulturlandschaft. Die Region formiert sich zu dem noch heute augenscheinlichen Hof- und Streusiedlungsgebiet.[5] Vielerorts benachteiligte der Niederschlagsreichtum den Ackerbau und begünstigte die Graswirtschaft, welche das Auseinanderrücken der einzelnen Höfe mit begründet. Die räumliche Konfiguration ist so, dass Häuser in Rufweite stehen, möglichst viel Licht und Wärme aufnehmen und im Sinne der Ausrichtung (Südost/Südsüdost) möglichst alle vier Hausseiten während eines Tages in den Sommermonaten einmal beleuchtet und getrocknet werden. Im 15. Jahrhundert entstanden die ersten vorindustriellen Heimwebereien.[6] Der Webkeller wurde in der Reichweite des Wohnbereichs eingebaut. Vorherrschend wurde die Doppelnutzung der Gebäude für Textil- und Landwirtschaft. Wohnhaus (‹Huus›) und Wirtschaftsgebäude (‹Gade›) stehen in der Folge oft mitten in der Liegenschaft (‹Heemed›) und werden später von einem Lattenzaun gegen Nachbarn abgegrenzt (‹Lattehääg›).[7]

Dörfer sind erst im 17. und 18. Jahrhundert entstanden. Ihr Kern ist üblicherweise in der Erstellung der Kirche zu suchen, die meist an zentraler Lage erbaut wurde. Von den zwanzig Gemeinden ist lediglich die kleine Gemeinde Lutzenberg (Vorderland) die einzige, die bis heute sowohl ohne Kirche als auch ohne eigentliche Dorfsiedlung geblieben ist.[8] Ergänzend anzufügen ist, dass Höfe, Weiler, Dörfer oder gar stadtähnliche Gebilde nicht irgendwo zufällig entstanden. Vielmehr bemühten sich ihre Gründer um siedlungsbegünstigende Faktoren, wie ebenen und stabilen Baugrund, fruchtbaren Boden oder vorhandenes Quellwasser. Ebenso ist in der Lage vieler Dörfer noch heute das Bestreben der Gründer erkennbar, den Schutz vor Naturgefahren zu gewährleisten (zum Beispiel Meidung von Hochwasser, Wildbächen und Lawinenzügen, Bau von Talrand- oder Schwemmkegeldörfern, Bevorzugung der von der Sonnenbestrahlung begünstigten Talseite in den von West nach Ost verlaufenden Tälern. Später gegründete Wohnplätze müssen sich mit der Lage in zweiter Wahl begnügen.

Die günstigen Wirtschaftsverhältnisse des 18. Jahrhunderts (vorindustrielle Heimarbeit, Umstellung von der Leinen- zur Baumwollweberei) hatten zur Folge, dass die Bevölkerung sehr stark zugenommen hat. Zu dieser Zeit ist der Kanton der dichtestbesiedelte in der Schweiz und sogar eine der am dichtesten bewohnten Gegenden Europas. Während der Kanton 1667 noch circa 19 000 Einwohner zählte, so waren es 1734 bereits 34 500 und 1794 annähernd 40 000.[9] Das starke Wachstum verschiedener Ortschaften ist auch auf die enge wirtschaftliche Verflechtung mit der Stadt St. Gallen zurückzuführen. Der Wohlstand der damaligen Zeit ist noch heute in der baulichen Ausgestaltung der Dörfer gut ablesbar.[10] Zimmerleute und Baumeister schaffen und entwickeln beispielsweise in jenen Jahren das Bürger- beziehungsweise Fabrikantenhaus mit hohem Repräsentationsanspruch.

In der ersten Hälfte des 19. Jahrhunderts setzte die Mechanisierung der Webstühle ein und ab 1820 weitet sich das Fabrikwesen erheblich aus. Unter

---

5 Vgl. Weiss, Richard: Häuser und Landschaften der Schweiz. Zürich 1959.

6 Vgl. Tanner, Albert: Das Schiffchen fliegt, die Maschine rauscht. Zürich 1985, S. 14/15.

7 Hermann, Isabel: Die Bauernhäuser beider Appenzell. Basel 2004 (Die Bauernhäuser der Schweiz 31), S. 44.

8 Ebd., S. 19.

9 Tanner, Albert: Spulen – Weben – Sticken: Die Industrialisierung in Appenzell Ausserrhoden. Zürich 1982.

10 Es entwickelt sich eine vormoderne Architektursprache zwischen 1750 und 1850: Trennung der Konstruktion und Verkleidung, geometrisierte Rasterfassaden, Bandfenster. Als zusätzliche Elemente bilden sich der einfache oder doppelt geschweifte Giebel, Mansardendächer und die geschossweise Gliederung des Täfers durch Pilaster (im Sinne der Verkleidung der Strickköpfe) heraus, welche den Gebäuden ein stattliches Aussehen verleihen. In einigen Fällen wurde das Erdgeschoss bereits in Massivbauweise aus Sandstein gemauert und die Fronten getäfert. Darüber hinaus verdrängten die Lagerräume und Kontore die Wohnräume ins erste Obergeschoss. Siehe auch den Beitrag von Fredi Altherr in diesem Band.

Einfluss von Gewerbe und Tourismus haben sich die Dörfer nach und nach weiterentwickelt. Die Stickerei-Industrie nimmt ab 1860 eine weltweit führende Stellung ein. Auch die Agrarprodukte verarbeitende Industrie erlangt eine im gesamtschweizerischen Vergleich überproportionale Bedeutung.[11] Bis 1910 stieg die Einwohnerzahl auf 57 973. Zu dieser Zeit ist der Kanton mit 239 Einwohnern/km² neben Basel-Stadt, Genf und Zürich noch einer der am dichtesten besiedelten Kantone der Schweiz. Mit dem Beginn des Ersten Weltkriegs ging die Nachfrage nach Textilprodukten dieser Art sprunghaft zurück und führte in den Folgejahren zu einer markanten sozio-ökonomischen Krise. Dies kann anhand des starken Bevölkerungsrückgangs dokumentiert werden (1930: 48 977, 1941: 44 756 Einwohner) und auch anhand des Verlaufs der Bautätigkeit. Die Wirkung auf die generelle Dynamik dieses Baubestands lässt sich vermutlich noch heute vielerorts aufzeigen. Allgemein ist eine landwirtschaftlich-traditionelle Prägung vorhanden, mit deutlichen Spuren der Frühindustrialisierung. Der Frühtourismus wirkte insbesondere auf das Vorderland und Teile des Mittellandes. Im Hinterland sind zahlreiche Ferienhäuser und Infrastrukturanlagen infolge des jüngeren Ferien- und Freizeittourismus augenscheinlich. Im Bereich von Herisau und im weiteren Agglomerationsraum von St. Gallen sind Suburbanisierungstendenzen feststellbar. Der Kanton ist Abbild und Repräsentant einer facettenreichen Hauslandschaft. Die meisten Bauten stammen aus dem 19. Jahrhundert, wobei wahrscheinlich gerade im Schweizer Vergleich wesentlich mehr ältere Bauten überliefert wurden.[12] Diese Ist-Situation erfährt nachfolgend eine kartographische Dokumentation und erweiterte Kommentierung.

Mit Blick auf die Verkehrswege als Teil der gebauten Umwelt sei kurz angefügt, dass ein Bedürfnis diesbezüglich erst relativ spät entstand.[13] Diese wurden trotz der Verkehrsfeindlichkeit der Topographie geschaffen und im Laufe der Zeit gut ausgebaut. Die Strasse über den Ruppen (Grenze zu Österreich) wurde bereits im 14. und 15. Jahrhundert genutzt. Im Jahr 1842 wurde diese neu- und ausgebaut. Bis 1840 beteiligte sich der Kanton nur am Unterhalt von Brücken und drei Strassen. Die Verkehrserschliessung des Mittellandes ging eher von St. Gallen aus und bis heute laufen die Hauptverkehrsachsen auch in St. Gallen zusammen. Erst Mitte des 19. Jahrhunderts wurden die Strassenverhältnisse durch eine stärkere Beteiligung des Kantons verbessert – also zu einer Zeit, da in der übrigen Schweiz und gerade rund um das Appenzellerland der Bau von Eisenbahnen in vollem Gang war. Zehn von zwanzig Gemeinden verfügen heute über einen Bahnanschluss (unter anderem Privatbahnen), wobei auffällt, dass alle fünf Gemeinden des Mittellandes dazugehören.

Kommentar zum Vorhandenen und seiner Anordnung

Aktuell bestehen annähernd 26 000 Gebäude im Kanton Appenzell Ausserrhoden. Nutzbar sind für die inhaltliche, vielschichtige Betrachtung des Appenzeller Baubestandes **Abb. 1, Tab. 1** unter anderem topographische und historische Karten, Luft- und Satellitenbilder, die Katasterwerke mit Flurkarten und Büchern, Primärkartierungen von Baubeständen sowie verschiedene Statistiken und Archi-

---

11 Statistisches Jahrbuch der Schweiz (1900), S. 80.

12 Der Kanton weist mit Blick auf die Wohnbauten den höchsten Anteil historischer Bauten auf (schweizweit: 18 %, Kanton: 50 %). Das bisher älteste Appenzellerhaus wurde durch dendrochronologische Untersuchungen auf 1452 datiert.

13 Herrn Andres Scholl (Leiter Planungsamt, Natur- und Landschaftsschutz, Herisau) ist zu danken für die Möglichkeit der Einsichtnahme in den Schlussbericht *Lebensraumverbund Kanton Appenzell A.Rh. – Konzept zur Erhaltung und Förderung der Natur und Landschaft*.

Figur 1

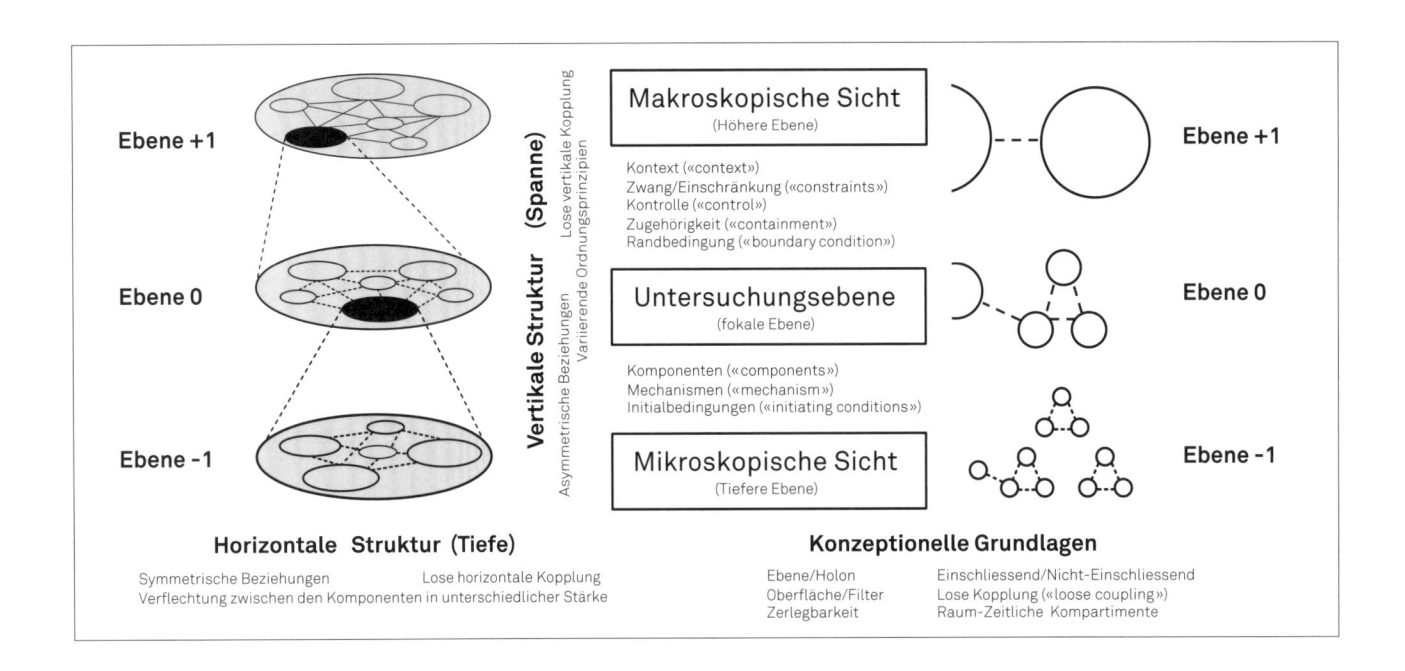

Vertikale Struktur (Spanne)
- Lose vertikale Kopplung
- Varierende Ordnungsprinzipien
- Asymmetrische Beziehungen

Ebene +1 / Ebene 0 / Ebene -1

Makroskopische Sicht (Höhere Ebene)
- Kontext («context»)
- Zwang/Einschränkung («constraints»)
- Kontrolle («control»)
- Zugehörigkeit («containment»)
- Randbedingung («boundary condition»)

Untersuchungsebene (fokale Ebene)

Mikroskopische Sicht (Tiefere Ebene)
- Komponenten («components»)
- Mechanismen («mechanism»)
- Initialbedingungen («initiating conditions»)

Horizontale Struktur (Tiefe)
Symmetrische Beziehungen — Lose horizontale Kopplung
Verflechtung zwischen den Komponenten in unterschiedlicher Stärke

Konzeptionelle Grundlagen
- Ebene/Holon — Einschliessend/Nicht-Einschliessend
- Oberfläche/Filter — Lose Kopplung («loose coupling»)
- Zerlegbarkeit — Raum-Zeitliche Kompartimente

---

1 Untersuchungsebenen bei der Betrachtung des Appenzeller Baubestands: Massstabsverhältnisse und Hierarchien, ‹triadische› Grundstruktur (bestandsorientiertes Denkmodul, Abstraktion)

In Anlehnung an: Wu, Jianguo: Hierarchy and Scaling: Extrapolating Information along a Scaling Ladder, in: Canadian Journal of Remote Sensing 25 (1999), H. 4, S. 367–380.

---

valien (zum Beispiel Daten, Dokumente der Gebäudeversicherung).[14] In die raum- und sachbezogene Selektion (zum Beispiel Berühren, Überlappen, Einschliessen, Distanz) werden neben üblichen Verwaltungseinheiten und Basisgeometrien der amtlichen Vermessung sogenannte Landschaftskammern integriert.[15]

Der Bestand der Gegenwart ist stets auch Zeugnis sozialer, kultureller und wirtschaftlicher Strukturen der Vergangenheit. Es handelt sich um keine einheitliche, sondern um eine vielschichtige und in viele Komponenten und Einzelteile zerlegbare Menge (zum Beispiel nach Bauperiode, Nutzungszweck, Gebäudekonstruktion oder Siedlungsstruktur). Insbesondere singulär attributive sowie multidimensionale Darstellungen dienen in diesem Beitrag der gedanklichen Ordnung der Vielfalt, durch die sich der kantonale Gebäudebestand als historisch gewachsenes Raumgefüge auszeichnet. Es werden nachfolgend zehn Sichtweisen auf den Baubestand in unterschiedlicher räumlicher Skalierung entwickelt, die quantitative Basisinformationen schaffen und durch Generierung von jeweils einer These weitere Diskussionen über den zukünftigen Umgang mit dem Bestand anregen und intensivieren möchten.

Die Abbildung 2 dokumentiert eine Darstellung des Gesamtbestands auf Ebene der Gemeinden. **Abb. 2** Die Gemeinde Herisau verfügt relativ betrach-

---

14 Die Generierung und Präsentation der Ergebnisse basiert auf diversen Geodaten des Bundesamtes für Landestopografie (swisstopo). Siehe: Bundesamt für Landestopografie swisstopo: GG25 – Die digitalen administrativen Grenzen der Schweiz. Wabern 2009; dass.: DHM25 – Das digitale Höhenmodell der Schweiz. Wabern 2009; dass.: Siegfriedkarte georeferenziert 1:25/50000. Wabern 2009; dass.: Dufourkarte georeferenziert 1:100000. Wabern 2009. Der Dank gilt an dieser Stelle dem Department Bau und Umwelt, Appenzell Ausserrhoden (c/o GEOINFO AG) für die vorübergehende Nutzungsmöglichkeit von Daten des Grunddatensatzes der amtlichen Vermessung (TOPIC). Siehe: Amtliche Vermessung (GEOINFO AG als Datenausgabestelle): Grunddatensatz, TOPIC Bodenbedeckung, Einzelobjekte und Liegenschaften. Herisau 2009. Gedankt sei der Assekuranz Appenzell Ausserrhoden (AAR), insbesondere Herrn Pierre River für die Datenbereitstellung und inhaltliche Beratung. Siehe: Gebäudeversicherung (AR), Assekuranz: Attributliste zum versicherten Bestand. Herisau 2009.

15 Die Landschaftskammern (Fläche: 0,07–7.72 km^2) bildeten die Grundlage für eine im Jahr 1996 durchgeführte kulturlandschaftliche Inventarisierung des gesamten Kantonsgebiets. Die Studie fokussiert in Anlehnung an das Projekt *Verbund naturnaher Lebensräume* auf eine quantitative Erfassung sowohl von Elementen der ‹Formalen Umwelt› als auch des Bereichs ‹Siedlungen›. Da viele statistische Daten nur auf Ebene der Gemeinden verfügbar sind, wurden die bestehenden 127 Landschaftskammern an die Gemeindegrenzen angepasst, sodass weitere 53 die Gesamtsicht stützen. Vgl. Egli, Hans-Rudolf; Flückinger, Simone; Gross, Christine u.a.: Kulturlandschaft Kanton Appenzell Ausserrhoden. Projektbericht (als Studie i.A. der Baudirektion des Kantons), hg. u. bearb. v. Geographischen Institut der Universität Bern, 1996. Herrn Prof. Rudolf Egli danke ich für die Einsicht in die Rohdaten, die dem Projektbericht *Kulturlandschaft Kanton Appenzell Ausserrhoden* zugrunde liegen.

Kriterien	Fragestellung	Beispiel/Bemerkung
Betrachtungsebene	Welchem Niveau entspricht die Analyse?	Gesamtbestand, Teilbestand, Einzelobjekte, Gebäude Innen/Aussen
Attribut	Welches bestandsorientierte Attribut wird betrachtet?	Menge (absolute Masse), Gebäudeabundanz (flächenbezogene Masse), Materialfluss, Energiestrom
Referenzzustand	Wie ist der Zustand des Attributs ohne externe Einflüsse?	Gleichgewicht, Trend, Zyklen, raum-zeitliche Variabilität
Referenzdynamik	Wie ist die Dynamik des Attributs ohne externe Einflüsse?	Ohne Kenntnis der Referenzdynamik gelingt eine Beurteilung des Verhaltens infolge von Störungen nur bedingt.
Störung	Wie erfolgt die Störung? Was unterliegt einer Störgrösse?	Einwirkungsintensität, Einwirkungsdauer, Wiederholungsrate, Wiederkehrperiode. Effekte der Störvariablen müssen aus der normalen Systemdynamik extrahiert werden.
Räumliche Skala	Wie ist der Raumbezug der Stabilitätsaussage?	Fläche des Untersuchungsgebiets, Ausdehnung, Auflösung, Grenzen der Ausbreitungsfähigkeit, Potentiallandschaft
Zeitliche Skala	Wie ist der Zeitbezug der Stabilitätsaussage?	Zeitliche Relation, Zeithorizont von Stabilitätsaspekt und Störgrössen, Lebensdauer, Übergangswahrscheinlichkeit, Entwicklungspfade

Tab. 1 Kriterien im Kontext potenzieller Möglichkeiten zur Stabilitätsaussage von Baubeständen

In Anlehnung an: Grimm, Volker: Stabilitätskonzepte in der Ökologie: Terminologie, Anwendbarkeit und Bedeutung für die ökologische Modellierung. Diss. Marburg. Berlin 1994, S. 47.

tet mit circa 20 % über den grössten Bestand des Kantons (circa 5000 Gebäude). Es handelt sich um ein Regionalzentrum des Appenzeller Hinterlandes, welches am Übergang der Agglomeration St. Gallen/Bodensee beziehungsweise am Kreuzungspunkt der Verbindungsrouten St. Gallen–Toggenburg und Gossau–Appenzell liegt. Die Gemeinde umfasst den früheren Marktflecken beziehungsweise ein als Dorf bezeichnetes Zentrum (kleinstädtischen Charakters) sowie in die hügelige Topographie ausgreifende Wohn- und Industriequartiere. Weiler und Einzelhöfe befinden sich in den landwirtschaftlich geprägten Randlagen. Über grössere Baubestände verfügen gemäss der günstigen Lage und langjährigen wirtschaftlichen Bezüge zu St. Gallen (zum Beispiel frühe Saumpfade, Fahrwege, Strassen) und Appenzell auch die Gemeinden des Mittellandes (unter anderem Teufen: circa 2500, Speicher: circa 1700, Gais: circa 1600 Gebäude). Landwirtschaft, Handwerk und Textilgewerbe fördern gute wirtschaftliche Verhältnisse. Die Dorfkirche von Speicher wird bereits während der Hochblüte des Klosters St. Gallen als Kornspeicher genutzt. Im Vorderland ist die Gemeinde Heiden quantitativ betrachtet mit circa 1700 Gebäuden einer der grösseren Vertreter. Heiden entwickelte sich ab 1848 zum Molkekurort und erfuhr neben üblichen ubiquitären Einflüssen des Textilgewerbes (Weberei und Stickereiwaren aus Leinen, später aus Baumwolle und Seide) einen starken Aufschwung durch den früh einsetzenden Tourismus. Die in Appenzell mit 972 m.ü.M. höchstgelegene Gemeinde Schwellbrunn (vormals Teil von Herisau) verfügt im Vergleich über einen eher kleinen Bestand (circa 350 Gebäude). Ähnliches gilt für Wald, Grub, Lutzenberg und Reute.

Der in Abbildung 2 einbeschriebene Zentralwert[16] des Gebäudebaujahres vermittelt einen Eindruck vom Alter verschiedener Gemeindebestände.[17] Es

---

16 Beim Median handelt es sich um eine Messzahl, die eine Verteilung in zwei Hälften teilt, sodass auf jeder Seite 50 % der Fälle liegen (auch Zentralwert). Der Median ist robuster gegen Ausreisser als der Mittelwert (Durchschnitt).

17 Seit 1841 liegt die Versicherung von Gebäuden und Grundstücken sowie der Schutz vor Feuer und Elementargefahren in der Verantwortung der Assekuranz AR (AAR). Alle Gebäude und gebäudeähnlichen Objekte, welche dem Gebäudeversicherungs-Monopol unterstehen, unterliegen dabei dem Schätzungsverfahren. Bestehende Gebäude werden alle zehn Jahre oder nach erfolgter Bautätigkeit eingeschätzt – in der Regel zum Neuwert. Die Erhebung ist massgeblich von der Sichtweise und Beurteilung des Schätzers der Versicherung (Baufachleute aus verschiedenen Berufsgattungen) abhängig. Aufgabe der Schätzer ist es, das Grundstück und die Gebäude zu beschreiben und mit weiteren Eigenschaften wie zum Beispiel Baujahr, Bauklasse (massiv, gemischt, weich) oder Nutzung zu belegen. Die erfassten Baujahre sind allerdings nur als Indikator zu verstehen und erlauben keinesfalls eine genaue Datierung im Sinne der Bauforschung.

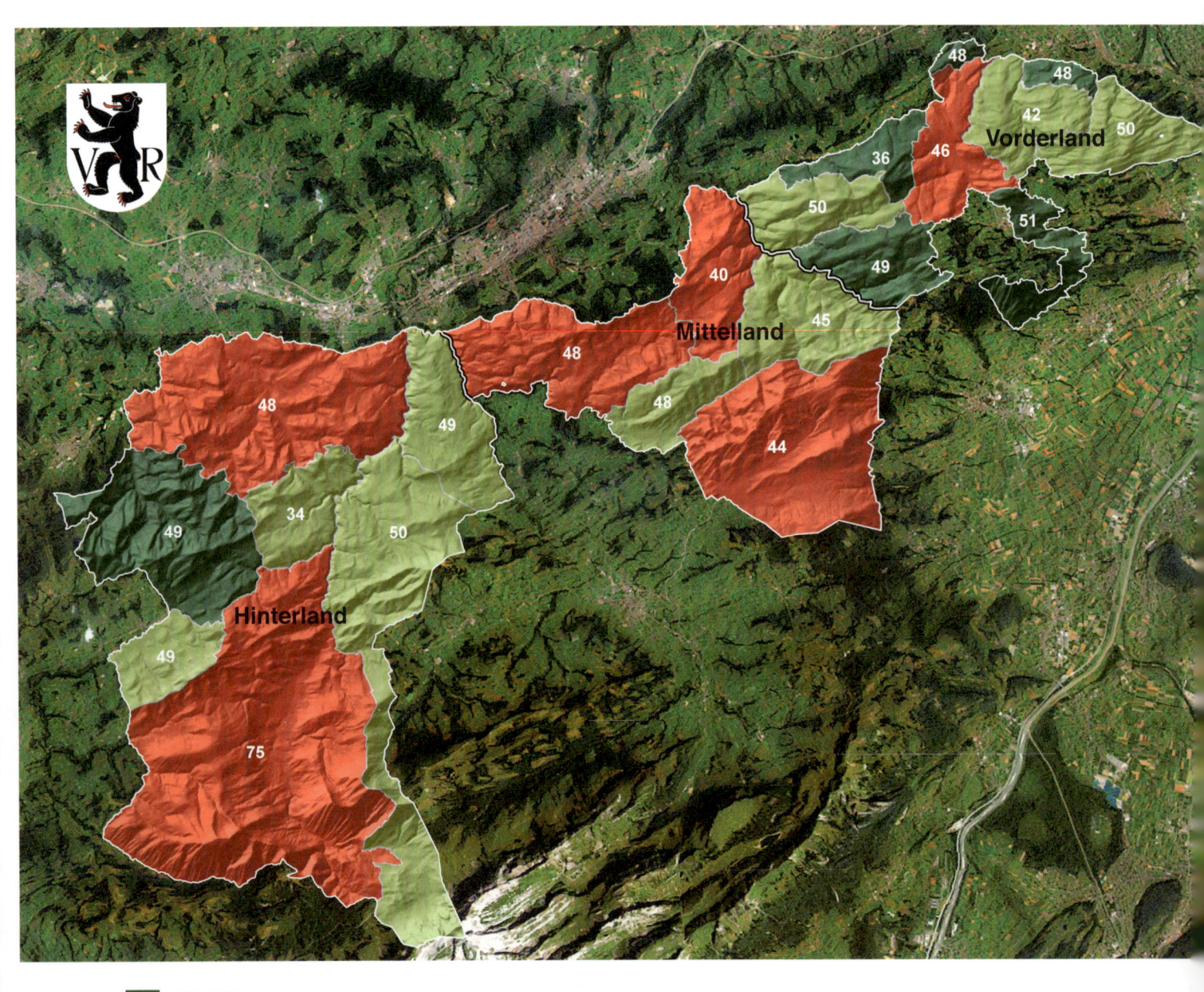

Legend:
- 340–750
- 751–1500
- 1501–4887

2 Klassifizierte Darstellung des Gesamtbestands von Wohnbau und Nichtwohnbau. Einbeschrieben ist der Zentralwert des Gebäudealters. Das Säulendiagramm zeigt die Bevölkerungsentwicklung von 1554 bis 2000.

Datenquelle (Diagramm): Tanner, Albert: Spulen – Weben – Sticken: Die Industrialisierung in Appenzell Ausserrhoden. Zürich 1982.

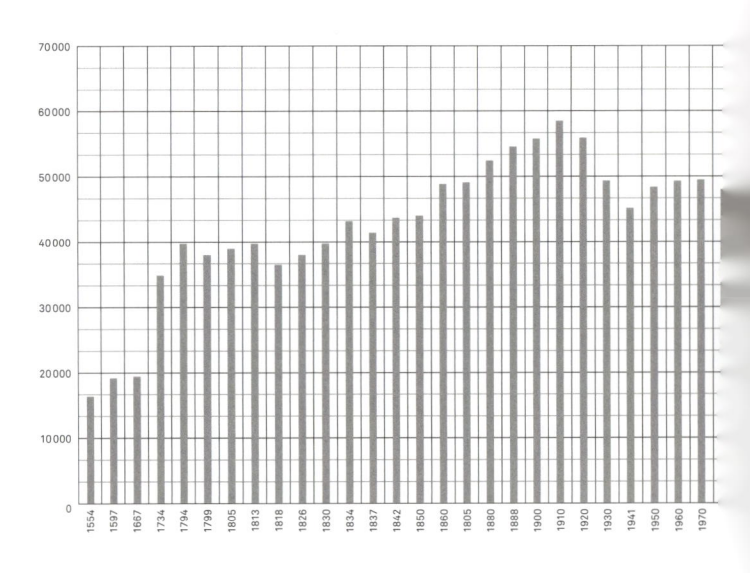

zeigt sich sehr deutlich, dass der Bestand im Kanton Appenzell Ausserrhoden tendenziell eher älter ist als in vielen anderen Schweizer Gemeinden (Zentralwert im Wohnbau der Schweiz: 36 Jahre). Über besonders alte Bestände verfügen die Gemeinden Urnäsch (Median = 75 Jahre), Reute (= 51), Rehetobel (= 50), Hundwil (= 50) sowie Walzenhausen (= 50).

Die Bevölkerung wird in der Geographie als Schlüsselindikator für die Entwicklung eines Raumes verstanden. So lassen sich erste Vermutungen über die positive/negative wirtschaftliche Entwicklung aussprechen. Im Sinne eines Zusammenhanges zwischen der Bevölkerungsentwicklung und der Bautätigkeit wird deshalb auch in Abbildung 2 die Bevölkerung ausgewiesen. Man erhält mit Blick auf den Verlauf zwischen 1600 und 1900 eine grobe Vorstellung, wie sich auch die Bestandserstellung schubweise vollzogen haben könnte. Die Bevölkerungsentwicklung ist tendenziell durch ein frühzeitiges beschleunigtes Wachstum im 17. und 18. Jahrhundert geprägt und ein geringes Wachstum im 19. Jahrhundert. Zu berücksichtigen ist, dass die Entwicklung der Bevölkerung zahlreichen Einflüssen/Störungen unterliegt wie zum Beispiel Schwankungen der Geburtenrate und natürlichen Todesfälle, Pesteinbruch (1610–1611, 1628–1629, 1635), Epidemie (1740) sowie Hungersnot (1771). Anzumerken bleibt, dass die Bevölkerung im 20. Jahrhundert den Stand von 1910 nie mehr erreichen konnte. Aus dem (vor-)industriellen Zentrum der Schweiz wurde Appenzell Ausserrhoden nach dem Zusammenbruch der Nachfrage nach Stickereiwaren zu einer eher industriellen Randregion. Prozesse der Bevölkerungsabwanderung erfolgen in den nachfolgenden Jahrzehnten. Das Überlebensverhältnis des Appenzeller Baubestandes, welcher vor 1910 errichtet wurde, beträgt heute kantonsweit annähernd noch 61 % (eigene Hochrechnung) und dokumentiert im nationalen Vergleich einen relativ hohen Wert.

Die erste These sei wie folgt formuliert: *Die Herausforderung für die räumliche Planung des Appenzeller Baubestandes wird künftig darin bestehen, zwischen der Dauerhaftigkeit des Gebauten und den sich ändernden Nutzungsansprüchen zu vermitteln sowie weitere Störgrössen dieses (stabilen) Bestandskomplexes zu extrahieren und durch angemessene Konzepte abzumildern.*

Abbildung 3 folgt dem Ziel einer Strukturierung der zwanzig Gemeinden nach zehn vordefinierten Nutzungsklassen von Gebäuden, welche auf einer Systematik der amtlichen Vermessung basieren. **Abb.3** Grundlage bildet ein Quantil-Ansatz, der die relativen Häufigkeiten je Nutzungsklasse einbezieht.[18] Entwickelt werden spezifische Nutzungsprofile, die infolge des Gemeindevergleichs Auffälligkeiten markieren, das heisst Wertausprägungen im oberen beziehungsweise unteren Viertel betonen. Anders formuliert: Es lassen sich Gemeinden identifizieren, die im relativen Vergleich über einzelne Nutzungen seltener beziehungsweise vermehrt verfügen. Herisau zeigt im Sinne eines Regionalzentrums die erwartete Häufung an Gewerbe und Industriegebäuden, Handel- und Dienstleistungsgebäuden sowie öffentlichen Gebäuden. Andere regional bedeutsame Gemeinden wie Teufen, Bühler, Gais dokumentieren diese im Nutzungsprofil in ähnlicher Weise. Der Baubestand der Gemeinde Heiden zeigt im Sinne des Vergleichs die meisten Ausprägungen mit hohen Anteilswerten (6/10). Ähnlich wie in Herisau handelt es sich um ein stark diversifiziertes Nutzungsprofil stadt-

---

18 Für die Bestimmung von Quantilen ist es zunächst erforderlich, die Werte der Stichprobe vom kleinsten zum grössten Wert zu sortieren. Anschliessend wird für jede Beobachtung die kumulative (relative) Häufigkeit angegeben, das heisst der Anteil von Werten, die kleiner (oder gleich) dieser Beobachtung sind. Das 25 %-Quantil, der Median und das 75 %-Quantil werden auch als Quartile bezeichnet, da sie die Stichprobe in 4 (zumindest annähernd) gleich grosse Bereiche unterteilen. In den kartographischen Darstellungen werden pro Variable (Nutzung) schliesslich 3 Klassen gebildet (Klasse 1: Wert < Q25, Klasse 2: Werte innerhalb des Quartilabstands = Q75–Q25, Klasse 2: Wert >Q75). Der Quartilabstand umfasst 50 % der Verteilung.

ähnlicher Prägung. Heiden wirkt früh als Regionalzentrum im Vorderland (circa 17. Jahrhundert), erlangt grosse touristische Bedeutung und bildet noch 1910 eine der drei grössten Siedlungen in Appenzell Ausserrhoden und Innerrhoden. Hundwil, Stein, Schwellbrunn und Schönengrund sowie auch Urnäsch und Wald verweisen dagegen auf eher landwirtschaftlich orientierte Nutzungsprofile. Rehetobel wird aufgrund des Nutzungsprofils und dessen Zusammensetzung hervorgehoben. Es handelt sich in allen zehn Nutzungen um eher ausgewogene Quantitäten. In der Rückschau ist um 1910 festzustellen, dass diese Gemeinde neben Urnäsch und Waldstatt über eine eher geringe Siedlungsdichte verfügte und aufgrund ihrer Grösse als kleines Dorf eingestuft wurde.[19]

Kantonal betrachtet lässt sich der Bestand wie folgt charakterisieren und in seinem Nutzungsprofil ergänzend zu den zwanzig Gemeindeprofilen darstellen: 44% reine Wohngebäude, 21% reine Betriebsgebäude, 10% Verkehrsgebäude, 9% Wohn- und Betriebsgebäude, 4% dörfliche Mischnutzungen, 4% Gebäude für Erholung, 3% Gebäude für Gewerbe und Industrie, 5% sonstige Gebäude. Die Tabelle der Abbildung 3 bestärkt den Eindruck vorindustrieller Einflüsse und bietet Vergleichsmöglichkeiten unter Einbezug ausgewählter Kennziffern in Raum (Schweiz, Ostschweiz) und Zeit (1850, 1900, 1950, 2000).[20] Zu betonen sind hohe Anteilswerte der Erwerbstätigen im II. Sektor im Jahr 1888. Auch zeigt es sich, dass die Bevölkerung zwischen 1850 und 2000 im Verhältnis zu anderen Kantonen geringerer Veränderung unterliegt. Der zeitliche Vergleich des Umfanges an Betrieben, Fabriken und Unternehmen deutet auf frühe Entwicklungsschübe und spätere Einflusse aus den jüngeren Krisenjahren. Die zweite These nimmt Bezug auf den Gemeindevergleich: *Auf dem individuellen Weg der Appenzeller Gemeinden zu einer nachhaltigen Entwicklung wird es immer wichtiger, die Leistungen der eigenen Kommune auf Grundlage von Indikatoren zu bewerten und mit anderen Schweizer Kommunen zu vergleichen. Multidimensionale Verfahren und statistische Erklärungsmodelle erlangen vor diesem Hintergrund in der Zukunft grössere Relevanz.*

Abbildung 4 dient der Feststellung von Tendenzen zur Abbruchtätigkeit von Gebäuden seit dem Jahr 1910. **Abb. 4** Um hier annähernd eine Vorstellung vom Ausmass der Verluste zu erhalten, wurde für zwei Zeitpunkte (1910 und 2010) ein Vergleich der absoluten Bestandsmenge vollzogen.[17] Das Jahr 1910 wurde nicht nur aufgrund der Datenlage gewählt, sondern auch weil zu diesem Zeitpunkt noch die Stickereiproduktion den grössten Exportzweig der Schweizer Wirtschaft mit circa 18% bildete. Mehr als 50% der Weltproduktion entfielen damals auf die angrenzende Stadt St. Gallen. Auch die Bevölkerung erreichte in diesem Jahr, wie schon dargelegt, ihren Höchststand und die hohe Quote der Heimarbeit prägte noch immer massgeblich die Struktur kantonaler Erwerbstätigkeit. Im Kontext der Nachhaltigkeit repräsentiert der Appenzeller Baubestand jener Jahre heute eine nicht ersetzbare Ressource und erhebliches Multi-Kapital (zum Beispiel kulturell, ökonomisch, ökologisch). Dieser Bestand ist also nicht nur immenser Speicher von Energie und Rohstoffen, sondern kumulativer Informationsträger für die Ganglinien und Arbeitsleistungen der vergangenen Generationen. Divergierende Wertvorstellungen und unangemessene Planungskonzepte fördern vermutlich seine Deformation und bilden eine Bedrohung für seinen Fortbestand.

---

19 Ott, Adolf: Siedelungsverhältnisse beider Appenzell. Diss. Zürich 1915, Karte II. Zahlreiche Brände kennzeichnen die Chronik der Gemeinde Rehetobel, welche im Vergleich erst spät um 1463 Erwähnung (Stiftungsbrief der Kirche in Trogen) erfuhr.

20 Witschi, Peter: Unternehmensarchive der Ostschweiz und die Rolle öffentlicher Memoinstitutionen. Diplomarbeit, Universität Lausanne, 2004, S. 6.

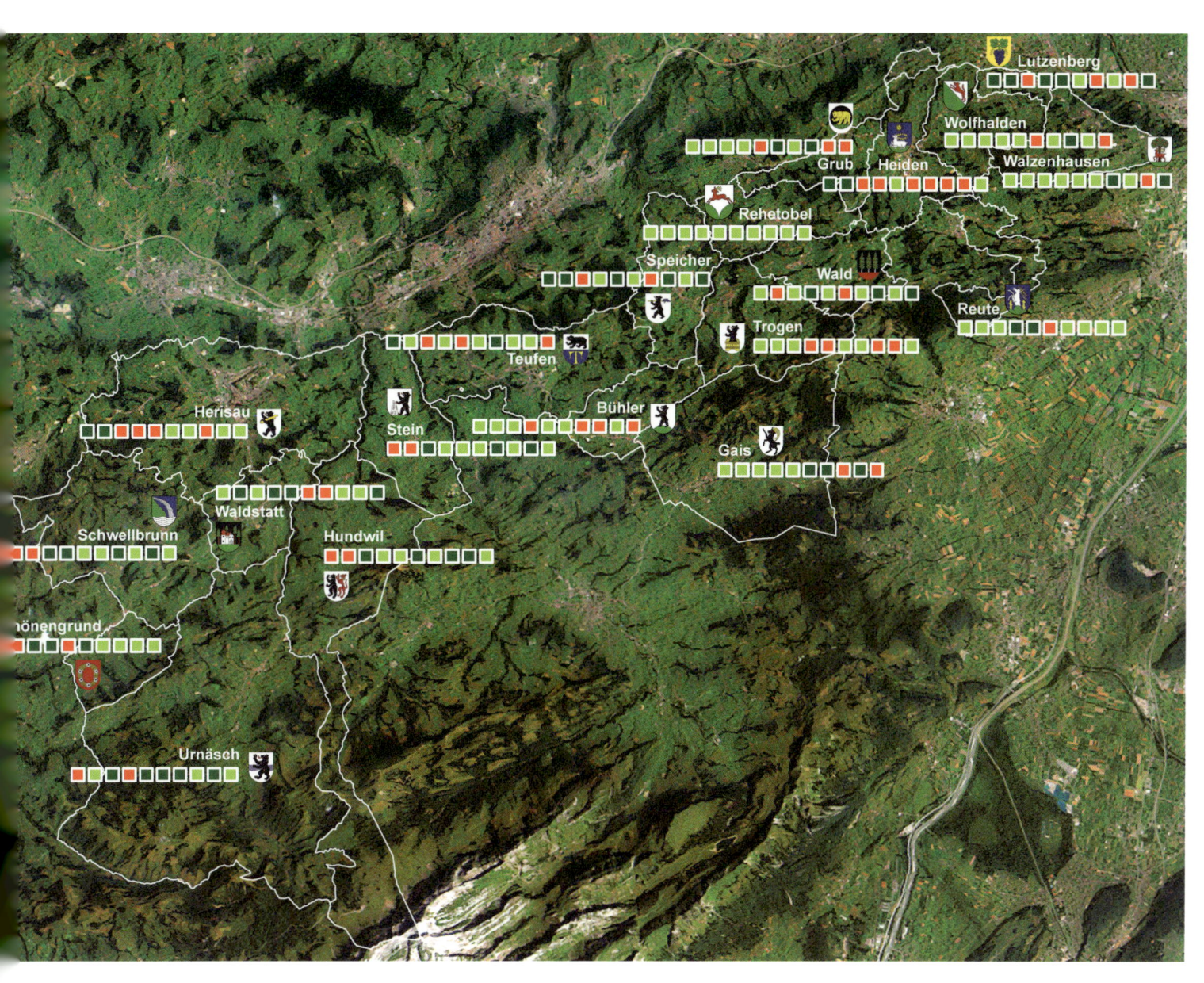

Betriebsgebäude
Wohn- und Betriebsgebäude
Wohngebäude
Gewerbe und Industrie
Öffentliche Gebäude
Verkehrsgebäude
Mischnutzung
Handel und Dienstleistung
Erholungsgebäude
Sonstige Gebäude

■ >0,75-Quantil
■ Quantilsabstand
■ ≤0,25-Quantil

3 Relative Nutzungsprofile der Gemeinden (Appenzell Ausserrhoden). In tabellarischer Form sind Kennzahlen zum Ostschweiz-Profil zwischen 1850 und 2001 aufgeführt.

Datenquelle (Tabelle): Fremdenverkehrsstatistik, in: Brunner, Heinrich (Red.): Die Schweiz. Neuenburg 1909, S. 599. Schweizerisches Regionenbuch. 1. Bd. 106. Ausgabe. Zürich 2002. Geografisch-Statistisches Jahrbuch der Schweiz (1895–1905). Statistisches Jahrbuch der Schweiz (1950–1960). Ergebnisse der eidg. Betriebszählung von 1905, hg. v. d. Schweizerischen Statistik. Bern 1908. Eckdaten Kantone, hg. v. Statistik Schweiz. Neuenburg 2004.

	Glarus	Schaffhausen	Appenzell A.Rh.	Appenzell I.Rh.	St. Gallen	Graubünden	Thurgau	Ostschweiz	Schweiz	Anteil
Bevölkerung										
Einwohner (1850)	30 213	35 300	43 621	11 272	169 625	89 895	88 908	468 834	2 392 740	20%
Einwohner (1900)	32 349	41 514	55 281	13 499	250 285	104 520	113 221	610 669	3 315 443	18%
Einwohner (1950)	37 663	57 515	47 938	13 427	309 106	137 100	149 738	752 487	4 714 992	16%
Einwohner (2000)	38 300	73 400	53 200	15 000	452 600	185 700	228 200	1 046 400	7 261 200	14%
Erwerbsstruktur										
I. Sektor 1888	22,1%	44,9%	22,4%	37,8%	31,5%	59,4%	40,7%	37,0%	41,9%	
II. Sektor 1888	62,9%	37,9%	64,8%	50,9%	51,4%	20,6%	45,7%	47,7%	39,7%	
III. Sektor 1888	15,0%	17,2%	12,8%	11,3%	17,1%	20,0%	13,6%	15,3%	18,4%	
I. Sektor 2001	8,1%	6,8%	10,2%	21,7%	6,3%	9,6%	10,3%	8,2%	5,7%	
II. Sektor 2001	41,9%	35,1%	36,1%	29,2%	34,2%	23,7%	37,3%	33,2%	26,6%	
III. Sektor 2001	50,1%	58,1%	53,7%	49,1%	59,5%	66,7%	52,4%	58,7%	67,7%	
Bauernbetriebe (1905)	1 875	4 026	3 722	1 326	17 218	12 528	11 436	52 131	252 422	21%
Bauernbetriebe (1955)	1 339	2 835	2 870	1 357	14 655	11 809	8 629	43 494	205 997	21%
Anzahl Fabriken (1901)	94	80	194	12	749	80	336	1 545	6 080	25%
Anzahl Fabriken (1950)	137	143	153	19	1 047	208	476	2 183	11 475	19%
Fabrikpersonal (1901)	7 416	5 245	4 314	220	23 254	1 819	11 724	53 992	242 534	22%
Fabrikpersonal (1950)	7 848	10 280	4 280	356	36 781	4 648	20 773	84 966	492 563	17%
Hotelbetriebe (1905)	100	55	149	33	453	516	278	1 584		
Hotelbetriebe (1950)	85	27	220	58	614	849	121	1 974	6 705	29%
Anzahl Firmen (1902)	654	587	1 436	85	2 887	1 532	1 272	8 453	45 829	18%
Unternehmen (2001)	1 763	3 203	2 566	715	19 362	9 608	9 886	47 103	317 739	15%
Aktiengesell. (1950)	363	127	54	10	534	476	256	1 820	21 303	8,5%
Aktiengesell. (2000)	1 898	1 467	1 160	543	8 867	5 127	4 353	23 415	171 984	14%

Bei einem nachhaltigen Planungsansatz sollte das Ziel gerade darin bestehen, möglichst lange und vollständig den Verbleib der vielschichtigen Ressourcen und Kapitalien zu gewährleisten. Die Observierung der vergangenen Verluste möchte an dieser Stelle für den Umgang mit dem Bestand in der Zukunft sensibilisieren. Die relative Verlustquote während hundert Jahren (1910–2010) überrascht auf den ersten Blick in ihrem Ausmass und schärft den analytischen Blick auf die Problematik, dass einige Appenzeller Gebäude der Bauperiode bis 1910 in den zurückliegenden hundert Jahren vermutlich noch nicht umfassend genug auf ein langfristiges Fortbestehen vorbereitet beziehungsweise überhaupt in Betracht gezogen wurden. Im Durchschnitt liegt die Verlustquote bei annähernd 40 %.[21] Die Gemeinden Grub und Wolfhalden scheinen die grössten Verluste aufzuweisen. Geringere Verluste verzeichnen die Gemeinde Urnäsch sowie nachfolgend Walzenhausen, Rehetobel, Gais und Schwellbrunn. Die präzise Analyse einzelner Gemeindebestände ist in der Folge weiter anzuraten, um ortsbezogene Gründe für diese Verluste zu bestimmen und um diese erste Einschätzung zu validieren.

Zusätzlich in Abbildung 4 dargestellt ist die relative Häufigkeit von Siedlungselementen für das Jahr 1910, um sich ergänzend zum verlorenen Bestand auch annähernd das Siedlungsbild um 1910 vorzustellen – gezeichnet durch Dörfer, Weiler und Einzelhöfe. Das Hinterland und die Gemeinde Gais sind zu jener Zeit wesentlich durch Einzelhöfe geprägt. Herisau und viele Gemeinden des Vorderlands und Mittellands verfügen hingegen über eine spezifische Konfiguration der Weiler und besonders einwohnerstarke Dorfstrukturen. Traditionell wurden Gebäude für eine unbeschränkte Lebensdauer gebaut und in diesem Sinne regelmässig unterhalten und erneuert. Es handelte sich in einigen Fällen auch um ein Weiterbauen unter gleichzeitigem Anpassen. Die kartierten Abbruchquoten deuten in Teilen auf einen anderen Prozess, der im vergangenen Jahrhundert anscheinend an Bedeutung gewonnen hat.

Es lässt sich dazu folgende These formulieren: *Der Appenzeller Bestand der Vergangenheit wird zunehmend nicht mehr als Ressource verstanden, sondern dient als Platzhalter für Ersatzneubauten, die intergenerationell betrachtet über ein erhebliches und weitreichendes Verdrängungspotenzial von bereits geschaffenen Ressourcen und Kapitalien verfügen.*

Abbildung 5 deutet auf Vorkommen (Anhäufung) von ursprünglichen Baubeständen. **Abb. 5** Räumliches Bezugssystem sind in diesem Fall die Landschaftskammern. Grundlage bilden qualitative und quantitative örtliche Einschätzungen.[22] Die Kartendarstellung fokussiert dabei auf ausgewählte Bauten[23] und stützt sich auf die Summe bereits existierender Einschätzungs-

---

21 Diese Abschätzungen beziehen sich im Wesentlichen auf den versicherten Baubestand. Die Akten der Assekuranz AR verweisen dabei sowohl auf abgebrochene Wohn- als auch Nichtwohngebäude. Infolge einer erweiterten Sichtung der Abbruchtätigkeit in den Gemeinden besteht die Vermutung, dass das Verhältnis der Abbruchzahlen dieser Nutzungen 20:80 beträgt. Der wesentlich grössere Abbruchanteil entfällt somit eher auf die Nichtwohngebäude. Hierzu zählen vorwiegend: Remise, Schopf, Garage, Bienenhaus, Stallung oder Schuppen. Die Verlustquote wird massgeblich von Klein- und Nebengebäuden bestimmt. Im Sinne des Erhalts eines vollständigen, kontrastreichen Ortsbildgefüges sind diese Bauten sicherlich aber auch nicht unbedeutend. Hinsichtlich der Datenqualität ist anzumerken, dass Bundesbauten, auch wenn diese nur einen kleinen Teil des Gesamtbestandes repräsentieren, in den frühen Jahren nicht kontinuierlich der Versicherungspflicht unterlagen. Ferner besteht eine gewisse Unschärfe, da einige Gebäude zu Beginn der Versicherungstätigkeit nicht zwangsläufig in der Assekuranz geführt wurden. Es bedarf in jedem Falle noch einer genaueren Überprüfung der zum Teil überschätzten Verlustquoten. Dies kann aber nur auf Ebene einzelner Gemeinden gelingen.

22 Vgl. Lebensraumverbund Kanton Appenzell A.Rh. Konzept zur Erhaltung und Förderung der Natur und Landschaft, Schlussbericht. 24. März 1999, hg. v. Appenzell A. Rh., Department Bau und Umwelt, Planungsamt Natur- und Landschaftsschutz. Egli; Flückinger; Gross 1996 (wie Anm. 15). Aufbauend auf den vorliegenden Untersuchungsergebnissen werden explizit nur bestandsorientierte Daten betrachtet.

23 Traditionelle Bauernhöfe mit Kreuzfirst, Alpgebäude, freistehende landwirtschaftliche Ökonomiegebäude, Tätschdachhäuser, Heidenhäuser, Weberhäuser, Bürgerhäuser, traditionelle Gewerbe und Industriegebäude, älterer Baubestand (bäuerlich), älterer Baubestand (bürgerlich) und älterer Baubestand (grosse Bauten).

ergebnisse (Vorkommen).[24] In der Kulturlandschaftsanalyse wird der Begriff der Ursprünglichkeit weitreichender gebraucht, um eine Vorstellung von der Entwicklung und Veränderung einer Landschaft zu vermitteln. Derartige Untersuchungen nutzen physiognomische Methoden sowie traditionelle Methoden der historisch-geographischen Feldforschung.[25]

Betrachtet man die Ausprägungen der Bestandsvorkommen (gering, mittel, gross bis ausserordentlich), so finden sich vergleichsweise eher geringe Vorkommen von ursprünglichen Baubeständen in den höheren Regionen des Hinterlandes – hauptsächlich Alpgebiete mit Sömmerungsweiden. Darüber hinaus handelt es sich erwartungsgemäss um Gegenden wie den Urnäschtobel, den Sittertobel, den Löschwendi oder besonders waldreiche Landschaftskammern. Gegenden mit einem ‹ausserordentlichen› Vorkommen finden sich insbesondere im Vorder- und Mittelland. Dies dokumentieren zahlreiche Kammern der Gemeinden Teufen, Gais, Wald, Wolfhalden, Grub und Heiden. Visuell augenscheinlich beziehungsweise besonders konzentriert sind bauliche Konfigurationen aus Tätschdach- oder Heidenhäusern (vornehmlich Gais), traditionellen Bauernhäusern mit Kreuzfirst, Bürgerhäusern sowie traditionellem Gewerbe und Industriegebäuden.

Im nördlichen Teil des Vorderlandes, im Bereich Herisau, Schwänberg und der ehemaligen Rhode[26] Lehn sind ähnliche reiche Vorkommen gemäss noch heute messbarer Hauptströmungen der Appenzeller Entwicklung vorzufinden. Oftmals treten diese benachbart auf. Der Schwänberg bildet nach allgemeiner Einschätzung einen appenzellischen Mikrokosmos und wird als die älteste schriftlich erwähnte Örtlichkeit des Appenzellerlandes verstanden.[27]

Die Abbildung 5 enthält zusätzlich Verhältniswerte, welche sich aus der Summe der inventarisierten Gebäude des Gesamtbestands generieren.[28] Der Vergleich von zwei räumlichen Bezugssystemen (Gemeinden, Landschaftskammern) verdeutlicht dabei die Problematik, dass derartige Werte nur bedingt zur rapiden Beurteilung geeignet sind. Notwendig ist ein Gesamtüberblick in diversen Untersuchungsebenen (siehe Abbildung 1). In den verorteten Darstellungen wird besonders die statistische Varianz und räumliche Streuung markiert. Als kontrastreicher Impuls seien dazu Lagemasse der Inventaranteile nachfolgend mit aufgeführt: Mittelwert (20 Gemeinden), 14 %; Median (20 Gemeinden), 13.4 %;

---

[24] Klassengrenzen mithilfe der Quantile im Sinne der Vergleichbarkeit (absolute Werte umgerechnet als Dichtewert pro Kammer): X = 0, Ausprägung 0; 0 < X ← 25 %-Quantil, Ausprägung 1; 25 %-Quantil < X ← 65 %-Quantil, Ausprägung 2; 65 %-Quantil < X ← 90 %-Quantil, Ausprägung 3; 90 %-Quantil < X, Ausprägung 4. Klassengrenzen für das qualitative Vorkommen (visueller Eindruck): 0 = Das Element ist in der Kammer nicht vorhanden oder wurde nicht gesehen oder nicht wahrgenommen. 1 = Das Element ist visuell schwach wirksam, wenig auffällig oder schwach vorhanden. In der Regel ist es nur in einem kleinen Teil der Kammer sichtbar. 2 = Das Element ist visuell wirksam oder in mittlerem durchschnittlichen Mass vorhanden. Es kommt in der Regel an verschiedenen Orten der Kammer vor und/oder ist von verschiedenen Orten der Kammer aus sichtbar. 3 = Das Element macht visuell einen starken Eindruck, ist in grossem Mass vorhanden oder auffällig. Es kommt in der Regel in einem grossen Teil der Kammer vor und/oder ist von vielen Standorten aus sichtbar. 4 = Das Element macht visuell einen sehr starken, ausserordentlichen Eindruck, ist in sehr grossem Mass vorhanden. Es kommt in der Regel in fast der ganzen Kammer vor und/oder ist von fast der ganzen Kammer aus sichtbar.

[25] Gunzelmann, Thomas; Schenk, Winfried: Kulturlandschaftspflege im Spannungsfeld von Denkmalpflege, Naturschutz und Raumordnung, in: «Erhaltung und Entwicklung gewachsener Kulturlandschaften als Auftrag der Raumordnung», Informationen zur Raumentwicklung (1999), H. 5/6, S. 347–360. Gunzelmann, Thomas: Die Erhaltung der historischen Kulturlandschaft. Angewandte Historische Geographie des ländlichen Raumes mit Beispielen aus Franken. Bamberg 1987 (Bamberger wirtschaftsgeographische Arbeiten). Für schweizerische und ländliche Räume existieren Inventarisierungsansätze im Sinne der visuellen Erscheinung: Grosjean, Georges: Ästhetische Bewertung ländlicher Räume am Beispiel von Grindelwald. Bern 1986.

[26] Im Appenzellerland gehen die zur Sicherung von Militär- und Steuerleistungen an die Abtei St. Gallen eingeführten Rhoden (spätere Gebietskörperschaft) auf das 13. Jahrhundert zurück.

[27] Fuchs, Thomas; Witschi, Peter: Der Herisauer Schwänberg – Menschen, Geschichte, Häuser. Herisau 1995 (Das Land Appenzell 25/26).

[28] Die Daten zu Kulturobjekten und Bauten in geschützten Ortsbildern wurden durch die Kantonale Denkmalpflege bereitgestellt. Gedankt sei ganz herzlich Herrn Fredi Altherr.

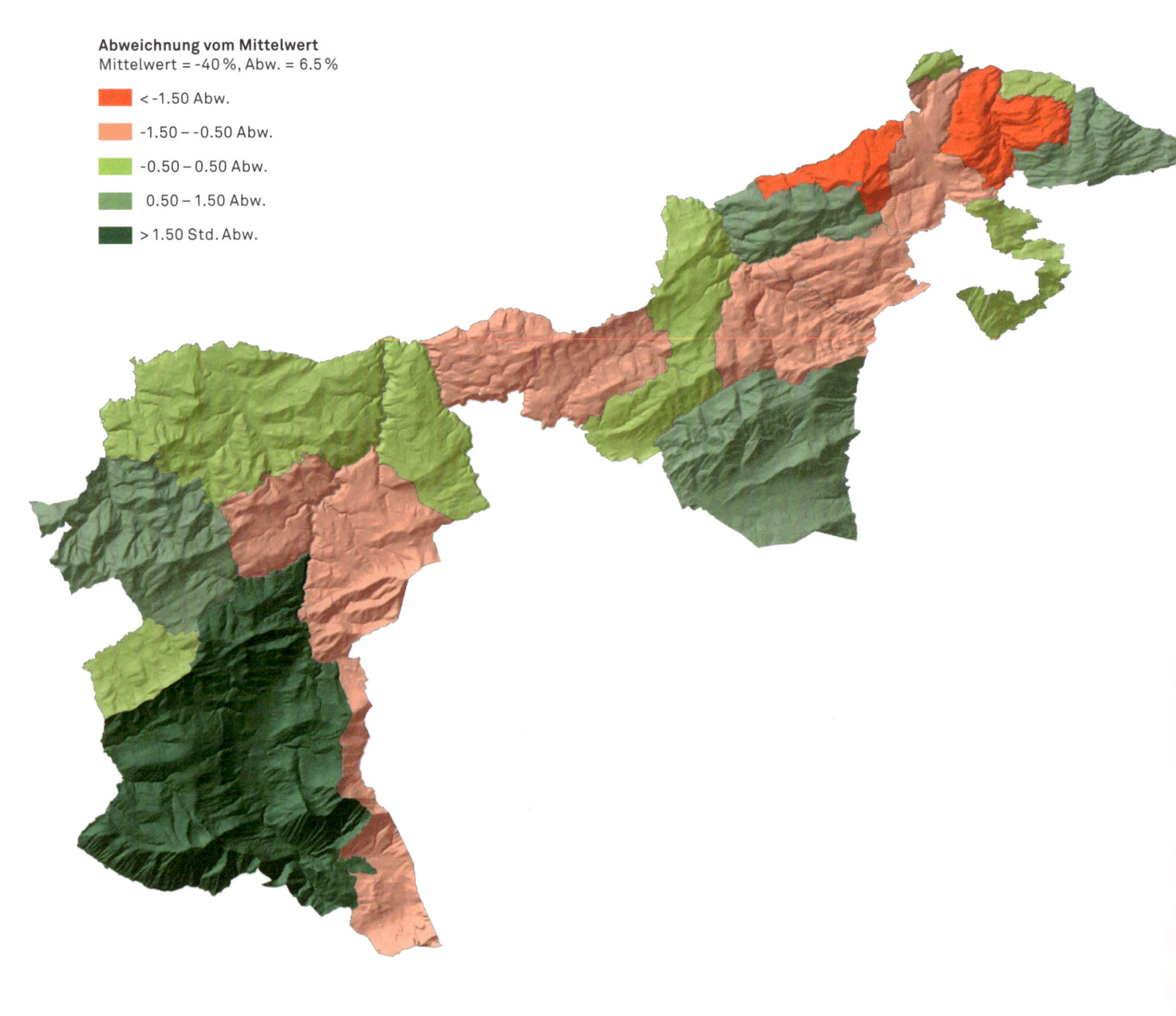

Abweichnung vom Mittelwert
Mittelwert = -40 %, Abw. = 6.5 %

- ■ < -1.50 Abw.
- ■ -1.50 – -0.50 Abw.
- ■ -0.50 – 0.50 Abw.
- ■ 0.50 – 1.50 Abw.
- ■ > 1.50 Std. Abw.

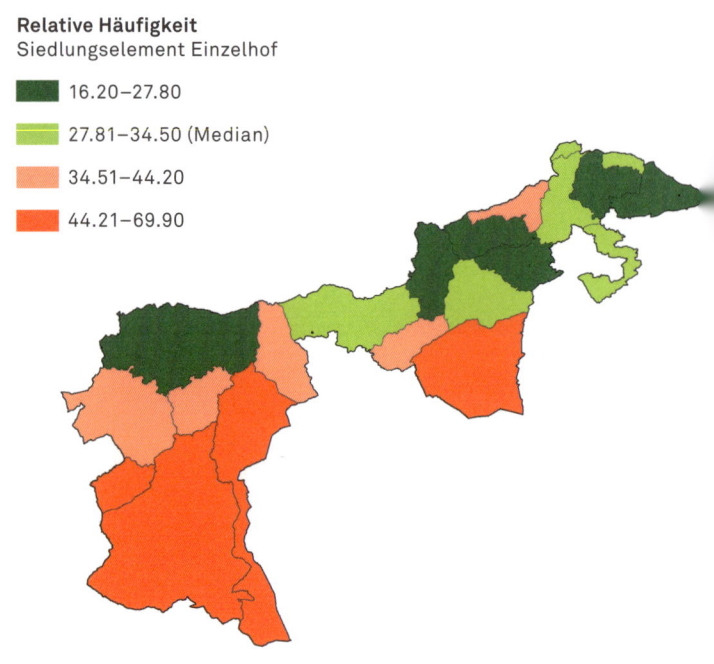

Relative Häufigkeit
Siedlungselement Einzelhof

- ■ 16.20 – 27.80
- ■ 27.81 – 34.50 (Median)
- ■ 34.51 – 44.20
- ■ 44.21 – 69.90

4 Abgeschätzte Verlustrate des vor 1910 errichteten Baubestandes (Zeitpunkt 1: 1910, Zeitpunkt 2: 2010). Die relative Häufigkeit der Einzelhöfe im Gesamtbestand der Siedlungen vermittelt eine annähernde Vorstellung vom Bild der Appenzeller Gemeinden um 1910.

Daten der Assekuranz AR (AAR) zu 1910 und 2010 sowie Daten der Gebäudezählung aus: Ott, Adolf: Siedelungsverhältnisse beider Appenzell. Diss. Zürich 1915, Tab. II.

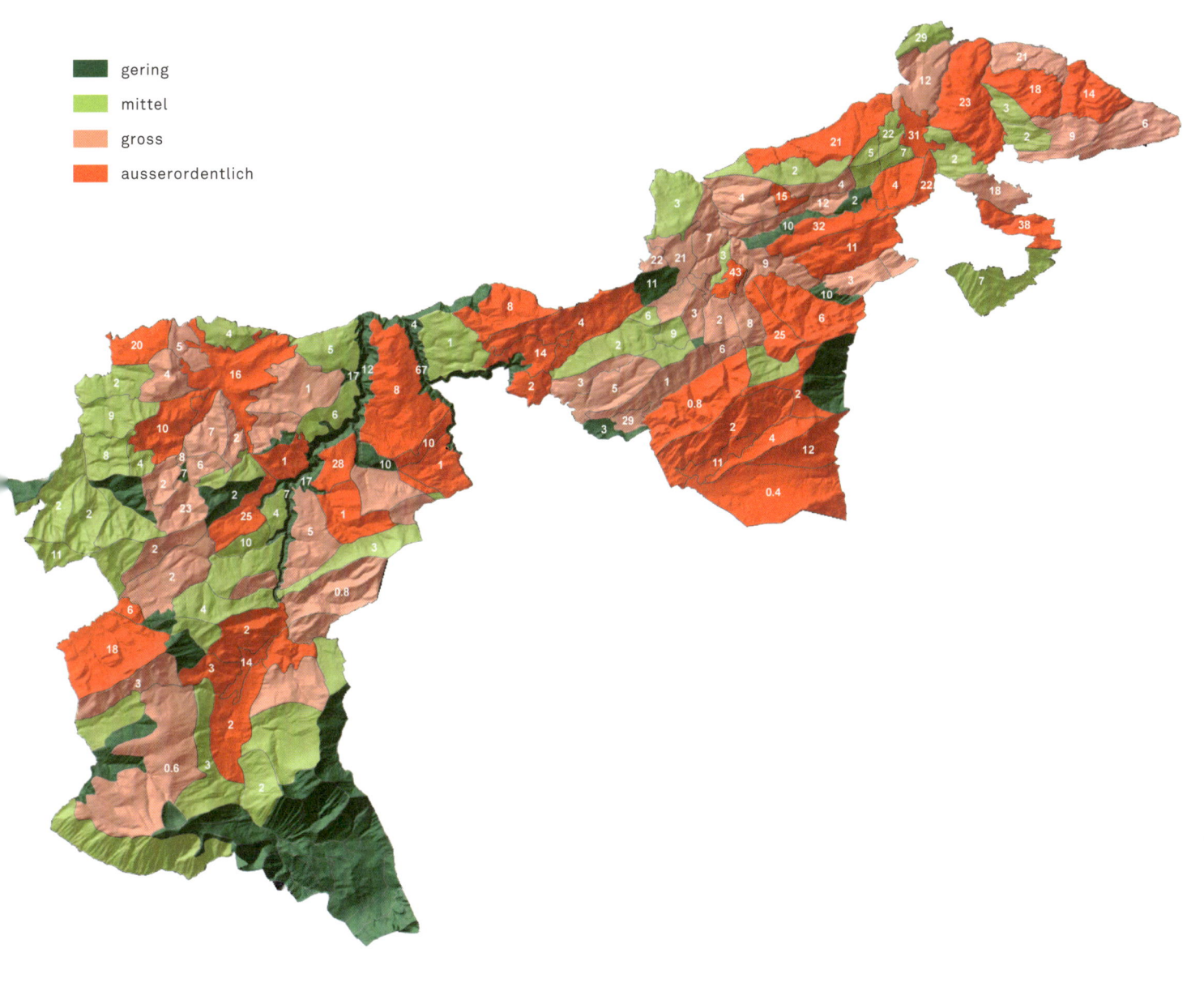

gering
mittel
gross
ausserordentlich

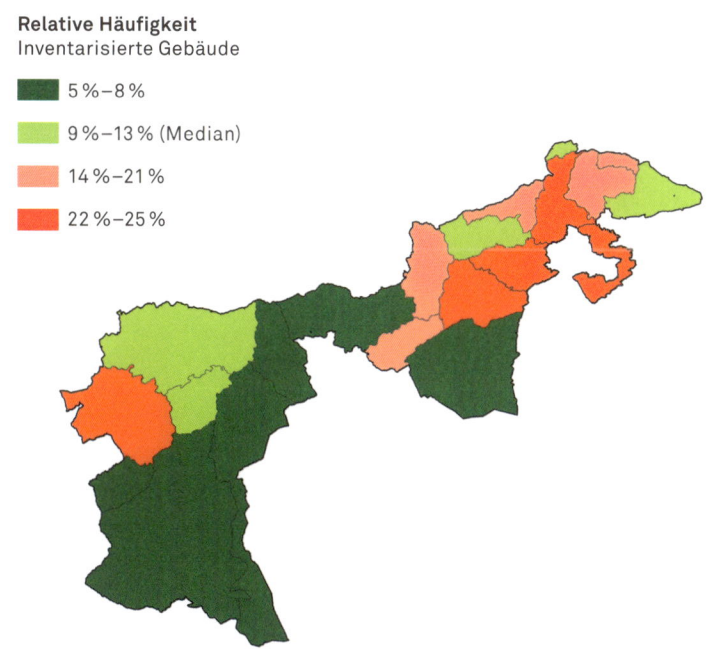

Relative Häufigkeit
Inventarisierte Gebäude

5 % – 8 %
9 % – 13 % (Median)
14 % – 21 %
22 % – 25 %

5   Klassifizierte Darstellung im Sinne von Vorkommen von ursprünglichen Baubeständen pro Landschaftskammer. Der Anteilswert der inventarisierten Gebäude des Bestands ist in zwei räumlichen Bezugssystemen dargestellt.

Datenquelle (Inventar): Kantonale Denkmalpflege: Attributliste zu inventarisierten Gebäuden und Objekten. Herisau 2009. Egli, Hans-Rudolf; Flückinger, Simone; Gross, Christine u. a.: Kulturlandschaft Kanton Appenzell Ausserrhoden. Projektbericht (als Studie i. A. der Baudirektion des Kantons), hg. u. bearb. v. Geographischen Institut der Universität Bern, 1996.

Mittelwert (180 Landschaftskammern), 6.5%; Median (180 Landschaftskammern), 2.6%. Die Minima und Maxima variieren zwischen 4.7% und 25% sowie 0% und 66%. Angeregt wird im Sinne einer Validierung und Optimierung die Begehung einzelner Landschaftskammern mit besonders auffälligen Verhältniswerten. Divergent ist in manchen Landschaftskammern (zum Beispiel im Bereich Gais) die Überlagerung von Relation (Verhältniswert) und klassifiziertem Bestandsvorkommen (Farbwert).

These 4: *Die ursprüngliche Prägung der Appenzeller Siedlungen durch die Landwirtschaft mit gekoppelter Heimarbeit wurde in den zurückliegenden jüngeren Dekaden verstärkt durch den Tourismus und durch den allgemeinen wirtschaftlichen Strukturwandel (Anzahl der Betriebe, Arbeitskräfte in den Sektoren, Maschinen- und Viehbestand, Pendlerverhalten) überformt beziehungsweise sogar baulich in Teilen verdrängt. Eine touristische Inwertsetzung hat zwangsläufig zu neuen Elementen wie Zweitwohnungen oder touristischen Transportanlagen geführt. Das traditionelle Gehöft ist in Anbetracht der bisherigen und zukünftigen Entwicklung in der Agrarwirtschaft hin zu grösseren Betrieben besonders bedroht. Mit Blick auf die Abbrüche im vergangenen Jahrhundert sind kleine Gebäude oder (Neben-)Gebäude in ungünstiger Lage in ihrem Fortbestand sicherlich nach wie vor gefährdet.*

Ergänzend zur Abbildung 4 fokussiert die Abbildung 6 auf die besonders prägnanten, in der Fläche stark vertretenen Siedlungselemente und Einzelgebäude in einer Landschaftskammer.[29] **Abb. 6** Einschränkend verwiesen wird auf den Aspekt, dass diese Sichtung den Vergleich verschiedener Landschaftskammern fördert, eine zielgerichtete Begehung im Sinne von Konzentration und Häufung ermöglicht, jedoch nicht ein Urteil zu Wert oder Qualität von Einzelobjekten beziehungsweise Strukturen abgeben oder anregen möchte. Des Weiteren ist das Appenzellerland derart vielschichtig, dass ähnliche Eigenschaften wahrscheinlich lokal, jedoch in geringerer Konzentration, durchaus auch in anderen Landschaftskammern vorkommen können.

Wichtige Orientierungspunkte sind zu Beginn die ländlichen Zentren beziehungsweise Kirchdörfer (siehe Position der Kirche im Dorfkern). Zu nennen sind neun Landschaftskammern, die circa einen Drittel des Baubestandes umfassen: Herisau, Teufen, Gmünden/Battenhaus, Bühler, Gais, Speicher, Rehetobel, Heiden und Urnäsch.

Das Siedlungselement Streusiedlung ist erwartungsgemäss in der Mehrzahl der Landschaftskammern (110/180) dominierend. Strukturen der Haufendörfer sind aufgrund des Datenvergleichs wahrscheinlich besonders gut (16/180) in Unterbach, Wienacht oder Trogen anzutreffen. Es handelt sich um Vertreter einer nicht planmässig angelegten Dorfstruktur, die häufig auch in Folge mittelalterlicher Gewanneflur entstand. Strassendörfer als Siedlungszeile, die ein Strassenstück einrahmen, sind in drei Landschaftskammern (Sittertobel, Grueb, Zeig) besonders augenscheinlich. Weiler als Vertreter kleinerer Gruppensiedlungen mit mindestens vier, höchstens zwanzig Haus- oder Hofstätten sind im Vorderland und einigen Gemeinden des Hinterlandes (Hundwil, Urnäsch,

---

29 Die Einschätzung ‹stark vertreten› beziehungsweise ‹prägnant› basiert auf den zuvor verwendeten Beurteilungskriterien (0 bis 4) und den begründeten Wertzuweisungen aus Quantilen. Die Beschreibung der Landschaftskammer beziehungsweise Bestimmung einer besonderen Charakteristik erfolgt über den Vergleich der Merkmale und die Betonung von einzelnen Merkmalen, die über den Wert 3 (Ausprägung >65%-Quantil) und/oder Wert 4 (Ausprägung >90%-Quantil) in einer Landschaftskammer verfügen. Die Gewichtung erfolgt über die Reihenfolge der Merkmale innerhalb der Legende: Heidenhäuser, Tätschdachhäuser, Weberhäuser, traditionelle Bauernhäuser mit Kreuzfirst, Ferienhäuser, neuere Wohnhäuser, Ökonomiegebäude, Alpgebäude, alter Baubestand, Agrarwirtschaft. In der Regel zeigt der Vergleich der Merkmale (insbesondere im Gebäudebereich) in den Landschaftskammern aber keine störende Dopplung/Überlagerung von Ausprägungen in den oberen Verteilungsbereichen. In den Landschaftskammern mit Heiden- oder Tätschdachhäusern sind selbstverständlich aber nachfolgend im Sinne der Gewichtung auch andere typische traditionelle Haustypen vorhanden.

Waldstatt sowie Herisau) stark konzentriert. Die Hof- und Gebäudegruppen, gekennzeichnet durch zwei oder drei aufeinander Bezug nehmende Bauernhöfe beziehungsweise Wohnhäuser, finden sich vermehrt im Umland der ländlichen Zentren (siehe Herisau, Heiden, Urnäsch, Rehetobel).

Legt man das Augenmerk auf die Landschaftskammern und die erfassten Einzelgebäude, so lassen sich in ähnlicher Weise bestimmte Auffälligkeiten herausarbeiten.[30] Tätschdach- und Heidenhäuser bilden die ältesten heute noch existierenden Bestandstypen im Kanton. Landschaftskammern, die über diese Charakteristik verfügen, finden sich beispielsweise in den Gemeinden Gais, Trogen, Heiden, Wald, Hundwil oder Waldstatt. Das ‹typische› Appenzeller Bauernhaus verfügt über ein fünfgeschossiges Giebelhaus mit steilem Satteldach (90°) sowie über Kreuzfirst oder in gleicher Firstflucht an der Rückseite angefügte Nebengebäude. Wie die Karte zeigt, sind ähnlich wie die Streusiedlungen auch diese Bauten überaus zahlreich in vielen Landschaftskammern anzutreffen. Auf sogenannte Weberhäuser wird man häufiger in den Landschaftskammern des Mittel- und Vorderlandes treffen: zum Beispiel Brändi, Hirschberg, Stein oder Habsat. Weberhäuser sind in der Regel giebelständig, kleiner als die typischen Kreuzfirsthäuser und verfügen über kein zusätzliches Nebengebäude. Die anderen Landschaftskammern, welche im Sinne der Auffälligkeit beziehungsweise Häufigkeit über die bisherigen Eigenschaften nicht belegt wurden, konnten einerseits über einen älteren Baubestand der Agrarwirtschaft (siehe Wolfhalden, Schwellbrunn), andererseits über Ferienhäuser (siehe Hinterland) beziehungsweise neuere Wohnhäuser (siehe Umland von Herisau, Speicher oder Bühler) beschrieben werden. Weiterhin finden sich erwartungsgemäss im Umland des Alpsteins vermehrt Alpgebäude. Einige wenige Landschaftskammern sprechen für eine hohe Wahrscheinlichkeit, dass man in der Fläche oft freistehende landwirtschaftliche Ökonomiegebäude antrifft (siehe Breitmoss, Tetiwald, Vollhofstatt, Ober Höchi).

Zusätzlich aufgeführt ist in Abbildung 6 ein Diagramm, welches die Ausrichtung der heute vorhandenen Appenzeller Gebäude wiedergibt. Voranzustellen ist zunächst, dass das Klima in Appenzell durch Höhenlage, Nordexposition und Abschirmung gegen Süden rau ist und wie erwähnt über Jahrhunderte eher für Milch- und Viehwirtschaft geeignet gewesen ist. Die Kalkfalten im Süden und die Molasseschichten im Norden bildeten Längstäler in West-Ost-Richtung. Zusätzliche Schluchten durchfurchen das Gebiet in Nord-Süd-Richtung. Im mittleren Massstab sind die Geländeformen allerdings nicht so zerklüftet. Dadurch stehen recht grosse, wenig steile Flächen zur Verfügung. Während das traditionelle Bauernhaus häufig der südöstlichen beziehungsweise süd-südöstlichen Ausrichtung folgt, weicht der heutige Gesamtbestand von dieser Eindeutigkeit ab. Sowohl die jüngst (nach-)verdichteten Bebauungsstrukturen als auch die jüngeren dezentralen Gebäude in variierenden Hanglagen stehen nicht mehr so klar gerichtet. Die Wahl des Bauplatzes erfolgt unter veränderten sozio-ökonomischen und bautechnischen Bedingungen.

Vor gut vierzig Jahren schrieb Hans Meier:[31] «Im Wandel unseres Lebensstils, unserer Sitten und Bräuche, unserer Erwerbsweisen steht das Appenzellerhaus in seiner alt vertrauten Form. Daneben aber gewinnen neue Haustypen und Siedlungsformen immer mehr an Gewicht und Bedeutung. Diese Tatsache zwingt uns zur grundsätzlichen Überprüfung der Lage, in der wir mit unserer überlieferten Bauweise stehen. Es gilt darüber Klarheit zu gewinnen, ob und

---

30 Vgl. Steinmann, Eugen: Die Kunstdenkmäler des Kantons Appenzell Ausserrhoden. 3 Bde. Basel 1973–1981.
31 Meier, Hans: Das Appenzellerhaus. Herisau 1969.

Auffälligkeit

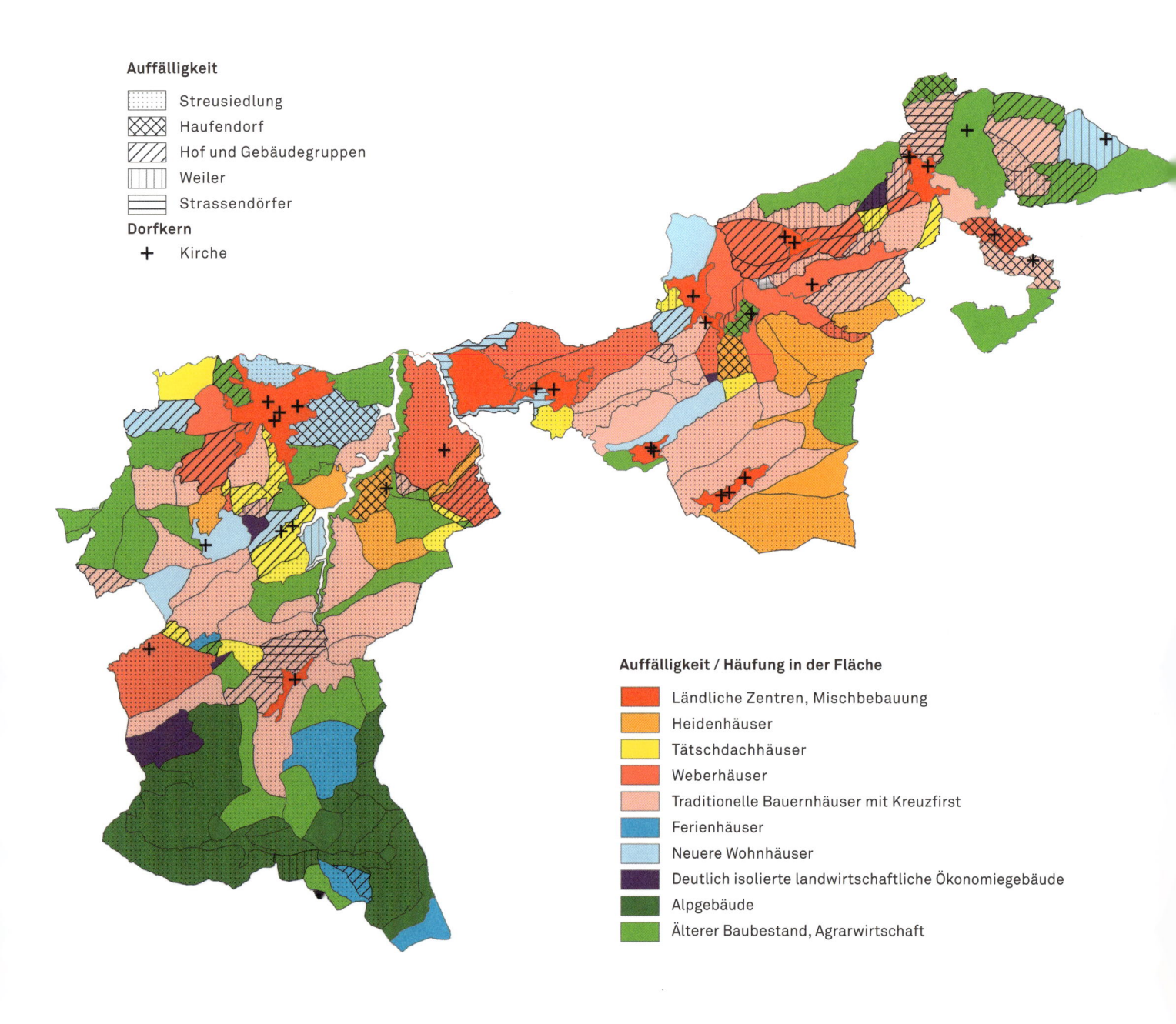

- ▦ Streusiedlung
- ▧ Haufendorf
- ▨ Hof und Gebäudegruppen
- ▥ Weiler
- ▤ Strassendörfer

Dorfkern

- + Kirche

Auffälligkeit / Häufung in der Fläche

- Ländliche Zentren, Mischbebauung
- Heidenhäuser
- Tätschdachhäuser
- Weberhäuser
- Traditionelle Bauernhäuser mit Kreuzfirst
- Ferienhäuser
- Neuere Wohnhäuser
- Deutlich isolierte landwirtschaftliche Ökonomiegebäude
- Alpgebäude
- Älterer Baubestand, Agrarwirtschaft

6   Vergleich der 180 Landschaftskammern in Bezug auf die Häufigkeit von spezifischen Siedlungselementen und die Dichte von ausgewählten Baubeständen. Das Diagramm bildet die Gebäudeausrichtung des Gesamtbestandes von Wohn- und Nichtwohnbau ab (relative Häufigkeit).

Rohdaten zum Baubestand: Egli, Hans-Rudolf; Flückinger, Simone; Gross, Christine u. a.: Kulturlandschaft Kanton Appenzell Ausserrhoden. Projektbericht (als Studie i.A. der Baudirektion des Kantons), hg. u. bearb. v. Geographischen Institut der Universität Bern, 1996.

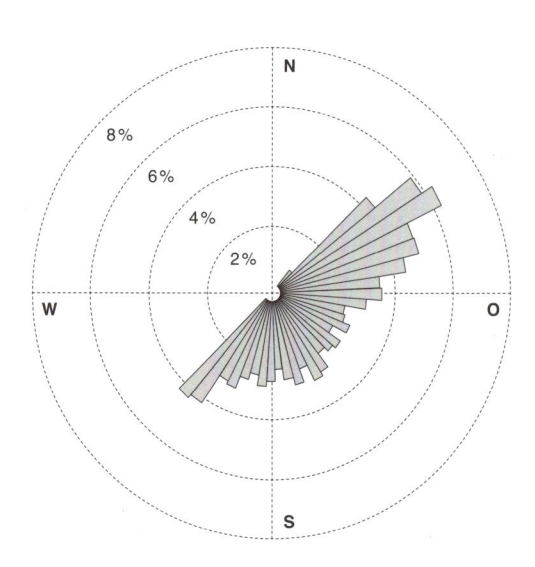

wie die tradierten Hausformen erhalten, oder besser weiterentwickelt werden können. Soll die Bautradition, die sich während 450 Jahren aus appenzellischem Boden genährt, immer neue, örtlich geprägte Formen der Wohnstätten hervorbrachte, weitergeführt oder abgebrochen werden?»

Die folgende These möchte daran anknüpfen:[32] *Nach wie vor besteht ein Mangel an Konzepten, um eine Bautradition weiterzuführen, die über Jahrhunderte örtlich geprägte Bauten geschaffen hat. Viele Neuinterpretationen und vorsätzlich ortsbildschonende Reproduktionen entsprechen nicht der historischen Entwicklung.*

Abbildung 7 erlaubt eine Einschätzung zur Veränderung des Wohnbaubestandes zwischen 1910 und 1960. **Abb. 7** Während fünfzig Jahren lassen sich einzelne Landschaftskammern in ihrer bestandsorientierten Dynamik vergleichen (siehe Tabelle). 1920–1941 folgte eine Phase des Niedergangs, die zunächst anhand des markanten Bevölkerungsrückganges beschrieben wird. Während ältere Leute meist zurückblieben, suchten Tausende von jüngeren Arbeitskräften der Dauerkrise durch Abwanderung ins Unterland oder ins Ausland zu entfliehen. Im Jahr 1960 liegt die Zahl der Bevölkerung noch um 10 000 Bewohner unter der des Jahres 1910. Auf den Baubestand und seine Erhaltung beziehungsweise Überlieferung an nachfolgende Generationen hat diese markante Veränderung sicherlich einen ebenso grossen Einfluss. Die Wertausprägungen in den Landschaftskammern dokumentieren Bestandsreduktionen insbesondere im Vorder- und Mittelland (siehe Kammern der Gemeinden Heiden, Trogen, Teufen). Auffallend ist die Ausweitung der Besiedelung mit jüngeren Beständen in Richtung des Alpsteins. Grössere Zunahmen der Bestandsgrösse lassen sich hauptsächlich in den eher zentralen Siedlungsgebieten identifizieren. Im Gegensatz zu den Suburbanisierungsprozessen in weiten Teilen des Schweizer Mittellandes finden sich in Appenzell Ausserrhoden im Umland keine derartig massiven Wachstumsprozesse.

Überlagert dargestellt sind die inventarisierten Strassen. Beim sogenannten IVS (Inventar der historischen Verkehrswege der Schweiz)[33] liegt das Schwergewicht auf den wichtigen, nationalen Verkehrsverbindungen und auf gebauten Wegen mit aufwendiger Substanz. Zu den typischen appenzellischen Formen der älteren Verkehrswege gehören Alperschliessungen, Wege zwischen Einzelhöfen, Stege und Brücken. In der Karte markiert werden Verkehrswege, die noch heute in ihrem überlieferten Verlauf bestehen und im Gelände sichtbar sind. Sie sind entweder durch ihr traditionelles Erscheinungsbild oder ihre bauliche Substanz als historische Verkehrswege erkennbar oder durch ältere Dokumente als Verkehrswege belegt. Wichtig für die Verkehrsgeschichte dieses Streusiedlungsgebietes sind anfangs die einfachen Wege quer über Wiesen und Weiden. Darüber hinaus verlaufen Saumwege nicht in den Tälern, sondern in bestmöglicher Kürze über die Höhen. Die Dörfer ziehen erst viel später (in der Frühen Neuzeit) den Verkehr an sich. Noch heute belegen die inventarisierten Verkehrswege die Dorfverbindungen als auch die ‹Fernverbindungen› beziehungsweise Interaktionen zwischen St. Gallen, Appenzell oder Altstätten.

---

32 Siehe die Ausstellung im Appenzeller Volkskundemuseum Stein (29. Oktober 2010 – 30. Januar 2011): *Bauen im Dorf. Ein Projekt der Ausserrhodischen Kulturstiftung.* Siehe: http://www.ar-kulturstiftung.ch/images/uploaded/Bauen-im-Dorf.pdf (25. Juli 2010).

33 Das Bundesinventar ist ein Inventar nach Artikel 5 des Natur- und Heimatschutzgesetzes NHG. Dieses Gesetz bezweckt gemäss Artikel 1 unter anderem, das heimatliche Landschafts- und Ortsbild, die geschichtlichen Stätten sowie Natur- und Kulturdenkmäler des Landes zu schonen, zu schützen sowie ihre Erhaltung und Pflege zu fördern. Die Datenbereitstellung zum Bundesinventar für historische Verkehrswege erfolgte durch das Eidgenössische Departement für Umwelt, Verkehr, Energie und Kommunikation UVEK, Bundesamt für Strassen ASTRA, Abteilung Strassennetze, Langsamverkehr.

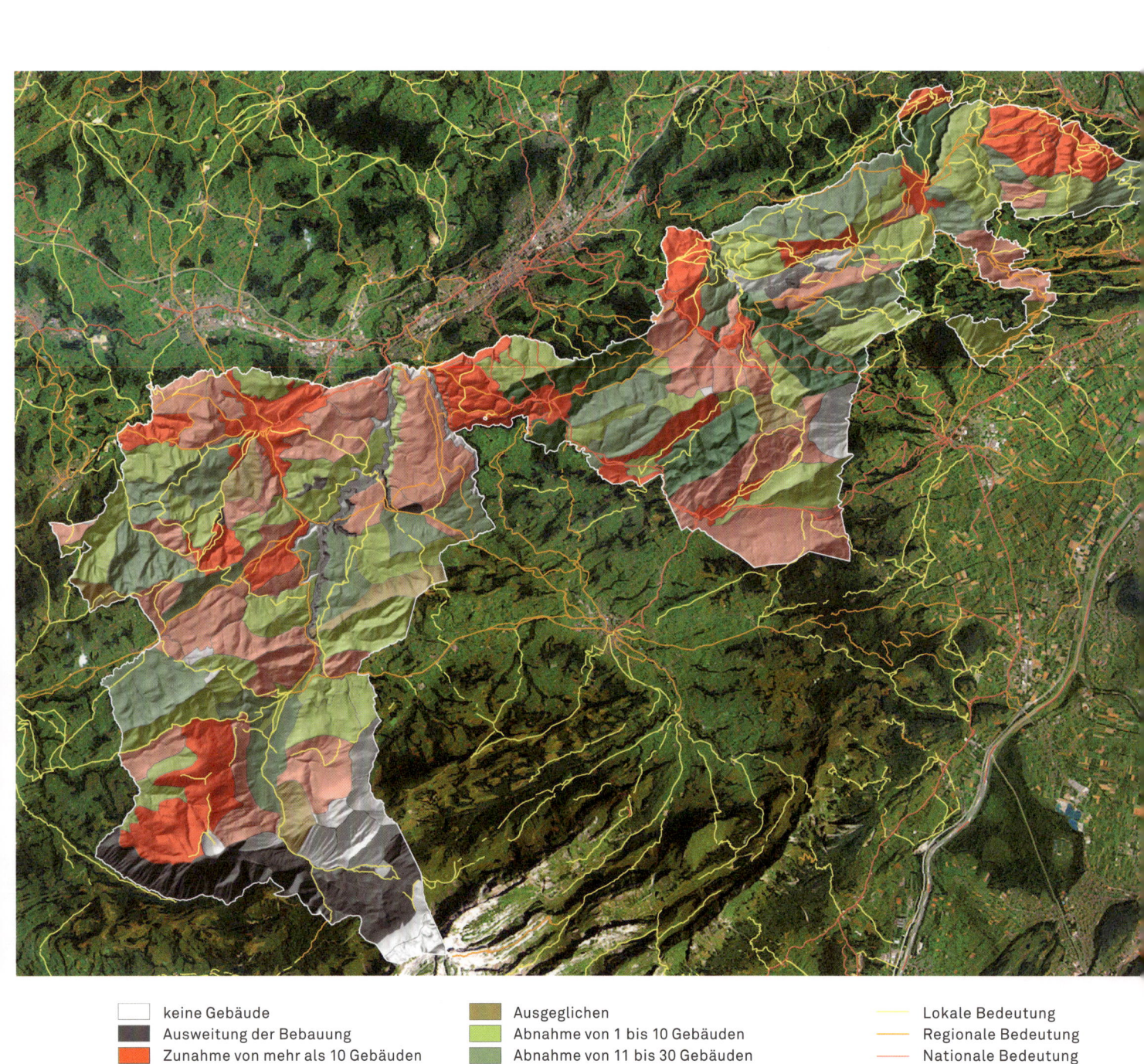

	keine Gebäude		Ausgeglichen	— Lokale Bedeutung
	Ausweitung der Bebauung		Abnahme von 1 bis 10 Gebäuden	— Regionale Bedeutung
	Zunahme von mehr als 10 Gebäuden		Abnahme von 11 bis 30 Gebäuden	— Nationale Bedeutung
	Zunahme von 1 bis 10 Gebäuden		Abnahme von mehr als 30 Gebäuden	

7 Einschätzung zur Veränderung des Wohnbaubestandes zwischen 1910 und 1960. Überlagert dargestellt sind die inventarisierten Strassen. Die Entwicklung des versicherten Bestands von 1907 bis 1994 zeigt das Säulendiagramm.

Datenquelle: Daten der Assekuranz AR (AAR): 1907–1994. Ortschaftenverzeichnis 1910 und 1960, hg. v. Bundesamt für Statistik Schweiz. Neuenburg 1910 und 1960. Inventar der historischen Verkehrswege der Schweiz (IVS), hg. v. Bundesamt für Strassen, ASTRA. Bern 2010.

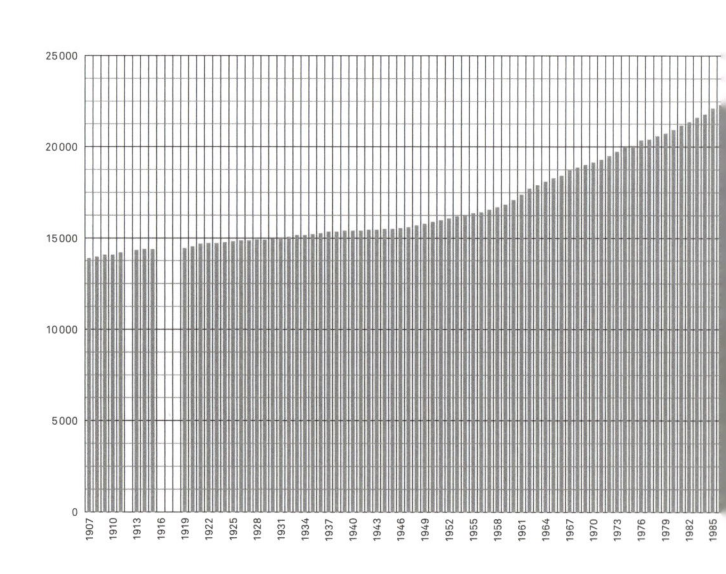

Abstrakt gesprochen handelt es sich in der Rückschau zwischen 1910 und 1960 um ein Bestandsgefüge im tendenziellen Gleichgewicht. Dies dokumentiert auch die zusätzliche Darstellung in Abbildung 7 zur Entwicklung des versicherten Baubestandes im Kanton. Es herrschen starre, beschauliche Zustände. Darauf aufbauend lässt sich die folgende These formulieren: *Der flächenhafte Bevölkerungsrückgang hat den Appenzeller Baubestand zunächst indirekt vor einer frühzeitigen Überformung durch falsche Planung der Erhaltung und übersteigerte Neubaukonzepte in der Fläche bewahrt. Veränderungen im Lebensstil haben jedoch die innere und äussere Umgestaltung des Appenzeller Bestandsgefüges in den Folgejahren deutlich beschleunigt. Betrachtet man beispielsweise die (vor-industrielle) Entwicklung als Referenzdynamik, so verweisen gerade die letzten fünfzig Jahre auf nie zuvor gekannte Verluste durch menschliche (Bau- und) Abbruchtätigkeit im Kanton. Zunehmender Ersatzneubau, temporärer Leerstand und eine Entleerung von ganzen Siedlungselementen stellen somit auch in der Zukunft eine erhebliche Bedrohung dar, da oftmals die Sanierungsfähigkeit des Appenzeller Baubestandes deutlich unterschätzt oder gar nicht mehr in Erwägung gezogen wird.*

Abbildung 8 repräsentiert eine Verschneidung von Informationen zum Appenzeller Baubestand (Klassifizierung nach Bauperioden) mit den heute vorhandenen Liegenschaften. **Abb. 8** Es werden fünf Bauperioden gemäss der allgemein üblichen Systematik des Bundesamtes für Statistik (BfS) auf den Liegenschaften abgebildet. Zusätzlich werden Liegenschaften betont, die über Objekte im Inventar verfügen oder spezifische Kontrastsituationen vermuten lassen (zum Beispiel Gebäude aus jüngeren – nach 1918 – und älteren Bauperioden – bis 1918 – sowie Gebäude aus unterschiedlichen Bauperioden nach 1918).

Ungefähr 15 % aller Liegenschaften im Kanton verfügen über den Kontrast Alt/Jung (~37 % der Kantonsfläche). Auf das Hinterland entfallen davon circa 45 %, wobei die Liegenschaften dort in der Regel doppelt so gross sind wie im Mittel- oder Vorderland (Ø~4 ha vs. Ø=1.8 ha). Im Durchschnitt sind zwischen zwei und drei Gebäude auf den Flurstücken vorhanden, wobei es sich annähernd im gleichen Verhältnis um Wohn- und Nichtwohnbauten handelt. Ein Drittel der Liegenschaften befindet sich im zentralen Siedlungsgebiet (der Landschaftskammern) von Heiden, Speicher, Trogen, Herisau, Teufen, Bühler, Gais, Urnäsch, Rehetobel – zumeist zusammenhängend zwischen jüngerem Bestand und Kernbestand. Die Mehrzahl derartig kontrastierender Liegenschaften ist im Bereich der Einzelhöfe, Weiler sowie anderer Hof- und Gebäudegruppen des Umlandes verortet. Die Liegenschaften sind dort dementsprechend 15-mal so gross wie im zentralen Siedlungsbereich.

Circa 22 % der Liegenschaften (~10 % der Kantonsfläche) sind eindeutig durch eine jüngere Bauperiode gezeichnet (1919–1945, 1946–1960, 1961–1980, 1981–2010). Es entfällt jeweils nur ein Gebäude auf diese Liegenschaften, die auch weitaus kleiner (Ø~0.4 ha) als solche des Kontrastes und nahezu gleich oft im Vorder-, Mittel- und Hinterland anzutreffen sind. Es handelt sich vermehrt um Wohnnutzungen. 60 % dieser Liegenschaften befinden sich im zuvor charakterisierten Umlandbereich.

Wiederum 13 % der Liegenschaften (~10 % der Kantonsfläche) weisen einen kontrastierenden jüngeren Bestand auf, der sowohl im Umland als auch im definierten Siedlungskernbereich auftritt. In der Regel sind zwei bis drei Gebäude auf solchen Liegenschaften vorhanden, die oft über Wohn- und Nichtwohnbauten verfügen. Die Grösse derartiger Liegenschaften ist im Hinterland weitaus grösser (2:1) als im Mittel- oder Vorderland. Die Liegenschaften im Umland sind mit Blick auf vermehrte landwirtschaftliche Nutzungen 10-mal grösser als im zentralen Siedlungsbereich.

Mit Blick auf den inventarisierten Bestand und die davon beeinflussten Liegenschaften ist festzustellen, dass es sich um circa 11 % aller Liegenschaften handelt (~7 % der Kantonsfläche). Knapp die Hälfte der Liegenschaften befindet sich im zentralen Siedlungsbereich. Auf diesen Liegenschaften mit Inventarobjekten befinden sich insgesamt circa 4400 Gebäude (17 % des Gesamtbestandes, davon 60 % Wohnbau und 40 % Nichtwohnbau).

Schaut man auf die Liegenschaften, die über Gebäude aus der Bauperiode bis 1918 verfügen, so handelt es sich insgesamt um circa 17 % der heutigen Liegenschaften (~18 % der Kantonsfläche). Knapp 90 % dieser Liegenschaften verfügen über Gebäude mit Wohnnutzung. Die Heimarbeit beziehungsweise die Nutzungsdopplung (Wohn- und Betriebsgebäude) zeichnet sich bis heute an diesem Bestand ab. Im zentralen Siedlungsbereich handelt es sich im Durchschnitt erwartungsgemäss um die kleinsten Liegenschaften überhaupt.

Knapp ein Drittel der Liegenschaften ist überhaupt nicht durch Gebäude geprägt beziehungsweise schwer zu datieren. In der Summe handelt es sich um 25 % der Kantonsfläche. Fast 90 % dieser Liegenschaften befinden sich ausserhalb der zentralen Siedlungsgebiete (der Landschaftskammern) von Heiden, Speicher, Trogen, Herisau, Teufen, Bühler, Gais, Urnäsch, Rehetobel.

Die zusätzliche Kartendarstellung in Abbildung 8 ermöglicht den Vergleich mit den Liegenschaften und stellt auf einer anderen räumlichen Ebene – derjenigen der Landschaftskammern – die relativen Häufigkeiten des Baubestandes bis 1918 dar. Räumlich und inhaltlich erfolgt eine Generalisierung. Viele Landschaftskammern des Hinterlandes verfügen demnach über sehr hohe Anteilswerte dieses Bestandes (Wohn- und Nichtwohnbau, viele allerdings auch erst aus der Zeit nach 1910). Im Bereich der Gemeinden Gais, Rehetobel, Speicher, Bühler, Wald und Trogen werden Landschaftsbereiche markiert, die in einer noch abstrakteren Gemeindesichtung nicht unbedingt erkannt würden. Im Gegensatz zu den zuvor bereits dargestellten Landschaftskammern liegt der Schwerpunkt eher auf ländlichen, dünn besiedelten Regionen (siehe Abbildung 5).

Die bauperiodische Sichtung der Liegenschaften gibt Beispiele für eine fortgeschrittene Besiedlung der Appenzeller Landschaft gerade im vergangenen Jahrhundert. Aus dem Blickwinkel der Sachwaltschaft für Gebäude wird die folgende These formuliert:[34] *Es ist bekannt, dass durch den Ausbau von Siedlungen, Strassen und Feldern ursprünglich zusammenhängende Lebensräume (Biotopflächen) erheblich zerstückelt werden. Im Kontext der nachhaltigen Entwicklung und eines weiter gefassten Ressourcenbegriffs müssen künftig wohl aber auch Prozesse einer bestandsorientierten Fragmentierung frühzeitig erkannt und dauerhaft observiert werden. Andernfalls werden über Jahrhunderte gewachsene Siedlungsstrukturen weiter zerteilt, isoliert und in ihrer Existenz bedroht.*

Abbildung 9 dokumentiert die Klassifizierung von Liegenschaften nach Gebäudenutzungen. **Abb. 9** Ausgewiesen werden Liegenschaften, die über Wohnnutzungen in unterschiedlicher Art und Weise verfügen. Beispiele repräsentieren die Klassen ‹Wohngebäude›, ‹Wohn- und Betriebsgebäude› oder andere Nichtwohngebäude mit integrierter Wohnnutzung (‹Gebäude mit Wohnnutzung›). Zusätzlich markiert werden Liegenschaften, die sowohl über Wohn- als auch Nichtwohngebäude verfügen (‹Wohn- und Nichtwohnbauten›). Weitere farbliche Hervorhebung erfahren Liegenschaften, die über reine Nichtwohngebäude verfügen oder Liegenschaften, die vollständig ‹unbebaut› (im Sinne von Gebäuden) erscheinen.

---

34 Siehe im Sinne einer denkbaren bestandsorientierten Übersetzung auch das Konzept der Hemerobiestufen. Blume, Hans-Peter; Sukopp, Herbert: Ökologische Bedeutung anthropogener Bodenveränderungen, in: Sukopp, Herbert; Trautmann, Werner (Hg.): Veränderungen der Flora und Fauna in der Bundesrepublik Deutschland, Bonn 1976 (Schriftenreihe für Vegetationskunde 10), S. 75–89.

Annähernd 30% aller Liegenschaften verfügen vollständig und nur über Wohngebäude. In der Summe der Liegenschaftsfläche handelt es sich um circa 4% der Kantonsfläche. Erwartungsgemäss befindet sich die Mehrzahl dieser Liegenschaften innerhalb der Bauzone (75%) beziehungsweise vermehrt in den verschiedenen Dorftypen (unter anderem Haufendorf, Langdorf) beziehungsweise geschlossenen Weilern. Im Regelfall befindet sich ein Wohngebäude auf der Liegenschaft (Median = 1, Mittelwert = 1.3, Standardabweichung = 0.6, Maximum = 14).

Die Liegenschaften mit nur einem Wohn- und Betriebsgebäude sind sowohl absolut als auch relativ betrachtet wesentlich geringer vertreten (936, 3.5% der Liegenschaften). Beispiele sind Wohnhäuser mit Anbau, mit angebauter Scheune oder Stallung. In der Fläche repräsentieren diese circa 6% der Kantonsfläche. Liegenschaften dieser Art sind in allen Gemeinden lokalisierbar, jedoch eher verstreut gelegen. Zumeist handelt es sich um offene Weiler oder Einzelhoftypen.

Annähernd 1% der Kantonsfläche ist durch Liegenschaften belegt, die über Gebäude mit integrierter Wohnnutzung verfügen. Insgesamt handelt es sich um circa 1300 Gebäude und circa 800 Liegenschaften, wobei hier nun nicht mehr die reinen Wohn- und Betriebsgebäude Gegenstand der Betrachtung sind. Es handelt sich vielmehr um übliche Mischwohnbauten, die vermehrt in der Dorfstruktur anzutreffen sind. Circa drei Viertel der Fälle befinden sich innerhalb der Bauzone. Die Hälfte der Liegenschaften enthält mindestens zwei Gebäude.

Ein Fünftel aller Liegenschaften verfügt sowohl über reine Wohn- als auch Nichtwohngebäude. Im Durchschnitt befinden sich drei Gebäude auf solchen Liegenschaften (Minimum = 2, Maximum = 33). Mit Blick auf den Gesamtbestand entfallen fast 60% des Baubestandes auf derartig klassifizierte Liegenschaften. In der Fläche dokumentiert sich ihre Auffälligkeit ebenso (41% der Kantonsfläche). Die Verteilung der Liegenschaften auf Bauzonen beziehungsweise Gebiete ausserhalb ist ausgeglichen.

Fast 11% der Liegenschaften sind durch Nichtwohngebäude geprägt. Davon verfügen 70% über ein Gebäude, weitere 16% über zwei Gebäude und 14% über mindestens drei Gebäude. Es handelt sich insgesamt um 18% des Gesamtbestandes. Mit Blick auf die Kantonsfläche umfasst die Summe der Liegenschaftsfläche hier 27%. 60% der Liegenschaften befinden sich ausserhalb der Bauzone, wobei es sich insgesamt um eine eher lose Siedlungsstruktur handelt. Das Hinterland ist besonders deutlich durch Liegenschaften dieser Art (1209/2868) geprägt.

Die unbebauten Liegenschaften umfassen in der Summe circa 21% der Kantonsfläche und entsprechen circa 32% aller Liegenschaften. Die Landschaft im Kanton Appenzell Ausserrhoden ist schon früh einem hohen Zersiedelungsdruck ausgesetzt gewesen, sodass es räumlich betrachtet nicht verwundert, dass viele der vollständig unbebauten Liegenschaften eher klein und gestreut lokalisierbar sind.[35]

Ergänzend zur Klassifizierung nach Gebäudenutzung vermittelt die Dichtekartierung der Abbildung 9 eine Vorstellung von der räumlichen Verteilung der Gebäude beziehungsweise damit in Verbindung stehender regionaler Konzentrationsmengen. Die Zonierung deutet auf Dorfstrukturen, (offene und geschlossene) Gebäudekonfigurationen und Einzelsiedlungen. Hohe Dichtewerte im Bereich der Liegenschaften mit Wohngebäuden sind erwartungsgemäss und augenscheinlich.

---

35 Verwiesen sei an dieser Stelle auch auf bestehende quantitative Messresultate zur Zersiedelung (Dispersion) des Kantons. Diese belegen, dass der Kanton einerseits schon früh durch eine besonders gestreute Siedlungsform gekennzeichnet gewesen ist und andererseits aber auch im schweizweiten Vergleich bis heute eine Sonderrolle einnimmt. Vgl. Jaeger, Jochen; Schwick, Christian; Bertiller, René u. a.: Landschaftszersiedelung Schweiz – Quantitative Analyse 1935 bis 2002 und Folgerungen für die Raumplanung. Wissenschaftlicher Abschlussbericht (Nationales Forschungsprogramm NFP 54 «Nachhaltige Siedlungs- und Infrastrukturentwicklung». Zürich 2008.

unbebaut/unklar
Varianz: Neu
Kontrast: Alt/Neu
1981–2010
1961–1980
1946–1960
1919–1945
bis 1918
Inventar

Relative Häufigkeit
Bauperiode bis 1918

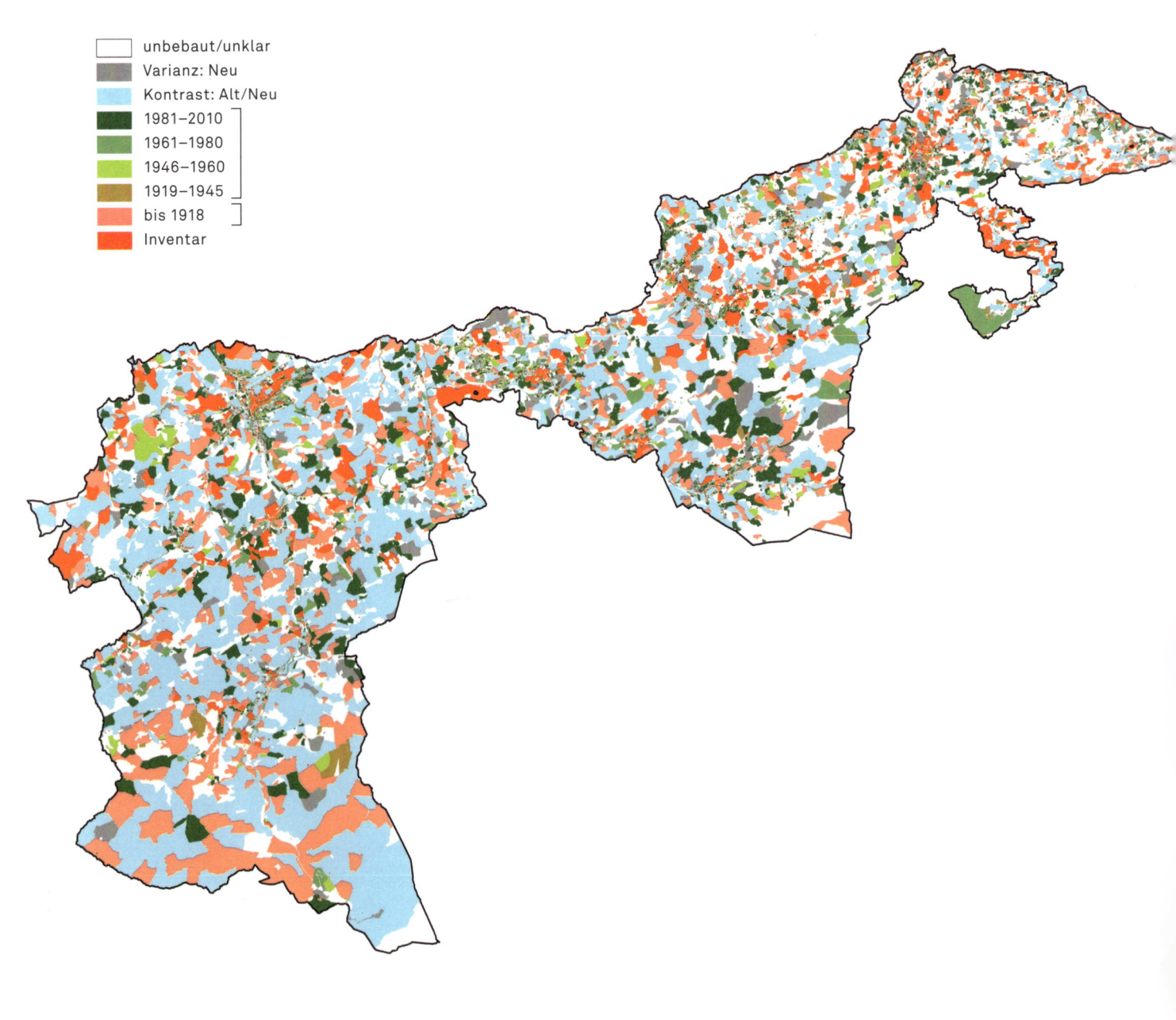

7 % – 29 %
30 % – 38 % (Median)
39 % – 51 %
52 % – 100 %

8   Kopplung von Gebäude-
attributen (eingeschätzte Bauzeit)
und Raumbezug (Liegenschaften)
aus heutiger Sicht. Die Liegenschaften sind markiert nach
singulärer oder kontrastierender
Bauperiode sowie Inventar-
bestand. Die Karte unten rechts
präzisiert auf Ebene der Landschaftskammern den relativen
Anteil von Gebäuden der Bauperiode bis 1918 am Gesamtbestand.

Datenquelle: Versicherter Baubestand
der Assekuranz AR (AAR) im Jahre 2010.
Kantonale Denkmalpflege: Attributliste
zu inventarisierten Gebäuden und Objekten.
Herisau 2009.

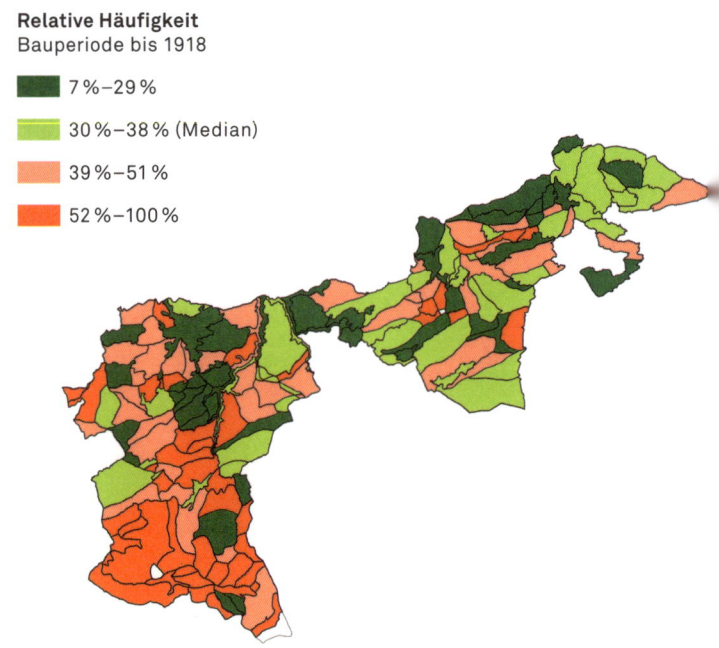

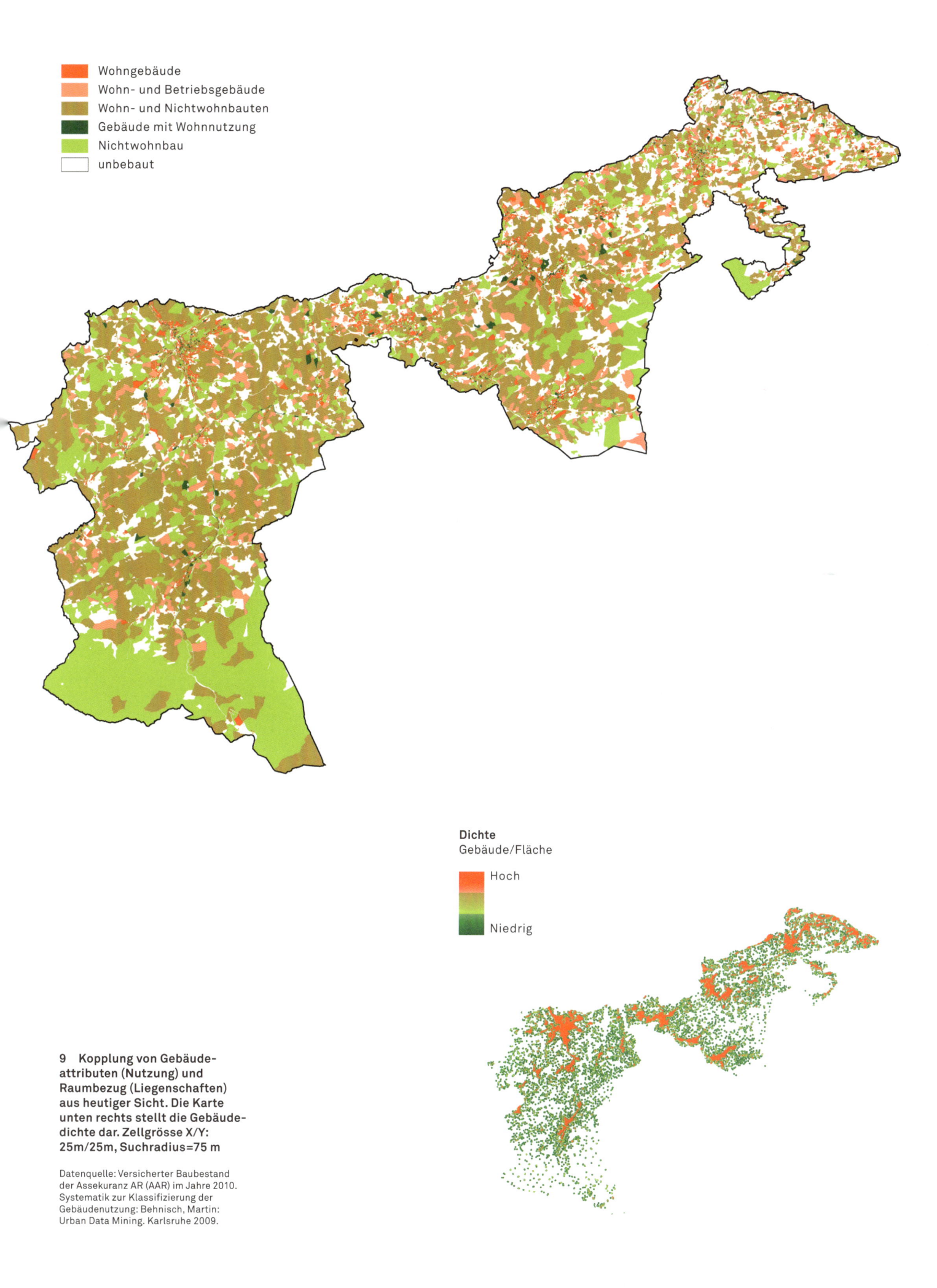

Wohngebäude
Wohn- und Betriebsgebäude
Wohn- und Nichtwohnbauten
Gebäude mit Wohnnutzung
Nichtwohnbau
unbebaut

Dichte
Gebäude/Fläche

Hoch
Niedrig

9   Kopplung von Gebäude-
attributen (Nutzung) und
Raumbezug (Liegenschaften)
aus heutiger Sicht. Die Karte
unten rechts stellt die Gebäude-
dichte dar. Zellgrösse X/Y:
25m/25m, Suchradius=75 m

Datenquelle: Versicherter Baubestand
der Assekuranz AR (AAR) im Jahre 2010.
Systematik zur Klassifizierung der
Gebäudenutzung: Behnisch, Martin:
Urban Data Mining. Karlsruhe 2009.

In der Rückschau auf die Klassifizierung der Liegenschaften nach Gebäudenutzung wird deutlich, dass die gesamte Appenzeller Landschaft bedingt durch die Streusiedlung nahezu vollständig vom Baubestand dominiert wird und die enge Verbindung zwischen Arbeiten und Wohnen bis heute sichtbar geblieben ist. Man kann charakteristische Bestandsmosaike auf verschiedenen Betrachtungsstufen identifizieren. Infolge der Kombination von unterschiedlich grossen Untersuchungseinheiten und verschiedenen Merkmalskategorien lassen sich beispielsweise spezifische Prägungen im Sinne von räumlicher Homogenität/Heterogenität identifizieren. Die folgende These nimmt Bezug auf die Entwicklung der bestehenden Gebäudekonfiguration und Gebäudezusammensetzung:[36] *Mit Blick auf gesetzliche Ausnahmebewilligungen für diverse Baumassnahmen und einen im Kanton allgemein festzustellenden Nutzungs- und (Um-)Baudruck (möglicherweise auch auf die Nichtbauzone) besteht ein erheblicher Bedarf zur Ausarbeitung von langfristig gedachten Planungskonzepten, aber auch Instrumenten zur Siedlungssteuerung, die definieren, wie sich Bauten in das bestehende (landwirtschaftliche, dörfliche) Siedlungsgebiet einfügen können. Es bleibt abzuwarten, ob es überhaupt gelingt, dass mögliche Neu- oder Umbauten der Eigenart der Landschaft und der bauhistorisch-kulturellen Geschichte gerecht werden können, ohne dabei das heute vorgefundene Siedlungs- und Bestandsgefüge nachhaltig infrage zu stellen.*

Abbildung 10 repräsentiert eine präzisere Sichtung für den Teil des Appenzeller Baubestandes, der vor 1910 erbaut wurde. **Abb. 10** Es handelt sich um circa 8500 Gebäude, die über ihre Koordinaten (Centroid) in einer zellbasierten Darstellung (25m/25m) und über einem Suchradius von 75 m aufsummiert wurden. Die zwei Siedlungsgruppen – Sammel- und Streusiedlung – zeichnen sich in ihrer engen Verknüpfung bis heute im Kantonsgebiet ab. Die kleinste Form der Sammelsiedlung stellte der Kleinweiler dar. In der Regel schlossen sich hier mindestens drei, maximal sechs Gehöfte in mehr oder weniger enger Lage zu einer Siedlung zusammen. Grossweiler (sieben bis zwölf Gehöfte) und Haufendörfer (mehr als zwölf Gehöfte) bildeten die nächstgrösseren Siedlungseinheiten. In der Rückschau[37] lassen sich Herisau, Gais, Trogen, Hundwil, Teufen, Stein und Urnäsch als Haufendörfer mit rundlichem Kern klassifizieren. Speicher, Wolfhalden, Rehetobel, Waldstatt, Bühler und Schönengrund werden den Haufendörfern ohne erkennbaren Kern, aber mit peripherer Ausstrahlung zugeordnet. Wald, Grub und Reute gelten als Haufendörfer ohne erkennbaren Kern und ohne peripher ausstrahlende Dorfteile. Schwellbrunn zählt als Höhensiedlung zu den Langdörfern, die sich in einer Richtung besonders erstrecken (Süd–Nord).

Die der Abbildung beigestellte Tabelle enthält Masszahlen, die eigentlich ihren Ursprung in der raumstrukturellen Landschaftsanalyse finden. In diesem Beitrag werden überblicksartig, in erster Näherung einzelne Masszahlen für den Appenzeller Baubestand berechnet. Diese Berechnungen sind also vornehmlich bestandsorientiert und beziehen sich auf Flächenwerte, Form-

---

36 Siehe zu Bauvorhaben ausserhalb der Bauzone beispielsweise das Bundesgesetz über die Raumplanung und seine Verordnung (RPG, RPV) oder für die anstehende Veränderung von Bauten beispielsweise die Energiegesetzgebung (EnG) im Kanton Appenzell Ausserrhoden. Verwiesen sei an dieser Stelle ebenso auf das Energiekonzept 2008–2015, welches erhebliche Substanzveränderungen am Baubestand erwarten lässt: «Das im Kanton vorhandene Potential, mit Energieeffizienz den Energieverbrauch zu reduzieren, ist gross und kann meist auf einfache und kostengünstige Weise genutzt werden. Die Effizienzpotentiale im Gebäudepark, bei industriellen Prozessen, bei elektrischen Geräten und Anlagen und in der Mobilität liegen zwischen 30 und 60 %». Vgl. Energiekonzept 2008–2015, hg. v. Amt für Umwelt – Abteilung Lärm und Energie. Herisau 2007, S. III. Der planerische Handlungsbedarf ergibt sich auch aus den negativen Begleiterscheinungen des Zweitwohnungsbaus (Landschaftsverbrauch, hohe Infrastrukturkosten, Verdrängung der lokalen Bevölkerung). Weiterhin lassen sich im schweizweiten Vergleich Defizite bei den kantonalen Instrumenten zur Siedlungssteuerung identifizieren. Vgl. Müller-Jentsch, Daniel; Rühli, Lukas: Raumplanung zwischen Vorgabe und Vollzug – Inventar der kantonalen Instrumente zur Siedlungssteuerung. Zürich 2010.

37 Ott 1915 (wie Anm 19), S. 64–66.

betrachtungen, Distanzabfragen sowie dazugehörige Interaktionen (räumlich eingebunden, ‹proximity›: dispers oder geclustert). Grundgerüst der Quantifizierung bildet die Lokalisierung der Bauzone beziehungsweise eine Unterscheidung von Gebäuden, die sich innerhalb oder ausserhalb von ihr befinden. Der Wohnbaubestand vor 1910 ist annähernd noch ausgeglichen auf beide Zonen verteilt. Erst in den Folgejahren ist ein deutliches Übergewicht des Bestandes innerhalb der Bauzone messbar, welches vermutlich mit diversen politischen und gesetzlichen Entscheidungen der jüngeren Vergangenheit korreliert. Mit Blick auf den Nichtwohnbau lässt sich eine ähnliche Entwicklung nachvollziehen, wobei für den Teilbestand der Bauperiode vor 1910 festzustellen ist, dass fast drei Viertel davon ausserhalb der Bauzone liegen.

Die Flächenanalyse zielt auf den Fussabdruck der Gebäude (Grundfläche). Ausgewiesen werden für drei Bauperioden die Flächensumme, die mittlere Flächengrösse und die Standardabweichung. Während die Gebäude mit Wohnnutzung in der Bauzone im Durchschnitt in ihrer Grundfläche nahezu gleich ausfallen (bis 1910: 140 m², 1910–1960: 137 m², nach 1960: 151 m²), weisen diese ausserhalb der Bauzone grössere Unterschiede auf (bis 1910: 183 m², 1910–1960: 131 m², nach 1960: 154 m²). Früher hat das bäuerliche Element die Grundfläche der Gebäude mitgestaltet. Heute ist der Flächenanspruch höher und durch Mehrfamilienhäuser mitbestimmt.

Während die Nichtwohngebäude innerhalb der Bauzone in ihrer Grundfläche im Durchschnitt abgenommen haben (bis 1910: 246 m², 1910–1960: 197 m², nach 1960: 154 m²), sind diese ausserhalb der Bauzone etwas gestiegen (bis 1910: 85 m², 1910–1960: 71 m², nach 1960: 111 m²). Auffallend ist die Tatsache, dass Nichtwohngebäude innerhalb der Bauzone deutlich grösser ausfallen als ausserhalb. Diese Hauslandschaft wird beeinflusst durch bekannte ursprüngliche Einzelhofsysteme, viele freistehende landwirtschaftliche Nebengebäude sowie grössere Fabrikgebäude in spezifischen industriellen Randlagen (Aussendorfteile).

Mit dem sogenannten Shape-Index[38] wird die Form der Gebäude durch Kombination ihrer Fläche und ihres Umfangs charakterisiert. Beschrieben wird die Abweichung der aktuellen Form von der optimalen Kreisform. Bewertet wird auf diese Weise die Formkomplexität der Gebäude (Grundfläche) durch Vergleich mit der bekannten Standardgestalt. Der Wert ist umso grösser, je weiter die Form des Gebäudes von dem kreisrunden beziehungsweise eher kompakten Standard abweicht. Die mittleren Ausprägungen werden für Teilbestände nach Alter und Nutzung in der Tabelle aufgeführt. Für den Nichtwohnbau (Ø=1.192) lassen sich ausserhalb der Bauzone wesentlich kompaktere Werte identifizieren. Diese deuten auf kleine Nebengebäude mit klarer geometrischer Grundrissstruktur. Es ist aber insgesamt festzustellen, dass die Durchschnittswerte zwischen den einzelnen Teilbeständen nur geringfügig variieren. Es zeigt sich somit, dass vordefinierte Teilbestände nicht ausreichen, um im Sinne der Form klar abgrenzbare, homogene Eigenschaften zu extrahieren. Vielmehr bedarf es der Einzelbetrachtung aller Gebäude, um darauf aufbauend losgelöst von einer einfachen Alters- oder Nutzungsklassifizierung spezifische Grundrissstrukturen ordnen und erklären zu können.[39]

---

38 Dieses standardisierte Gestaltmass wurde von Forman und Gordon eingeführt: Forman, Richard; Gordon, Michael: Landscape Ecology. New York 1986.

39 An dieser Stelle sei auf heutige Ansätze der Gebäudetypologie und daraus abgeleitete Empfehlungen zum Energieeinsparpotential kritisch verwiesen. Diese werden in der Regel der tatsächlichen Heterogenität des Bestands nicht gerecht und treffen nur selten robuste Aussagen über eine homogene Bestandsgruppe. Geometrische Daten zur Morphologie oder Volumetrie des Bestands werden nicht miteinbezogen. Leider werden aber an derartig ein- oder zweidimensional gedachten Typologien weitere Eigenschaften (Aussenhülle, Haustechnik, mittlerer Energieverbrauch) angebunden, die im schlimmsten Fall auch in Handlungsempfehlungen oder politischen Gesetzgebungsverfahren enden, welche über die Zukunft eines Gesamtbestandes mit entscheiden können. Vgl. Checkliste und Entscheidungstool nachhaltige Gebäudeerneuerung, hg. v. Eco-Concept. Zürich 2007.

Die räumliche Anordnung von Gebäuden wird in der Tabelle zusätzlich beschrieben. Abgebildet wird das Resultat einer einfachen Abfrage der Distanz zum nächsten Nachbarn eines Gebäudes (Rand-zu-Rand-Distanz: Nähe, Isolation). Deutliche Unterschiede bestehen mit Blick auf zahlreiche Streusiedlungsgebiete erwartungsgemäss zwischen Gebieten der Bauzone und ausserhalb. Der Abstand zwischen Gebäuden der Bauperiode vor 1910, die ausserhalb der Bauzone liegen, beträgt im Durchschnitt circa 70 m. Gesondert ausgewiesen werden auch die Abstände von Wohn- und Nichtwohngebäuden. Bei den Nichtwohnbauten ist eine stärkere örtliche Konzentration von Gebäuden aus der jüngeren Bauperiode feststellbar (zum Beispiel neu ausgewiesene Gewerbegebiete, Agrarbetriebe). Im Wohnbau lassen sich in der Bauperiode 1910–1960 deutlich andere Werte messen als in den vorherigen und nachfolgenden Bauperioden. Vermutlich wurden während dieser Zeit (auch gerade aufgrund der erwähnten Krisenjahre) nur örtlich verteilt hin und wieder Gebäude ergänzt und dies auch räumlich eher verteilt als konzentriert. Eine weitere Distanzabfrage berücksichtigt nicht nur die Distanz eines Gebäudes, sondern auch seine Bedeutung im Sinne seiner Grösse (flächengewichtetes Distanzmass). Der sogenannte Proximity Index (PX)[40] ermöglicht darauf aufbauend eine Unterscheidung von räumlich dispersen und eher clusterförmigen Gebäudestrukturen. Die Berechnung stützt sich auf eine Pufferzone beziehungsweise einen Distanzkorridor (75 m). Hier werden alle Gebäude aufgenommen, die das bestimmte zu untersuchende Gebäude umgeben. Die Tabelle zeigt, dass hohe Werte vorliegen, wenn ein Gebäude einer Untersuchungsklasse von grossen und/oder nahe gelegenen Gebäuden umgeben ist. Bei kleiner werdenden Flächen und grösseren Abständen nimmt der Wert ab. Unterschiede ergeben sich erwartungsgemäss zwischen Bauzone und Nicht-Bauzone.

Die jeweils ausgewiesenen Masszahlen möchten Grundlagen zum Vergleich mit anderen kantonalen Baubeständen schaffen. Vorstellbar wäre es auch, geplante Eingriffe in eine bestehende Gebäudekonfigurationen anhand solcher Masszahlen über Szenarien zu analysieren und kritisch zu diskutieren. Folgende These leitet in die anstehende Problematik: *Die in den vergangenen Jahrzehnten entstandenen Wohnsiedlungen haben das Erscheinungsbild der Dörfer verändert mit entsprechenden Folgen für die soziale, kulturelle, architektonische und landschaftliche Vielfalt. Künftig besteht die Herausforderung zusätzlich darin, einen Teil bestehender und nicht mehr genutzter landwirtschaftlicher Gebäude einer Wohn- oder Gewerbenutzung substanzschonend zuzuführen. Neu- und Umbauten sowie Möglichkeiten der Nachverdichtung sind stärker zu prüfen, um Dörfer und Weiler auch von innen heraus zu sichern. Neue Planungskonzepte sollten den eigenständigen Charakter der Dörfer und Weiler stärken und gleichzeitig ihren Erhalt gewährleisten.*

Abbildung 11 zielt analog zu Abbildung 3 und Abbildung 6 in verschiedenen Darstellungsweisen nochmals auf das Thema der Gebäudeverluste insbesondere aus der jüngeren Zeit (1956–1996). **Abb. 11** Als Datenbasis dient nun der Gesamtbestand aller zwanzig Gemeinden. Der Bestand unterlag hier nahezu vollständig der Versicherungspflicht und ist während dieser vierzig Jahre flächendeckend wesentlich besser und systematischer in der Dynamik dokumentiert worden. Es liegen Informationen zur Zahl der Abbrüche vor, ausserdem sind Gebäudenutzungen und Rauminhalte ausgewiesen. Die Baujahre der abgebrochenen Gebäude lassen sich nichtsdestotrotz nur objektbezogen in einer Einzelrecherche nachträglich ermitteln.[41]

---

40 Gustafson, Eric J.; Parker, George R.: Using an Index of Habitat Patch Proximity for Landscape Design, in: Landscape and Urban Planning (1994), Nr. 29, S. 117–130.

41 Die Analyse der Abbruchtätigkeit wäre ohne die beratende Unterstützung des Archivteams des Staatsarchivs Herisau nicht möglich gewesen. Verwiesen sei insbesondere auf Frau Renate Bieg und Herrn Dr. Peter Witschi.

$$PX_1 = \sum_{i=1}^{n} \frac{A_i}{d_i}$$

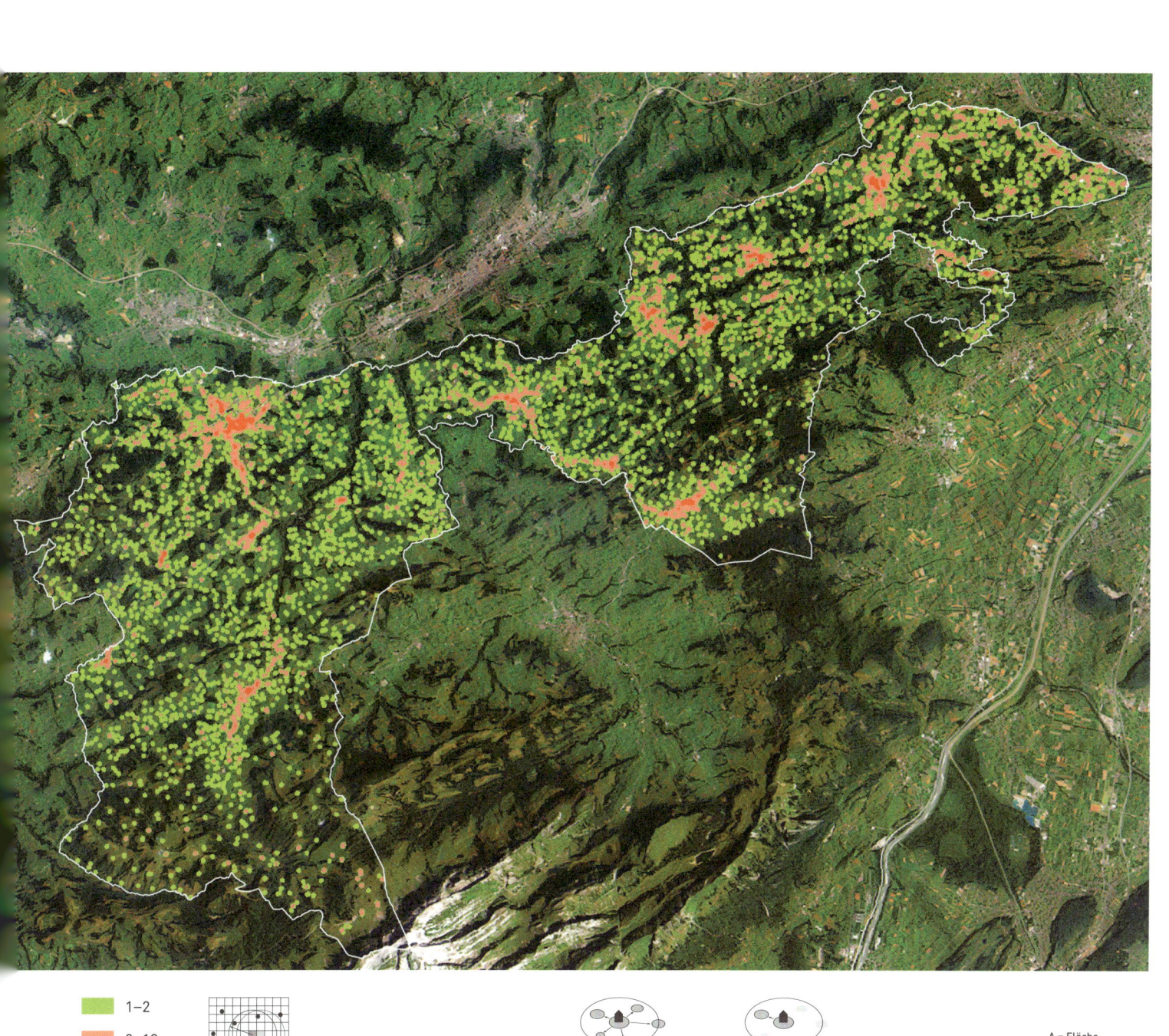

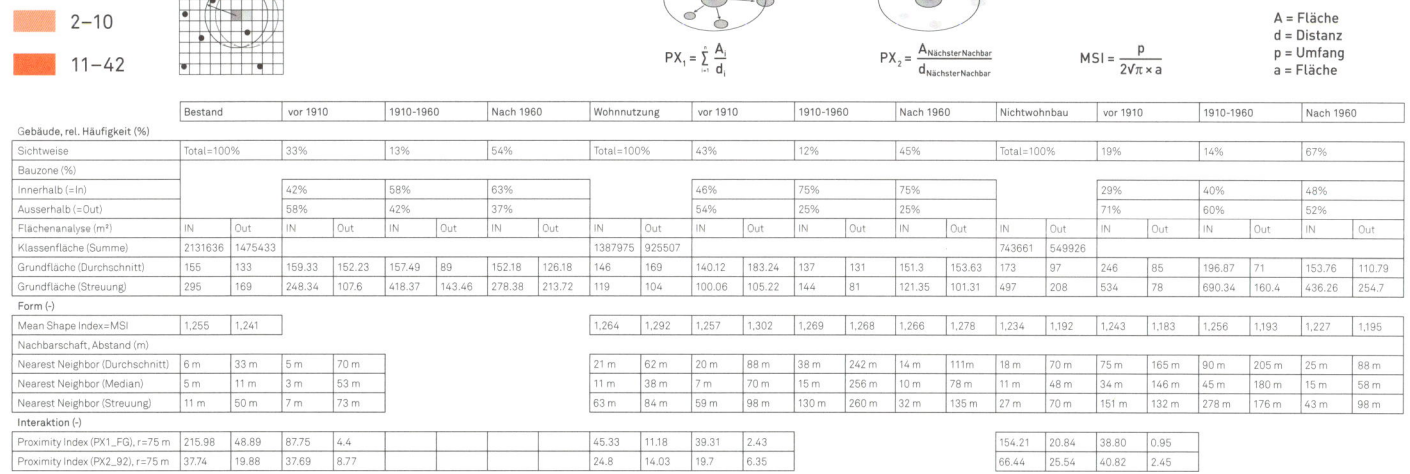

$$PX_2 = \frac{A_{\text{NächsterNachbar}}}{d_{\text{NächsterNachbar}}}$$

$$MSI = \frac{p}{2\sqrt{\pi \times a}}$$

A = Fläche
d = Distanz
p = Umfang
a = Fläche

Legende:
- 1–2
- 2–10
- 11–42

	Bestand		vor 1910		1910-1960		Nach 1960		Wohnnutzung		vor 1910		1910-1960		Nach 1960		Nichtwohnbau		vor 1910		1910-1960		Nach 1960	
Gebäude, rel. Häufigkeit (%)																								
Sichtweise	Total=100%		33%		13%		54%		Total=100%		43%		12%		45%		Total=100%		19%		14%		67%	
Bauzone (%)																								
Innerhalb (=In)			42%		58%		63%				46%		75%		75%				29%		40%		48%	
Ausserhalb (=Out)			58%		42%		37%				54%		25%		25%				71%		60%		52%	
Flächenanalyse (m²)	IN	Out	IN	Out	IN	Out	IN	Out	IN	Out	IN	Out	IN	Out	IN	Out	IN	Out	IN	Out	IN	Out	IN	Out
Klassenfläche (Summe)	2131636	1475433							1387975	925507							743661	549926						
Grundfläche (Durchschnitt)	155	133	159.33	152.23	157.49	89	152.18	126.18	146	169	140.12	183.24	137	131	151.3	153.63	173	97	246	85	196.87	71	153.76	110.79
Grundfläche (Streuung)	295	169	248.34	107.6	418.37	143.46	278.38	213.72	119	104	100.06	105.22	144	81	121.35	101.31	497	208	534	78	690.34	160.4	436.26	254.7
Form (-)																								
Mean Shape Index=MSI	1,255	1,241							1,264	1,292	1,257	1,302	1,269	1,268	1,266	1,278	1,234	1,192	1,243	1,183	1,256	1,193	1,227	1,195
Nachbarschaft, Abstand (m)																								
Nearest Neighbor (Durchschnitt)	6 m	33 m	5 m	70 m					21 m	62 m	20 m	88 m	38 m	242 m	14 m	111m	18 m	70 m	75 m	165 m	90 m	205 m	25 m	88 m
Nearest Neighbor (Median)	5 m	11 m	3 m	53 m					11 m	38 m	7 m	70 m	15 m	256 m	10 m	78 m	11 m	48 m	34 m	146 m	45 m	180 m	15 m	58 m
Nearest Neighbor (Streuung)	11 m	50 m	7 m	73 m					63 m	84 m	59 m	98 m	130 m	260 m	32 m	135 m	27 m	70 m	151 m	132 m	278 m	176 m	43 m	98 m
Interaktion (-)																								
Proximity Index (PX1_FG), r=75 m	215.98	48.89	87.75	4.4					45.33	11.18	39.31	2.43					154.21	20.84	38.80	0.95				
Proximity Index (PX2_92), r=75 m	37.74	19.88	37.69	8.77					24.8	14.03	19.7	6.35					66.44	25.54	40.82	2.45				

10 Verortung des vor 1910 erbauten Appenzeller Baubestandes (ca. 8500 Gebäude). Zellgrösse X/Y: 25m/25m, Suchradius=75 m. Die Tabelle dokumentiert Masszahlen (in Anlehnung an die Landschaftsanalyse) zum Appenzeller Baubestand: Flächenwerte, Formbetrachtungen, Distanzen.

Datenquelle: Versicherter Baubestand der Assekuranz AR (AAR) im Jahre 2010.

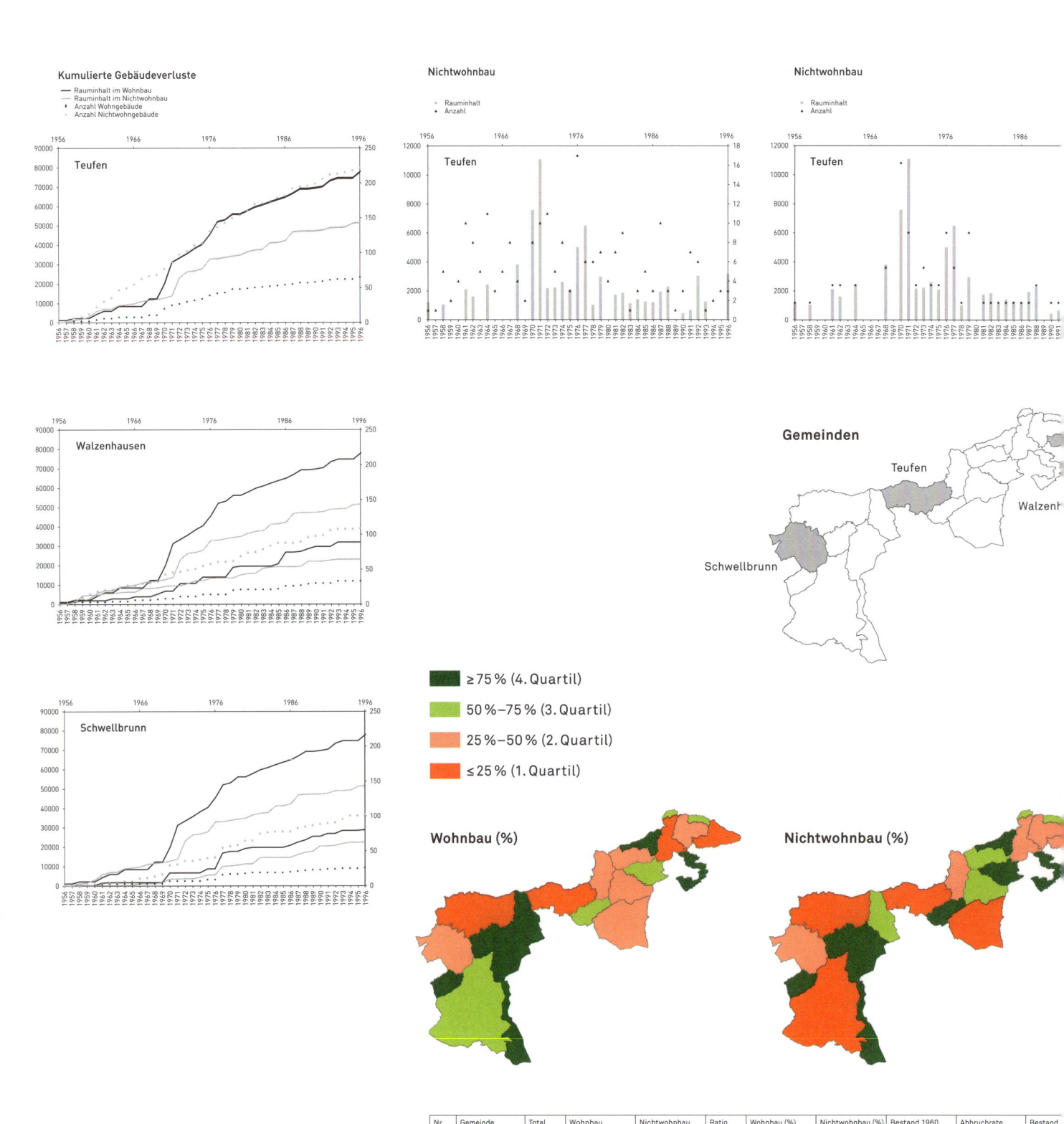

Kumulierte Gebäudeverluste
— Rauminhalt im Wohnbau
— Rauminhalt im Nichtwohnbau
▲ Anzahl Wohngebäude
· Anzahl Nichtwohngebäude

Nichtwohnbau
· Rauminhalt
▲ Anzahl

Nichtwohnbau
· Rauminhalt
▲ Anzahl

Gemeinden

≥ 75 % (4. Quartil)
50 % – 75 % (3. Quartil)
25 % – 50 % (2. Quartil)
≤ 25 % (1. Quartil)

Wohnbau (%)

Nichtwohnbau (%)

11 Verlustkurven ausgewählter Baubestände im Intervall 1956–1996. Die Abbruchdaten im Wohn und Nichtwohnbau (absolut/relativ) bieten die Möglichkeit des regionalen Vergleichs mit weiteren Gemeinden.

Datenquelle: Versicherter Baubestand der Assekuranz AR (AAR) 1956–2000, Staatsarchiv Appenzell Ausserrhoden.

Nr.	Gemeinde	Total	Wohnbau	Nichtwohnbau	Ratio	Wohnbau (%)	Nichtwohnbau (%)	Bestand 1960	Abbruchrate	Bestand
1	Urnäsch	209	16	193	1:12	2.42%	7.71%	1409	0.37%	1964
2	Herisau	802	202	600	1:3	30.56%	23.97%	3274	0.61%	4887
3	Schwellbrunn	139	30	109	1:4	4.54%	4.35%	693	0.50%	1036
4	Hundwil	78	6	72	1:12	0.91%	2.88%	696	0.28%	906
5	Stein	92	13	79	1:6	1.97%	3.16%	601	0.38%	865
6	Schönengrund	34	4	30	1:8	0.61%	1.20%	219	0.39%	340
7	Waldstatt	84	12	72	1:6	1.82%	2.88%	505	0.42%	919
8	Teufen	331	91	240	1:3	13.77%	9.59%	1628	0.51%	2512
9	Bühler	77	18	59	1:3	2.72%	2.36%	471	0.41%	762
10	Gais	183	28	155	1:6	4.24%	6.19%	1088	0.42%	1635
11	Speicher	144	35	109	1:3	5.30%	4.35%	862	0.42%	1660
12	Trogen	132	35	97	1:3	5.30%	3.88%	719	0.46%	1078
13	Rehetobel	102	20	82	1:4	3.03%	3.28%	672	0.38%	998
14	Wald	61	15	46	1:3	2.27%	1.84%	393	0.39%	612
15	Grub	36	4	32	1:8	0.61%	1.28%	302	0.30%	557
16	Heiden	188	37	151	1:4	5.60%	6.03%	1099	0.43%	1736
17	Wolfhalden	136	28	108	1:4	4.24%	4.31%	767	0.44%	1144
18	Lutzenberg	110	19	91	1:5	2.87%	3.64%	428	0.64%	715
19	Walzenhausen	164	40	124	1:3	6.05%	4.95%	905	0.45%	1319
20	Reute	62	8	54	1:7	1.21%	2.16%	343	0.45%	529
AR	Kanton	3164	661	2503	1:4	100.00%	100.00%	17074	0.43%	26174

Vergleicht man zunächst den Gesamtbestand des Jahres 1960 mit dem heutigen Bestand (siehe Tabelle in Abbildung 11), so ist auf den ersten Blick eine deutliche Vergrösserung um fast 50 % festzustellen. Schaut man dann jedoch auf die Verluste, die mit dieser im zeitlichen Vergleich überaus hohen Bautätigkeit im Kanton einhergehen, so sind mehr als 3000 Gebäude als Abbruch zu verzeichnen. Es handelt sich um fast 700 Wohngebäude und 2500 Nichtwohngebäude. Die Verluste verteilen sich dabei sehr unterschiedlich auf die Gemeinden. Die zwei Karten der Abbildung 11 markieren dazu einerseits für den Nichtwohnbau und andererseits für den Wohnbau diejenigen Gemeinden, die im Vergleich über besonders viele Abbrüche verfügen (rot dargestellt). Im Wohnbau handelt es sich um die Gemeinden Herisau (30 % der kantonalen Abbrüche), Teufen (14 %), Heiden (6 %) und Walzenhausen (6 %). Im Nichtwohnbau sind besonders gebäudestarke oder flächenstarke Gemeinden wie Urnäsch (8 % der kantonalen Abbrüche) und Gais (6 %) sowie abermals Teufen (10 %) und Herisau (24 %) von zahlreichen Abbrüchen gekennzeichnet. Das Verhältnis von abgebrochenen Wohnbauten zu Nichtwohnbauten in einer Gemeinde variiert zwischen 1:3 (zum Beispiel Herisau, Teufen, Bühler, Speicher, Trogen) und 1:12 (Hundwil, Urnäsch).

Die drei Gemeinden Walzenhausen, Schwellbrunn und Teufen konnten in ihrer Abbruchdynamik genauer spezifiziert werden. Während die Zahl der Abbrüche – wie gezeigt – im Nichtwohnbau stets grösser ist als im Wohnbau, so fällt bei der kumulierten Darstellung des Verlusts an Rauminhalt sofort auf, dass die Werte im Wohnbau hier nun deutlich höher ausfallen als im Nichtwohnbau. Die Einzelbetrachtung der abgebrochenen Nichtwohnbauten zeigt, dass es sich vermehrt um viele Klein- und Nebengebäude handelt (Teufen: Median = 65 m³, Walzenhausen: Median = 62 m³, Schwellbrunn: Median = 100 m³) und kaum um grössere Fabrikations-, Büro- oder Gewerbebauten. Die Wohnbauten liegen im Durchschnitt in allen Gemeinden bei einem Raumvolumen von 1100 m³.

In sehr grober Abschätzung kann basierend auf diesen wenigen Referenzdaten darauf geschlossen werden, dass kantonsweit circa 700 000 m³ im Wohnbau und circa 250 000 m³ im Nichtwohnbau zwischen 1956 und 1996 dem Abbruch unterlagen.[42] Mit Blick auf die vielen kleinen, bereits abgebrochenen und zunächst auch eher unbedeutend erscheinenden Nebengebäude[43] könnte es von grosser Relevanz sein, auch ihre Bedeutung im Sinne des Ortsbildschutzes nachträglich nochmals zu überprüfen. Zum jetzigen Zeitpunkt lassen sich nur Vermutungen über die Bauzeit und die Bedeutung der abgebrochenen Gebäude aussprechen. Die Zahlen im Wohnbau deuten stark darauf hin, dass es sich um zahlreiche Bauten handeln könnte, die vor 1910 beziehungsweise 1945 errichtet wurden. Durchschnittswerte zum mitteleuropäischen Wohnbaubestand belegen beispielsweise, dass Wohngebäude mindestens älter als 100 Jahre werden.[44] Es ist ferner festzustellen, dass die Akten der Totalabbrüche nur geringfügig Hinweise auf ausserordentliche Einwirkungen durch Naturgefahren (wie zum Beispiel Lawinen oder Hochwasser)

---

42 Die folgenden Zahlen zum Gebäudevolumen vermitteln eine Vorstellung vom Ausmass der Abbruchtätigkeit im Kanton Appenzell Ausserrhoden. Der Gesamtbestand im Wohnbau beträgt geschätzt circa 11 Millionen m³ im Jahr 1990. Davon entfallen auf den Bestand vor 1960 circa 7,2 Millionen m³. Des Weiteren existiert ein Gesamtbestand an Nebengebäuden in Höhe von 0,8 Millionen m³. Vgl. Dokumentation Gebäudebestand Schweiz, hg. v. Bundesamt für Konjunkturfragen. Bern 1991.

43 Beispiele von abgebrochenen Nichtwohnbauten sind die folgenden Nutzungen: Remise, Brunnenhaus, Bienenhaus, Transformatorenhaus, Stadel, Schopf, Kleintierhaus, Hydrantenhaus, Mühle, Kannenhaus, Hühnerhaus.

44 Bradley, Patrick E.; Kohler, Niklaus: Methodology for the Survival Analysis of Urban Building Stocks, in: Building Research & Information 35 (2007), H. 5, S. 529–542. Riley, Kathleen M.: An Estimate of the Age Distribution of the Dwelling Stock in Great Britain, in: Urban Studies (1973), Nr. 10, S. 373–379.

oder Brandereignisse geben. Die verschiedenen Sichtweisen auf die (prognostizierten/quantifizierten) Gebäudeverluste im vergangenen Jahrhundert lassen verstärkt auf humanbedingte Prozesse schliessen, welche sich langfristig als erhebliche Gefahr für den Gesamtbestand im Kanton herausstellen können. Es wird die folgende These formuliert:

Im Kontext der Bauwerkserhaltung und der damit eng verbundenen längeren Zeithorizonte sind die Wahl der Bewirtschaftungsstrategie, die intergenerationelle Vermittlung von traditionellem Handwerkerwissen und die technische oder wirtschaftliche Obsoleszenz (Überholung/-alterung) in ihrem potenziellen Schadensausmass nicht umfassend genug im (kantonalen, gesellschaftlichen) Bewusstsein. Des Weiteren stellen Wachstums- als auch Degenerationsprozesse eine Gefahr dar, die langfristig durch ein Überangebot beziehungsweise den Abzug von Geldmitteln Abrisse beziehungsweise zeitlich verzögerte Renovationen zur Folge haben können.

Zukünftiger Baubestand – Spekulation über den Entwicklungspfad

Es geht um die zentrale Frage nach der Weiterführung einer Bautradition, die während Jahrhunderten lokal geprägte Gebäude in Appenzell Ausserrhoden hervorgebracht hat. Die heutigen Ansprüche an Nachhaltigkeit und Ressourcenschonung stellen Entscheidungsträger zunehmend vor eine neue Herausforderung: Wie lassen sich die unterschiedlichen Zeitperspektiven von kurzfristigen Gebrauchsweisen, Ökonomie und dauerhafter Substanz in ein richtiges Verhältnis zueinander bringen?

In Appenzell Ausserrhoden wird die Hauptaufgabe des 21. Jahrhunderts nicht mehr primär die Schaffung von neuen Gebäuden sein, sondern der Werterhalt und der Umgang mit den vorhandenen Beständen. Die Bauten aus der vorindustriellen Zeit haben in der Vergangenheit bereits unüberlegt und kurzfristig Denkende vor die Entscheidung für Ersatz gestellt. Dieses Phänomen wurde für die jüngere Vergangenheit in diesem Beitrag observiert und in Teilbereichen identifiziert. Neben den gesteigerten Abbruch- und Neubautätigkeiten stören andere Aktivitäten aber ebenso die hochwertigen Bestandsmosaike in ihren Eigenschaften und Relationen. Ausgewählte Beispiele sind:
1. Substanzverschlechterung durch falsche Erhaltungsmassnahmen
2. Phänomene der bestandsorientierten Fragmentierung
3. Abnutzung durch Übernutzung
4. Veränderung des lokalen und globalen Klimas

Zum zeitgemässen Umgang mit dem Bestand sind neue Denkweisen und langfristige Handlungsstrategien vermehrt gefordert. Das Ziel sollte darin bestehen, zwischen der materiellen Dauerhaftigkeit des Gebauten und den sich ändernden Nutzungsansprüchen zu vermitteln. Zur nachhaltigen Entwicklung des vorhandenen Dorf- und Siedlungsraums bedarf es aber verbesserter Planungsinstrumente, um auch die Kriterien der kulturellen und anderer lebensweltlicher Dimensionen, die massgeblich zur Langlebigkeit von Gebäuden beitragen, genauer zu analysieren. Diese Erweiterung der bisher eher technisch orientierten Perspektive erlaubt es, die Nutzungen sowie die Beurteilungen eines Hauses im Verlauf seines Lebenszyklus durch die Bewohnerschaft, die Eigentümer und die Öffentlichkeit facettenreich und multidimensional zu gestalten. Es sollten vermehrt diejenigen Eigenschaften und Bedingungen von Qualität ins Zentrum gerückt werden, die massgeblich zur besonderen, oft über Generationen hinweg andauernden Wertschätzung eines Hauses beigetragen haben.

Dieser Beitrag lag zunächst darin begründet, den Baubestand in Appenzell Ausserrhoden in einer ersten Sichtung quantitativ in der Masse zu erfassen und genauer verstehen zu lernen. Dies erfolgte in einer holistischen Perspektive, räumlich zunächst sehr grob auf der Gemeindeebene, dann immer feiner bis hin zur Rastergenauigkeit von 25 m (granulare Repräsentation). Die Quantifizierung ist in dem Sinne als adaptiv zu verstehen, indem nicht immer die gleichen Grösseneinheiten, Beschreibungsgenauigkeiten verwendet wurden, sondern man sich dem, was thematisch sinnvoll und relevant erschien, versuchte anzupassen. Die Geschichte spielte dabei insoweit eine Rolle, als sie sich mit tradierten Elementen und Strukturen in der Gegenwart materiell manifestiert, sie eine Vorbildfunktion für künftige Entwicklungen bietet oder generell bereits bekannte Prozesse ein Lernen für die Zukunft ermöglichen. Es bleibt festzustellen, dass heute zahlreiche Methoden und Techniken für die Bestandsforschung vorliegen.[45] Einerseits dienen diese – wie hier gezeigt – der Erforschung der Masse der Gebäude (Top-down) und andererseits der Erforschung des Einzelobjekts (Bottom-up). Im Sinne eines ganzheitlichen Bestandsverständnisses ist aber eine epistemische Verknüpfung der beiden Ansätze und der dazugehörigen Resultate noch notwendig beziehungsweise weiterzuentwickeln.

Mit Blick auf die Fortführung der Untersuchungen sei an dieser Stelle ergänzend auf die Zukunftsforschung im Allgemeinen verwiesen. Hier wird in ähnlicher Weise wie bei der Bestandsforschung zwischen quantitativen und qualitativen Methoden unterschieden. Für die nachhaltige Bestandsentwicklung sind davon bisher hauptsächlich Prognosen (quantitativ) sowie Szenarien und Leitbilder (qualitativ) von Bedeutung gewesen. Die Zukunftsexploration, das Erforschen der Zukunft, ist aber ein noch weitreichenderes und auch für künftige Vertiefungen besonders vielversprechendes Imaginationsverfahren, das direkt in die Zukunft gerichtet ist. Mögliche Techniken sind beispielsweise das ‹Delphi-Verfahren› zur Abschätzung einzelner künftiger Ereignisse oder die ‹Cross-Impact-Analyse›, ‹Retrognose› sowie das ‹scenario writing› zur Abschätzung der gegenseitigen Beeinflussung von Ereignissen. In Appenzell Ausserrhoden könnte so vor dem Hintergrund eines nachhaltigen Umganges mit dem heutigen Baubestand über ein zukünftiges konkretes Ereignis spekuliert oder das Zukünftige an sich visualisiert werden.[46]

―――

Martin Behnisch

---

45 Kohler, Niklaus; Hassler, Uta; Steadman, Philip (Hg.): Research on Building Stocks. Special Issue. Building Research & Information 37 (2009), Nr. 5/6.

46 Moffatt, Sebastian: Time Scales for Sustainable Urban System Design. Stretching the Boundaries of Standard Practice. Diss. Univ. Karlsruhe 2007.

Bildnachweis

Uta Hassler **Abb.** Foto: Dirk Altenkirch, 2009

Fredi Altherr **alle Abb.** Kantonale Denkmalpflege Appenzell Ausserrhoden

Alexander von Kienlin **Abb. 1–3, 11, 14** Institut für Denkmalpflege und Bauforschung, ETH Zürich (Alexander von Kienlin, 2008/09) **Abb. 4, 5** Rengert Elburg/Landesamt für Archäologie Sachsen **Abb. 6** Gruben, Gottfried: Griechische Tempel und Heiligtümer. München 2001, Abb. 15 **Abb. 7, 9** Eberschweiler, Beat; Riethmann, Peter; Ruoff, Ulrich: Das spätbronzezeitliche Dorf von Greifensee-Böschen. Dorfgeschichte, Hausstrukturen und Fundmaterial. Zürich/Egg 2007 **Abb. 8** Oeggl, Klaus; Nicolussi, Kurt: Prähistorische Besiedlung von zentralen Alpentälern in Bezug zur Klimaentwicklung, in: http://www.uibk.ac.at/alpinerraum/publications/vol6/oeggl.pdf (10. Februar 2011), Abb. 2 **Abb. 10** Kohler, Ellen L.: The Lesser Phrygian Tumuli. Part 1. The Inhumations. 1995 **Abb. 12, 13, 15, 16** Stefan Demeter (TU München) **Abb. 17** Latife Summerer (LMU München)

Norbert Föhn **Abb. 1–5, 9, 10** StAAR, Pa.030-2/001: Firmengeschichte Holzbaufirma Blumer Waldstatt, 1907–1939 **Abb. 6** Hermann, Isabell: Die Bauernhäuser beider Appenzell. Basel 2004 (Die Bauernhäuser der Schweiz 31), Abb. 65, 67 **Abb. 7** Gladbach, Ernst: Der Schweizer Holzstyl in seinen cantonalen und construktiven Verschiedenheiten. Vergleichend dargestellt mit Holzbauten Deutschlands. Zürich 1884, S. 18 **Abb. 8** StAAR, Pa.030-7/01: Werbematerial Blumer & Söhne Waldstatt, 1940–1960 **Abb. 11, 15, 16** Institut für Denkmalpflege und Bauforschung, ETH Zürich (Norbert Föhn) **Abb. 12, 13** Nägeli Holzbau, Gais **Abb. 14** Degonda, Lucia: Gion A. Caminada: Stiva da morts. Vom Nutzen der Architektur. Zürich 2005, S. 46 **Abb. 17** Archiv Berufsbildungszentrum Herisau **Abb. 18** Phleps, Hermann: Holzbaukunst, der Blockbau. Karlsruhe 1942, Abb. 76–77

Michael S. Falser **Abb. 1, 3** Hermann, Isabell: Die Bauernhäuser beider Appenzell. Basel 2004 (Die Bauernhäuser der Schweiz 31), Abb. 52, 54 **Abb. 2** Descoeudres, Georges: Von fahrenden Häusern und wandernden Siedlungen, in: Georges-Bloch-Jahrbuch (2002/2003), S. 19 **Abb. 4** Steuer, Heiko: Standortverschiebungen früher Siedlungen – von der vorrömischen Eisenzeit bis zum frühen Mittelalter, in: Althoff, Gerd; Geuenich, Dieter (Hg.): Person und Gemeinschaft im Mittelalter. Sigmaringen 1988, S. 55 **Abb. 5, 6** Steinmann, Eugen: Die Kunstdenkmäler des Kantons Appenzell Ausserrhoden. Bd. 2: Mittelland. Bern 1980, S. 27, 52 **Abb. 7** Foto: Archiv Kantonsbibliothek Trogen **Abb. 8–11** Schweizerische Bauzeitung 91 (1928), Nr. 8, Abb. 2, 4, 6, 8 **Abb. 12, 14** Archiv Hochbauamt Herisau **Abb. 15** Institut für Denkmalpflege und Bauforschung, ETH Zürich (Michael Falser, 2009) **Abb. 16, 18–22** Archiv Freilichtmuseum Ballenberg **Abb. 17** Zeitschrift 2mal2 (1967), aus: Jahrbuch/Schweizerisches Freilichtmuseum Ballenberg 2 (1998), S. 212 **Abb. 23** Ostschweiz am Wochenende, 3. August 1985, Archiv Freilichtmuseum Ballenberg **Abb. 24, 25** Daniel Moosmann, 2007 **Abb. 26** Walter Enz, Gais, 2007

Bernhard Irmler **Abb. 1–4, 8–14, 19–21** Fotos: Sandra Irmler, 2009 **Abb. 5–7, 15–18** Institut für Denkmalpflege und Bauforschung, ETH Zürich (Bernhard Irmler, Silke Langenberg, 2009)

Silke Langenberg **Abb. 1** Institut für Denkmalpflege und Bauforschung, ETH Zürich (Alexander von Kienlin) **Abb. 2, 3** Institut für Denkmalpflege und Bauforschung, ETH Zürich **Abb. 4** Foto: Dirk Altenkirch **Abb. 5** Institut für Denkmalpflege und Bauforschung, ETH Zürich (Silke Langenberg, Norbert Föhn, 2009) **Abb. 6** Institut für Denkmalpflege und Bauforschung, ETH Zürich (Bernhard Irmler, Silke Langenberg, 2009)

Harald Garrecht, Wilhelm Glaser, Simone Reeb **alle Abb.** die Verfasser

Martin Behnisch **Abb. 2–5, 7, 10** Bearbeitung: Institut für Denkmalpflege und Bauforschung, ETH Zürich (Martin Behnisch); Graphik im Hintergrund: Bundesamt für Landestopografie (Hg.): Landsat 5 Mosaik der Schweiz (1990–1994). Wabern **Abb. 6, 8, 9, 11** Institut für Denkmalpflege und Bauforschung, ETH Zürich (Martin Behnisch)

Modellbogen «Appenzellerhaus» (S. 87–90) Pädagogischer Verlag des Lehrerinnen- und Lehrervereins Zürich

Umschlag, S. 1, S. 164 Fotos: Sandra Irmler, 2009

Epilog

Der vorliegende Band fasst eine Reihe von Einzeluntersuchungen zusammen, die im Zuge eines gemeinschaftlichen Forschungsprojekts des Instituts für Denkmalpflege und Bauforschung (IDB) der ETH Zürich und der Kantonalen Denkmalpflege Appenzell Ausserrhoden zum historischen Appenzeller Strickbau seit 2009 durchgeführt wurden. Die Fragestellung des Projekts war die Suche nach Ursachen für das zunehmend schnellere Verschwinden dieses regionalen Haustyps, der aufgrund seiner stabilen und qualitätvollen Bauweise bei sachgerechter Erhaltung prinzipiell kein ‹Verfallsdatum› hat. Selbst wenn äussere Umstände (zum Beispiel Strassenbau) den Rückbau eines solchen Hauses erforderlich machen, besteht die Option, den Bau zu versetzen – historische Beispiele hierfür gibt Michael Falser in diesem Band. Unter diesem Aspekt ist die Blockbauweise im Allgemeinen dem steinernen Massivbau sogar überlegen und kann, bei ausreichendem Schutz, ein ähnlich hohes Alter erreichen: Als Blockbauten errichtete eisenzeitliche Grabkammern in Phrygien gehören zu den ältesten stehenden Bauten uberhaupt.

Der Appenzeller Strickbau löste sich im 18. Jahrhundert von den im gesamten Alpenraum relativ einheitlichen Blockbautraditionen durch das Ausbilden verzinkter anstelle verkämmter oder verblatteter Ecken, wodurch auf überstehende Vorhölzer verzichtet werden konnte. Der wichtigste Vorteil dieser Innovation bestand darin, dass man die Fassaden gleichmässig mit Täfer oder Holzschindeln verkleiden konnte, was letztlich zum typischen, unverwechselbaren Erscheinungsbild der Häuser führte. Der identitätsstiftende traditionelle Appenzeller Strickbau mit seinen langen Fensterbändern und gestemmten Fassaden ist daher auch heute noch hoch geschätzt in der Bevölkerung der Appenzeller Kantone – zumindest die Aussenerscheinung der Häuser wird selbst bei Neubauten vielfach reproduziert. Die Konstruktion der neuen Häuser unterscheidet sich allerdings grundlegend von den älteren Strickbauten, es handelt sich in der Regel um Ständer- oder hölzerne Leichtbaukonstruktionen, die lediglich die Fassadenverkleidungen der älteren Häuser rezipieren. Die Anfänge dieser Entwicklung liegen schon zu Beginn des 20. Jahrhunderts, als die arbeitsaufwendige Strickbautechnik langsam aufgegeben wurde; das Handwerkerwissen um die alten Konstruktionen ging in der Folge sukzessive verloren (siehe den Beitrag von Norbert Föhn). Dies führte wiederum dazu, dass an vielen Häusern unsachgemässe Veränderungen durchgeführt wurden, die letztlich eine Schwächung der Konstruktionen und langfristige Schäden bewirkten. Die exemplarische Untersuchung eines vor dem Abriss stehenden Strickbaus in Heiden, die in diesem Band von Bernhard Irmler vorgelegt wird, ergab eine ganze Reihe von baulichen Fehlentscheidungen in der Vergangenheit, die zu Verformungen und letztlich zum Abbruchentscheid geführt haben. Veränderte klimatische Bedingungen durch moderne Heizsysteme können zudem problematisch sein für die Aussenwand-Hölzer und ihre äusseren Oberflächen, insbesondere, wenn sie mit Malereien versehen sind. Um die Folgen abschätzen zu können, wurden daher in Zusammenarbeit mit der Technischen Universität Darmstadt Messungen und Klimasimulationen an einem Bau in Teufen durchgeführt, deren Ergebnisse in diesem Band von Harald Garrecht, Wilhelm Glaser und Simone Reeb dargelegt sind. Eine Summe solcher kleinerer Schäden ist in der Regel hauptverantwortlich für die Entscheidung, ein Haus gänzlich aufzugeben und durch einen Neubau zu ersetzen oder zu entkernen. Letzteres ist insbesondere in den Appenzeller Dorfkernen die häufigste Form von Verlusten historischer Substanz – auf den ersten Blick kaum wahrnehmbar, aber in der Gesamtbilanz wohl noch relevanter als der Abbruch, wie eine exemplarische Studie in der Gemeinde Gais gezeigt hat. Um ein Gesamtbild der Entwicklung des Appenzeller Hausbestandes zu gewinnen, wurde begleitend zu den Einzeluntersuchungen ein GIS auf der Basis von Daten der Kantonalen Gebäudeversicherung erstellt, in dem alle inventarisierten Bauten Appenzell Ausserrhodens verzeichnet sind (siehe den Beitrag von Martin Behnisch). Durch das Verknüpfen zahlreicher (historischer, geographischer, demographischer) Faktoren ist es nun möglich, Prognosen für die weitere Entwicklung des Gesamtbestandes und seiner Teile abzuleiten sowie ‹Risikogruppen› unter den Häusern zu identifizieren, was wiederum hilfreich für frühzeitige steuernde Interventionen durch die Denkmalpflege werden könnte. Für den Fall nicht zu haltender Bauten wurden zudem Formen der Bau- und Abrissdokumentation erprobt, die in diesem Band von Silke Langenberg diskutiert werden.

Die hier vorgelegten ersten Ergebnisse zum Appenzeller Strickbau sollen als Grundlage dienen für weitergehende Untersuchungen, die zu Konzepten und Methoden führen werden, den bestehenden historischen Hausbestand im Appenzellerland möglichst wirtschaftlich und substanzschonend für eine zeitgemässe Nutzung zu ertüchtigen. Dafür werden verschiedenartige Massnahmen erprobt, die die Häuser, stellvertretend für den Appenzeller Strickbaubestand, bauphysikalisch, energetisch wie auch strukturell heutigen Nutzungsanforderungen anpassen sollen. Die Ergebnisse der Studie werden, wegen der hohen konstruktiven Einheitlichkeit der Bauten, auf einen Grossteil der Altbauten Innerrhodens und Ausserrhodens (vor 1900) übertragbar beziehungsweise anwendbar sein. Die Appenzell-Forschung des IDB in Zusammenarbeit mit der kantonalen Denkmalpflege Appenzell Ausserrhoden und Appenzell Innerrhoden trägt damit nicht nur der kulturhistorischen Bedeutung dieses ungewöhnlich einheitlichen Häuserbestands Rechnung, sondern betrachtet die Häuser auch als nachhaltige bauliche Ressourcen, die im Abrissfalle in der Regel durch weniger qualitätvolle Bauten, in Hinblick auf Material und Ausführungsqualität, ersetzt werden. Eine gesteigerte Wertschätzung der alten Bauten, die sich auch in einem adäquaten materiellen Schätzwert beziehungsweise Marktwert abbildet, ist somit ein weiteres zentrales Anliegen des Projekts.

Wir danken der Stiftung zur Förderung der Denkmalpflege und dem Bundesamt für Kultur für die Unterstützung des Projekts.

Uta Hassler
Fredi Altherr
Alexander von Kienlin

Impressum

Eine Publikation des Instituts für Denkmalpflege und Bauforschung der ETH Zürich

Herausgeber Uta Hassler, Fredi Altherr, Alexander von Kienlin
Redaktion Alexander von Kienlin   **Lektorat** Julia Berger
Layout und Satz Samuel P. Smith, Oliver Schmid
Lithographie Marti Media AG, Hinterkappelen   **Druck** Merkur Druck AG, Langenthal

Wir danken der Stiftung zur Förderung der Denkmalpflege und dem Bundesamt für Kultur für die Unterstützung des Projekts.

Bibliographische Information der Deutschen Nationalbibliothek
Die Deutsche Nationalbibliothek verzeichnet diese Publikation in der Deutschen Nationalbibliographie; detaillierte bibliographische Daten sind im Internet über http://dnb.d-nb.de abrufbar.

Das Werk einschliesslich aller seiner Teile ist urheberrechtlich geschützt. Jede Verwertung ausserhalb der engen Grenzen des Urheberrechtsgesetzes ist ohne Zustimmung des Verlages unzulässig und strafbar. Das gilt besonders für Vervielfältigungen, Übersetzungen, Mikroverfilmungen und die Einspeicherung und Verarbeitung in elektronischen Systemen.

© 2011, vdf Hochschulverlag AG an der ETH Zürich
und Institut für Denkmalpflege und Bauforschung der ETH Zürich

ISBN 978-3-7281-3446-2

www.vdf.ethz.ch
verlag@vdf.ethz.ch

Inhaltsverzeichnis

5 **Veränderung als Voraussetzung einer Erhaltung der Werte: Ist der Bestand des Appenzellerlands zu retten?**

Uta Hassler

11 **Täfer-Verkleidungen an Appenzeller Strickbauten**

Fredi Altherr

19 **Überlegungen zur Geschichte des Blockbaus**

Alexander von Kienlin

37 **Appenzeller Strickbau – Bautradition und Handwerkstechnik im Wandel**

Norbert Föhn

59 **Translozierung – Eine Motivationsgeschichte an Fallbeispielen von Strickbauten in Appenzell**

Michael S. Falser

79 **Zur Konstruktion und Konstruktionspflege eines Appenzeller Strickbaus – Heiden (Appenzell Ausserrhoden): Bischofsberg 418**

Bernhard Irmler

101 **Methoden zur Veranschaulichung der Konstruktion – Handaufmass und dreidimensionales Modell**

Silke Langenberg

113 **Naturwissenschaftliche Untersuchungen als Grundlage der Entwicklung eines Konservierungskonzeptes für die Fassadenbemalung an der Nordfassade des Strickbaus im Spiessenrüti in Teufen (Appenzell Ausserrhoden)**

Harald Garrecht, Wilhelm Glaser, Simone Reeb

127 **Kann die Entwicklung des Appenzeller Bestands vorausgesagt werden?**

Martin Behnisch

159 **Bildnachweis**

160 **Epilog**

Uta Hassler, Fredi Altherr, Alexander von Kienlin